합격을 결정짓는

정지웅
필수서

공인중개사법·중개실무 2차

박문각 공인중개사

브랜드만족
1위
박문각

2025

근거자료
별면표기

이 책의 머리말

공인중개사법령 및 중개실무는 2차 시험에서 고득점을 얻어야 넉넉하게 합격한다고 합니다. 다른 과목에 비해 양이 많지 않고 내용도 쉬운 편이라 80점 이상의 고득점을 얻을 수 있습니다. 다른 과목에 비해 쉬운 편이라는 것일 뿐이며 그렇다고 만만한 과목은 아닙니다. 전 범위 내용을 하나도 빠짐없이 꼼꼼하게 공부를 해야 하기 때문에 실제 학습량은 적지 않으며, 안정적인 합격을 위해서 고득점을 얻어야 하는 부담이 있습니다. 처음 이 과목을 접할 때 다른 과목에 비해 쉽게 느껴지기 때문에 초반에 공부를 소홀히 하다가 나중에 급하게 공부를 시작하여 낭패를 보는 경우가 많으니 처음부터 밀리지 않고 강의를 듣고 필수서와 익힘장을 활용하여 익히고 암기해야 합니다.

제1편 공인중개사법령은 25문제 내외로 많은 문제가 출제되며 전 범위에 걸쳐 어느 한 곳 빠짐없이 모두 출제되니 꼼꼼하게 학습하면 대부분의 문제를 쉽게 풀 수 있으며 1편에서 거의 모든 문제를 맞히겠다는 목표를 세워야 합니다. 행정처분 및 벌칙 부분은 평소에도 시간을 투자하여 완벽하게 이해하고 암기해야 합니다.

제2편 부동산 거래신고 등에 관한 법령은 7문제 내외로 출제되는데 문제 비중에 비해 학습량이 많은 편이지만 어렵지 않게 문제를 풀 수 있으니 이 부분의 문제를 얼마나 많이 맞히느냐가 고득점 여부를 결정합니다.

제3편 중개실무는 최근 비중이 높아져서 8문제 이상 출제되며 민법 관련 문제가 대부분을 차지합니다. 민법 관련 문제는 동차를 준비하는 경우라면 어렵지 않게 맞힐 수 있으며 2차만 준비하는 경우에는 민법 전 범위를 공부할 필요는 없고 매년 고정적으로 출제되는 부분 위주로 학습해도 합격점수를 얻는 데 전혀 지장이 없습니다.

본 책은 저자가 다년간의 강의와 집필 경력을 바탕으로 공부하시는 분들께서 편안하게 내용을 이해할 수 있도록 집필하였습니다. 법령의 내용을 이해하기 쉬운 순서로 배열하였으며 핵심을 잡는 것에 방해가 될 수 있는 장황한 부연설명을 피하고, 문제를 잘 풀 수 있게 도움을 줄 수 있는, 학문서가 아닌 제대로 된 수험서를 만든다는 마음으로 기술하였습니다. 또한 최근에 개정된 "공인중개사법령", "부동산 거래신고 등에 관한 법령"의 내용을 모두 반영하였으며 시험에 자주 출제되는 판례도 모두 빠짐없이 수록하였습니다. 그리고 최근 출제경향에 맞는 다수의 핵심지문을 수록하여 문제를 푸는 능력도 함께 키울 수 있도록 하였습니다.

본 책을 쓸 수 있도록 도와주신 박문각 출판사 직원 여러분께 감사드립니다. 본 교재가 여러분들의 공인중개사 시험 준비를 위한 좋은 도구가 될 수 있기를 진심으로 바라며, 건강하게 마지막까지 완주하셔서 가슴 벅찬 합격의 기쁨을 누리시길 바랍니다.

2025년 2월

편저자 정지웅 씀

CONTENTS

이 책의 **차례**

PART
01

공인중개사
법령

PART
02

부동산 거래신고
등에 관한 법령

PART
03

중개실무

박문각 공인중개사

PART

01

공인중개사법령

Chapter 01 총 칙

출제 Point 용어의 정의, 중개대상물에서 2문제 가량 출제된다.

제1절 제정목적

> **법 제1조**: 공인중개사의 업무 등에 관한 사항을 정하여 그 전문성을 제고하고, 부동산중개업을 건전하게 육성하여 국민경제에 이바지함을 목적으로 한다.

주의

- 공인중개사의 공신력 제고(×)
- 부동산중개업의 건전한 지도(×)
- 부동산중개업무의 건전한 육성(×)
- 국민의 재산권 보호(×)

제2절 용어의 정의

1. 중개업(仲介業)

다른 사람의 **의뢰**에 의하여 일정한 **보수**를 받고 중개를 **업**으로 행하는 것을 말한다.

지문

> 중개업이란 다른 사람의 의뢰에 의하여 보수의 유무에 관계없이 중개를 업으로 행하는 것을 말한다. (   )
> ▶정답 ×

① 보수를 받지 않고 중개행위를 한 경우는 중개업에 해당하지 않는다.

② 중개업을 영위하려는 자는 공인중개사 또는 법인으로서 중개사무소 개설등록을 하여야 한다 (법 제9조).

③ **중개사무소 개설등록을 하지 않은 자가 다른 사람의 의뢰에 의하여 일정한 보수를 받고 중개를 업으로 하는 것도 중개업에 해당한다.** ⇨ 무등록중개업(3년 이하의 징역 또는 3천만원 이하의 벌금)

④ 보수를 받고 오로지 토지만의 중개를 업으로 하는 경우에도 중개업에 해당한다.

⑤ 다음의 판례들은 중개사무소 개설등록을 하지 않은 자의 행위가 중개업인지 여부를 판단하는 내용을 다루는 것이다.

｜판례｜

1. 거래당사자들로부터 보수를 현실적으로 받지 아니하고 단지 보수를 받을 것을 **약속**하거나 거래당사자들에게 보수를 **요구**하는 데 그친 경우에는 '중개업'에 해당한다고 할 수 없다.

2. 「공인중개사법」에는 보수의 약속·요구행위를 별도로 처벌하는 규정 또는 무등록중개행위 위반죄의 미수범을 처벌하는 규정도 존재하지 않으므로, 중개사무소 개설등록을 하지 아니하고 부동산 거래를 중개하면서 그에 대한 보수를 **약속·요구하는 행위를 「공인중개사법」 위반죄로 처벌할 수는 없다**(2006도4842).

3. 중개행위가 부동산 **컨설팅행위에 부수**하여 이루어졌다고 하여 이를 중개업에 해당하지 않는다고 볼 것은 아니라고 할 것이다(2006도7594). 즉 중개업에 해당할 수 있다.

4. **우연한 기회에 단 1회** 건물 전세계약의 중개를 하고 보수를 받은 사실만으로는 알선·중개를 업으로 한 것이라고 볼 수 없다(88도998).

---

2. 중개(仲介)

(1) 정 의

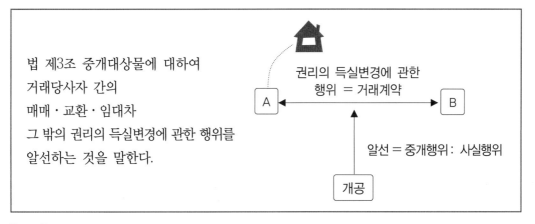

법 제3조 중개대상물에 대하여
거래당사자 간의
매매·교환·임대차
그 밖의 권리의 득실변경에 관한 행위를
알선하는 것을 말한다.

권리의 득실변경에 관한
행위 = 거래계약

A ◀▬▶ B

알선 = 중개행위 : 사실행위

개공

｜지문｜

1. 중개라 함은 중개대상물에 대하여 거래당사자 간의 권리의 득실변경에 관한 행위를 알선하는 것을 말한다. ( )

2. 중개라 함은 중개대상물에 대하여 거래당사자 간의 **매매·교환 또는 임대차행위를 알선**하는 것을 말한다. ( )

3. **중개업**이라 함은 중개대상물에 대하여 거래당사자 간의 매매·교환·임대차 그 밖의 권리의 득실변경에 관한 행위를 알선하는 것을 말한다. ( )

▶정답 1. ○ 2. ✕ 3. ✕

⑵ **중개행위의 성격**(판례)

① **중개행위는** 거래당사자 간의 법률행위가 용이하게 성립되도록 조력하는 **사실행위**이다.

② **부동산 중개업무**는 「상법」 제46조에서 정하고 있는 '중개에 관한 행위'로서 **기본적 상행위**에 해당한다.

⑶ **중개대상물**

① **중개대상물** : 토지, 건축물 그 밖의 토지의 정착물, 입목, 광업재단, 공장재단

② **중개의 성립** : 법정 중개대상물만을 대상으로 거래당사자 간의 매매·교환·임대차 등 거래계약을 알선하는 것이 중개이며 **중개대상물 외의 물건을 대상으로 계약을 알선하는 것은 「공인중개사법」상 '중개'에 해당하지 않는다.** 따라서 자동차, 선박, 항공기, 동산, 권리금 등을 대상으로 한 계약을 알선하는 것은 「공인중개사법」상 '중개'에 해당하지 않는다.

③ **중개대상물과 무등록중개업** : 중개사무소 개설등록을 하지 않고 법정 중개대상물을 대상으로 중개업을 한 자는 3년 이하의 징역 또는 3천만원 이하의 벌금에 처한다.

④ **중개대상물과 중개보수** : 개업공인중개사가 중개대상물을 대상으로 중개행위를 한 경우에는 공인중개사법령상 중개보수의 한도를 초과하여 받아서는 안 된다. 그러나 중개대상물 이외의 물건을 대상으로 계약을 알선한 경우에는 '중개'에 해당하지 않으므로 공인중개사 법령상 중개보수 규정이 적용되지 않는다.

> **┏판례┃**
>
> **영업용 건물의 영업시설·비품 등 유형물**이나 **거래처, 신용, 영업상의 노하우 또는 점포위치에 따른 영업상의 이점 등 무형의 재산적 가치**는 중개대상물이라고 할 수 없으므로, "권리금" 등을 수수하도록 알선한 것은 중개행위에 해당하지 아니하고, 따라서 「공인중개사법」이 규정하고 있는 **중개보수의 한도액이 적용되지 않는다**(2005도6054).

⑷ **중개대상 권리**

중개대상인 권리	중개대상이 아닌 권리
• 지상권○, 지역권○, 전세권○	• 점유권×
• 저당권○	• 질권×
• 유치권의 양도○	• 유치권의 성립×
• 법정지상권의 양도○	• 법정지상권의 성립×
• 담보가등기○	• 법정저당권의 성립×
• 임차권○	• 분묘기지권×
• 등기된 환매권○	• 광업권×, 특허권×, 저작권×

① **점유권** : 점유권은 점유라는 사실로 취득하는 권리이며 법률행위인 계약을 통해 취득하는 권리가 아니므로 중개대상 권리가 아니다.

② **지상권, 지역권, 전세권** : 지상권과 지역권은 토지에 성립되는 권리이며, 전세권은 토지 또는 건축물에 대하여 성립되는 권리이다. 또한 법률행위인 계약을 통하여 권리의 득실변경이 발생하므로 모두 중개대상 권리에 해당한다.

③ **저당권** : 저당권은 부동산에 성립되는 담보물권이며 계약으로 득실변경되는 권리이므로 중개대상 권리에 포함된다.

> **판례**
>
> 용어의 정의 가운데 '중개'의 '그 밖의 권리'에는 저당권 등 담보물권도 포함된다. 타인의 의뢰에 의하여 일정한 **보수를 받고 저당권 설정에 관한 행위의 알선을 업**으로 하는 경우에는 '중개업'에 해당하고, 그 행위가 금전소비대차에 부수하여 이루어졌다 하여도 달리 볼 것도 아니다(96도1641).

④ **질권** : 거래당사자 간의 질권이 성립되도록 알선할 수는 있으나, 질권은 부동산이 아닌 동산에 성립되는 담보물권이므로 중개대상 권리에 포함되지 않는다.

⑤ **유치권** : 유치권은 채권의 변제기가 되고 목적물을 점유하는 경우 법률의 규정에 따라 발생하므로 **유치권의 성립**은 중개대상이 될 수 없다. 그러나 피담보채권과 목적물의 점유를 함께 이전할 경우 유치권은 그 이전이 가능하므로, **유치권의 양도**는 중개가 가능하다(서울행정법원 2001구860). 유치권 성립(×), 유치권 양도(○)

⑥ **법정지상권** : 토지와 건물이 동일 소유자에 속하였다가 매매나 경매 등으로 토지와 건물의 소유자가 달라지게 되면 별도의 계약을 하지 않아도 지상권이 성립하는 것이므로 **법정지상권의 성립**은 중개대상 권리에 포함되지 않는다. 그러나 **법정지상권의 양도**는 등기된 지상권의 양도와 다르지 않으므로 중개대상 권리가 된다. 법정지상권 성립(×), 법정지상권 양도(○)

> **판례**
>
> 법정지상권은 건물의 소유에 부속되는 종속적인 권리가 되는 것이 아니며 하나의 독립된 법률상의 물권으로서의 성격을 지니고 있는 것이기 때문에 건물의 소유자가 건물과 법정지상권 중 어느 하나만을 처분하는 것도 가능하다(2000다1976).

⑦ **법정저당권** : 법정저당권은 법률의 규정에 따라 발생하는 권리이므로 **법정저당권의 성립**은 중개대상 권리가 아니다. 법정저당권 성립(×)

> **민법 제649조 【임차지상의 건물에 대한 법정저당권】** 토지임대인이 변제기를 경과한 최후 2년의 차임채권에 의하여 그 지상에 있는 임차인소유의 건물을 압류한 때에는 저당권과 동일한 효력이 있다.

⑧ **담보가등기**: 부동산에 대한 가등기 설정계약으로 발생하는 권리이며, 저당권과 유사한 권리이므로 담보가등기는 중개대상 권리에 포함된다.

⑨ **등기된 환매권**: 부동산에 관한 **환매계약이 성립하도록 알선**하는 것은 중개행위에 해당하며, **등기된 환매권의 양도를 알선**하는 것도 중개행위에 포함된다.

⑩ **분묘기지권**: 분묘기지권은 이를 취득한 자에게만 인정되는 권리이며 거래가 되지 않으므로 중개대상 권리가 아니다.

> **주의**
>
> • 유치권 성립(×)   • 유치권이 성립된 건물(○)
> • 법정지상권 성립(×)   • 법정지상권이 성립된 토지(○)

(5) 중개대상인 행위

① **중개대상 행위**: 교환계약·임대차계약, 지상권·지역권·전세권·저당권 설정계약 및 이전계약, 유치권 양도, 법정지상권 양도, 환매계약

② **중개가 될 수 없는 행위**: 상속, 증여, 경매, 공매

③ **중개와 구별되는 업무**: 개업공인중개사는 「공인중개사법」 제14조에 따라 중개업 외에 다음의 업무를 겸업할 수 있는데, 이는 중개업 이외의 업무로서 「공인중개사법」상 중개에 해당하지 않는다.

> ㉠ 상업용 건축물 및 주택의 임대관리
> ㉡ 부동산의 이용·개발 및 거래에 관한 상담
> ㉢ 도배·이사업체의 소개 등 주거이전에 부수되는 용역의 알선
> ㉣ 상업용 건축물 및 주택의 분양대행
> ㉤ 개업공인중개사를 대상으로 한 중개업의 경영기법 및 경영정보의 제공
> ㉥ 경매 및 공매 부동산에 대한 권리분석 및 취득의 알선과 매수신청 또는 입찰신청의 대리
>   (부칙상 개업공인중개사 제외)

> **판례**
>
> **분양대행은 중개와는 구별되는 것**이어서 분양대행과 관련하여 교부받은 금원은 「공인중개사법」에 의하여 초과 수수가 금지되는 금원이 아니다(98도1914). 즉, 중개보수가 적용되지 않는다.

> **지문**
>
> 1. 개업공인중개사가 상업용 건축물의 분양을 대행하고 중개보수를 초과하여 받은 행위는 금지행위에 해당한다. (   )
> 2. 부동산의 이용 및 개발에 관한 상담을 하는 행위는 중개행위에 해당한다. (   )
>
> ▶정답 1. × 2. ×

3. 공인중개사

(1) 정 의

이 법에 의한 공인중개사 **자격을 취득한 자**를 말한다.

(2) 종 별

「공인중개사법」에 규정된 바에 따라 공인중개사 자격을 취득한 자만 '공인중개사'에 해당한다. 따라서 **외국**에서 부동산 중개관련 자격을 취득한 자는 「공인중개사법」상 공인중개사가아니다. '공인중개사'에는 공인중개사인 개업공인중개사, 소속공인중개사 및 중개업에 종사하지 않는 공인중개사가 모두 포함된다. 그러므로 중개업을 하고 있는지 여부에 관계없이 공인중개사 자격을 취득한 자는 모두 '공인중개사'에 해당한다.

① 공인중개사인 개업공인중개사

② 소속공인중개사

③ 공인중개사(장롱)

> **지문**
>
> 1. 공인중개사란 공인중개사 자격을 취득하고 **중개업을 영위하는 자**를 말한다. ( )
> 2. 공인중개사란 공인중개사 자격을 취득하고 **중개사무소 개설등록을 한 자**를 말한다. ( )
> 3. 공인중개사란 공인중개사 자격을 취득하고 **개업공인중개사에 소속된 자**를 말한다. ( )
>
> ▶**정답** 1. ✕   2. ✕   3. ✕

4. 개업공인중개사

(1) 정 의

이 법에 의하여 중개사무소의 개설**등록을 한 자**를 말한다.

(2) 종 별

'개업공인중개사'에는 법인인 개업공인중개사, 공인중개사인 개업공인중개사 및 부칙상 개업공인중개사가 모두 포함된다.

① 법인인 개업공인중개사

② 공인중개사인 개업공인중개사

③ 법 제7638호 부칙 제6조 제2항에 규정된 개업공인중개사

> **지문**
>
> 개업공인중개사란 중개사무소 개설등록을 한 **공인중개사**를 말한다. ( )
>
> ▶**정답** ✕

(3) 법인인 개업공인중개사

① 「상법」상 회사 또는 「협동조합 기본법」에 따른 협동조합(사회적 협동조합은 제외)으로서 자본금이 5천만원 이상이어야 한다.

② 「상법」상 회사 : 주식회사, 유한회사, 유한책임회사, 합명회사, 합자회사가 있으며, 주식회사, 유한회사 및 유한책임회사의 경영진은 임원, 합명회사 및 합자회사의 경영진은 무한책임사원(줄여서 '사원'이라 한다)이다.

③ 「협동조합 기본법」에 따른 협동조합은 법인이어야 한다(「협동조합 기본법」 제4조). 협동조합의 경영진도 임원이라고 한다.

④ 법인인 개업공인중개사로 중개사무소 개설등록을 하려면 **대표자는 공인중개사**이어야 하며, 대표자를 **제외한** 임원 또는 사원의 3분의 1 이상은 공인중개사이어야 한다.

⑤ 대표자를 포함한 임원 또는 사원의 **전원**은 등록신청일 전 1년 이내에 **실무교육**을 받아야 하며, 임원 또는 사원의 전원이 결격사유에 해당하지 않아야 중개사무소 개설등록을 할 수 있다.

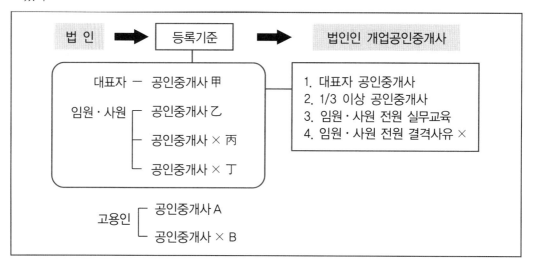

(4) 공인중개사인 개업공인중개사

공인중개사 자격을 취득한 후 중개사무소 개설등록을 한 자이다.

(5) 법 제7638호 부칙 제6조 제2항에 규정된 개업공인중개사

① 1989년 12월 31일까지는 공인중개사자격증이 없는 자도 중개업의 허가를 받을 수 있었고, 1990년 1월 1일부터는 공인중개사 및 법인에게만 중개업의 허가를 내주었다. 공인중개사 자격 없이 중개업의 허가를 받아 지금까지 중개업을 하고 있는 자를 말하며, 과거 '중개인' 이라 부르기도 하였다.

② 부칙상 개업공인중개사는 공인중개사법령에 다음과 같은 제한규정을 두고 있다.

> ㉠ 중개사무소를 폐업한 경우에는 공인중개사 자격을 취득하기 전에 다시 중개사무소 개설등록을 할 수 없다.
>
> ㉡ 중개사무소 명칭에 '공인중개사사무소'라는 문자를 사용할 수 없다.
>
> ㉢ 경매 및 공매 부동산에 대한 권리분석 및 취득의 알선과 매수신청 또는 입찰신청의 대리를 할 수 없다.
>
> ㉣ 중개업무 지역의 제한 : 중개사무소가 소재하는 시 · 도 관할구역 내에 소재하는 중개대상물만 중개할 수 있음이 원칙이다.

(6) 다른 법률의 규정에 따라 중개업을 할 수 있는 법인

① **「공인중개사법」이 아닌 다른 법률에 따라 부동산중개업을 할 수 있는 법인**을 말하는 것으로, 이에는 「농업협동조합법」에 따른 지역농업협동조합, 「산림조합법」에 따른 지역산림조합 등이 있다. 지역농업협동조합은 「농업협동조합법」에 농지를 중개할 수 있는 규정이 있으며, 지역산림조합은 「산림조합법」에 입목과 임야를 중개할 수 있는 규정이 있어 이들을 '다른 법률에 따라 중개업을 할 수 있는 법인'이라 부른다.

② 공인중개사법령에는 다른 법률에 따라 중개업을 영위할 수 있는 법인에 대하여 3가지 규정을 두고 있다. 첫째, 공인중개사법령상 중개사무소 개설**등록기준**을 적용하지 않는다. 둘째, **분사무소의 책임자**는 공인중개사가 아니어도 된다. 셋째, 중개업무를 개시하기 전에 **2천만원 이상의 보증**을 설정하여 등록관청에 신고하여야 한다.

🚩 **「농업협동조합법」에 의한 지역농업협동조합**

중개업무범위	조합원을 대상으로 농지의 매매 · 교환 · 임대차의 중개를 할 수 있다(「농업협동조합법」 제57조).
등록 여부	「공인중개사법」상 중개사무소 개설등록을 할 필요는 없다(「농업협동조합법」 제12조).
등록기준	「공인중개사법」상 등록기준을 적용하지 않는다(「공인중개사법 시행령」 제13조).
분사무소 설치요건	분사무소 책임자는 공인중개사가 아니어도 된다(「공인중개사법 시행령」 제15조).
보증설정금액	중개업무 개시 전에 2천만원 이상의 보증을 설정하고 그 증명서류를 갖추어 등록관청에 신고하여야 한다(「공인중개사법 시행령」 제24조).

용어 • 공인중개사인 개업공인중개사 + 부칙상 개업공인중개사 = 법인이 아닌 개업공인중개사

5. 소속공인중개사

(1) 정 의

① 개업공인중개사에 소속된 **공인중개사**(개업공인중개사인 법인의 사원 또는 임원으로서 **공인중개사인 자를 포함**한다)로서 중개업무를 **수행**하거나 개업공인중개사의 중개업무를 **보조**하는 자를 말한다.

② 개업공인중개사에 소속된 공인중개사는 소속공인중개사이며, 법인인 개업공인중개사의 사원 또는 임원인 공인중개사도 소속공인중개사라 한다.

> **지문**
>
> 1. 개업공인중개사에 소속된 공인중개사로서 중개업무를 수행하는 자는 소속공인중개사이다.
>   ( )
> 2. 개업공인중개사에 소속된 공인중개사로서 중개업무를 보조하는 자는 소속공인중개사이다.
>   ( )
> 3. 개업공인중개사인 법인의 사원인 공인중개사로서 중개업무를 수행하는 자는 소속공인중개사이다. ( )
> 4. 개업공인중개사인 법인의 임원인 공인중개사로서 중개업무를 보조하는 자는 소속공인중개사이다. ( )
> 5. 공인중개사가 아닌 자로서 개업공인중개사에 소속되어 중개업무를 수행하는 자는 소속공인중개사이다. ( )
> 6. 소속공인중개사는 개업공인중개사에 소속된 공인중개사로서 중개업무와 관련된 현장안내 및 단순한 업무를 보조하는 자를 말한다. ( )
>   ▶**정답** 1. ○ 2. ○ 3. ○ 4. ○ 5. × 6. ×

(2) 중개업무 수행

① 중개대상물의 확인·설명을 할 수 있고, 중개대상물 확인·설명서 및 거래계약서를 작성할 수 있다.

② **중개대상물의 확인·설명 의무는 개업공인중개사의 의무**이며, 소속공인중개사의 의무가 아니다. 다만, 소속공인중개사가 확인·설명을 함에 있어서 성실·정확하게 설명하지 않거나 설명의 근거자료를 제시하지 아니한 경우는 자격정지 사유에 해당한다.

③ **중개대상물 확인·설명서 및 거래계약서의 작성, 교부 및 보존의 의무**는 개업공인중개사의 의무이다. 따라서 이를 작성·교부하지 않거나 보존하지 않은 경우에는 개업공인중개사에게 업무정지처분을 할 수 있으며, 소속공인중개사에게 자격정지처분을 할 수는 없다.

④ **중개업무를 수행한 소속공인중개사는 확인·설명서 및 거래계약서에 개업공인중개사와 함께 서명 및 날인**하여야 하는데, 이를 위반한 경우는 개업공인중개사의 업무정지 사유 및 소속공인중개사의 자격정지 사유에 공통으로 속한다.

구 분	위반내용	개업공인중개사	소속공인중개사
확인 · 설명서 거래계약서	교부× 보존×	업무정지○	자격정지×
	서명 및 날인×	업무정지○	자격정지○

(3) 중개업무 보조

소속공인중개사는 현장안내 등 개업공인중개사의 중개업무를 보조할 수도 있다.

6. 중개보조원

공인중개사가 **아닌** 자로서 개업공인중개사에 소속되어 중개대상물에 대한 **현장안내 및 일반서무** 등 중개업무와 관련된 단순한 업무를 **보조**하는 자를 말한다.

> [지문]
>
> 1. 중개보조원은 개업공인중개사에 소속된 공인중개사로서 개업공인중개사의 중개업무를 보조하는 자를 말한다. (   )
> 2. 중개보조원은 공인중개사가 아닌 자로서 개업공인중개사에 소속되어 일반서무 및 중개업무를 수행하는 자를 말한다. (   )
> 3. 중개보조원이란 공인중개사가 아닌 자로서 개업공인중개사에 소속되어 중개대상물에 대한 현장안내 및 계약서 작성 등 개업공인중개사의 중개업무와 관련된 단순한 업무를 보조하는 자를 말한다. (   )
>
> ▶정답 1. ✕   2. ✕   3. ✕

<u>제3절</u>   **중개대상물**

1. 중개대상물의 의의

중개대상물에 대하여 중개업을 영위하려는 자는 중개사무소 개설등록을 하여야 한다. 중개사무소 개설등록을 하지 않은 자가 중개대상물을 대상으로 중개업을 한 경우에는 3년 이하의 징역 또는 3천만원 이하의 벌금에 처한다. 개업공인중개사가 중개대상물을 대상으로 중개행위를 한 경우에는 법령상 중개보수를 초과하여 받을 수 없으며, 이를 위반한 경우 1년 이하의 징역 또는 1천만원 이하의 벌금에 처한다. 또한 중개대상물 확인 · 설명의무, 확인 · 설명서 작성의무 및 거래계약서의 작성의무를 지게 된다.

2. 중개대상물의 범위

(1) 토 지

분필하지 않은 1필지 토지의 일부라도 지상권, 지역권, 전세권의 설정 및 임대차계약이 가능하므로 이 경우에는 중개대상물이 된다.

(2) 건축물 그 밖의 토지의 정착물

① **건축물의 정의**: 「건축법」에 따르면 토지에 정착하는 공작물 중 지붕과 기둥 또는 벽이 있는 것을 '건축물'로 정의하고 있다. 한편, 「민법」 제99조에 따르면 부동산은 '토지 및 그 정착물'로 정하고 있으며, 판례는 독립된 부동산으로서의 건물이라고 함은 최소한의 지붕과 기둥 및 주벽을 갖추어야 한다고 하고 있다.

② **중개대상물인 건축물**: 「공인중개사법」은 중개대상물인 건축물이 「민법」상 건축물인지 「건축법」상 건축물인지를 규정하고 있지 않은데, 판례에 의하면 **중개대상물인 건축물은 「민법」상의 부동산인 건축물에 한정된다**(2008도9427).'고 하여 지붕과 기둥 그리고 주벽을 모두 갖춘 건축물이어야 중개대상물이 된다.

> **│판례│**
>
> 중개대상물인 건축물은 **「민법」상의 부동산인 건축물에 한정**된다. 법률상 독립된 부동산으로서의 건물이라고 하려면 최소한의 **기둥과 지붕 그리고 주벽이 이루어져야 할 것인바, 세차장구조물**은 주벽이라고 할 만한 것이 없고, 볼트만 해체하면 쉽게 토지로부터 분리·철거가 가능하므로 이를 토지의 정착물인 중개대상물이라고 볼 수 없다(2008도9427).

③ 건축 중인 건물이라도 기둥, 지붕 및 주벽을 갖춘 경우 중개대상물이 된다.

> **│지문│**
>
> **[중개대상물 여부]**
> 1. 지붕 및 기둥을 갖추었으나 주벽이라고 할 만한 것이 없는 세차장 구조물 (   )
> 2. 지붕과 기둥 및 주벽을 갖춘 미등기 건물 (   )
> 3. 지붕과 기둥 및 주벽을 갖춘 무허가 건물 (   )
>
> ▶정답 1. × 2. ○ 3. ○

판례

1. 중개대상물로 규정한 "건물"에는 기존의 건축물뿐만 아니라 **장래에 건축될 건물**도 포함되어 있는 것이므로, **아파트의 특정 동·호수에 대한 피분양자로 선정되거나 분양계약이 체결**된 후에 특정아파트에 대한 매매를 중개하는 것은 **중개대상물인 건물을 중개한 것**이지 이를 제33조 제5호(금지행위)에 의하여 개업공인중개사가 해서는 아니될 부동산의 분양과 관련 있는 금지증서의 매매를 중개한 것으로 보아서는 안 된다(89도1885).

2. 특정한 아파트에 입주할 수 있는 권리가 아니라 **아파트에 대한 추첨기일에 신청을 하여 당첨이 되면 아파트의 분양예정자로 선정될 수 있는 지위**를 가리키는 데에 불과한 **입주권**은 「공인중개사법」 소정의 중개대상물인 건물에 해당한다고 보기 어렵다(90도1287).

3. **대토권**은 이 사건 주택이 철거될 경우 일정한 요건하에 택지개발지구 내에 **이주자택지를 공급받을 지위**에 불과하고 특정한 토지에 해당한다고 볼 수 없으므로 중개대상물이 아니다(2011다23682).

4. 특정 동·호수에 대하여 피분양자가 선정되거나 분양계약이 체결되지는 않았으나 아파트 전체의 건축이 완료됨으로써 분양 대상이 될 세대들이 객관적으로 존재하여 분양 목적물로의 현실적인 제공이 가능한 상태에 이르렀다면, 이에 대한 거래를 중개하는 것은 건축물의 중개에 해당한다(2010다16519).

5. '**금전채권**'은 중개대상물이 아니다. 금전채권 매매계약을 중개한 것은 중개행위에 해당하지 않으므로, 중개수수료의 한도액은 금전채권 매매계약의 중개행위에는 적용되지 않는다(2017도13559).

④ **그 밖의 토지의 정착물** : **명인방법을 갖춘 수목** 또는 **명인방법을 갖춘 수목의 집단**은 토지와 독립성이 인정되어 판례에 의하여 중개대상물로 인정되고 있다. 그러나 명인방법을 갖추지 않은 수목의 집단은 중개대상물이 아니다. 중개대상물인 「입목에 관한 법률」상 입목은 저당권의 목적이 될 수 있다는 점에서 명인방법을 갖춘 수목의 집단과 구별된다.

지문

1. 명인방법을 갖춘 수목의 집단 ( )
2. 「입목에 관한 법률」의 적용을 받지 않으며 명인방법도 갖추지 않은 수목의 집단 ( )
3. 가식의 수목 및 토지로부터 분리된 수목 ( )

▶정답 1. ○ 2. × 3. ×

(3) 「입목에 관한 법률」에 의한 입목(立木)

1) 입목의 정의와 범위

① 입목이란 **토지에 부착된 수목의 집단으로서 소유권보존의 등기를 받은 것**을 말한다.

② 1필 토지의 전부 또는 일부에 생립하는 모든 수종의 수목으로 한다.

2) 등록등록원부 및 소유권보존등기

① 소유권보존의 등기를 받을 수 있는 수목의 집단은 이 법에 의한 입목등록원부에 등록된 것에 한정한다.

② 등록을 받으려는 자는 그 소재지를 관할하는 특별자치도지사, 시장, 군수 또는 자치구청장에게 신청하여야 한다.

③ 특별자치도지사, 시장, 군수 또는 구청장은 입목등록원부에 관계되는 신청서와 그 첨부서류를 10년간 보존해야 한다.

④ 토지등기사항증명서 표제부에 입목의 등기기록이 표시된다.

3) 입목의 독립성

① **입목은 부동산으로 본다.**

② 입목의 소유자는 토지와 분리하여 입목을 양도하거나 이를 저당권의 목적으로 할 수 있다.

③ **토지소유권 또는 지상권의 처분의 효력은 입목에 미치지 않는다.**

4) 입목의 저당권 및 법정지상권

① 입목을 저당권의 목적으로 하고자 하는 자는 그 입목을 보험(「농업협동조합법」·「산림조합법」에 의한 공제를 포함)에 가입하여야 한다.

② 입목을 목적으로 하는 **저당권의 효력**은 입목을 베어 낸 경우에 그 토지로부터 **분리된 수목에 대하여도 미친다.**

③ 저당권자는 채권의 기한이 되기 전이라도 위의 분리된 수목을 경매할 수 있다. 다만, 그 매각대금을 공탁하여야 한다. 수목의 소유자는 상당한 담보를 공탁하고 경매의 면제를 신청할 수 있다.

④ 입목의 경매 기타 사유로 인하여 토지와 그 입목이 각각 다른 소유자에게 속하게 되는 경우에는 토지소유자는 입목소유자에 대하여 지상권을 설정한 것으로 본다. 지료는 당사자 간의 약정으로 정한다.

⑷ 「공장 및 광업재단저당법」에 의한 광업재단 · 공장재단

1) 공장재단

① **공장재단의 구성물**(공장재단은 다음에 열거하는 것의 전부 또는 일부로 구성할 수 있다)

> ㉠ 공장에 속하는 토지, 건물, 그 밖의 공작물
> ㉡ 기계, 기구, 전봇대, 전선, 배관, 레일, 그 밖의 부속물
> ㉢ 항공기, 선박, 자동차 등 등기나 등록이 가능한 동산
> ㉣ 지상권 및 전세권
> ㉤ 임대인이 동의한 경우에는 물건의 임차권
> ㉥ 지식재산권

② 공장재단의 구성물은 동시에 다른 공장재단에 속하게 하지 못한다.

③ 공장재단에 관하여 소유권보존등기를 신청하는 때에는 공장재단 목록을 제출해야 한다.

④ 공장 소유자는 하나 또는 둘 이상의 공장으로 공장재단을 설정하여 저당권의 목적으로 할 수 있다. 공장이 둘 이상일 때 각 공장의 소유자가 다른 경우에도 같다.

2) 공장재단의 효력

① 공장재단은 1개의 부동산으로 본다.

② 공장재단의 소유권보존의 등기는 그 등기 후 10개월 내에 저당권설정의 등기를 하지 아니하는 경우에는 그 효력을 상실한다.

③ 공장재단은 소유권과 저당권 이외의 권리의 목적이 되지 못한다. 그러나 저당권자의 동의를 얻은 경우에는 임대할 수 있다.

④ **공장재단의 구성물은 공장재단과 분리하여 양도하지 못한다**. 다만, 저당권자가 동의한 경우에는 임대차의 목적물로 할 수 있다.

⑤ 공장 소유자가 **저당권자의 동의를 받아** 공장재단의 구성물을 공장재단에서 **분리**한 경우 그 분리된 구성물에 관하여는 저당권이 소멸한다.

입목, 광업재단, 공장재단

중개대상물(○)　　부동산거래신고 대상물(×)　　경매 매수신청대리 대상물(○)

▮ 중개대상물

중개대상물○	중개대상물×
• 개발제한구역 내의 토지 • 군사시설보호구역 내의 토지 • 도로예정지 중 사유지 • 접도구역 내의 사유지 • 가압류된 토지 • 가등기가 설정된 건물 • 처분금지 가처분 등기가 된 토지 • 경매개시결정등기가 된 토지·건물 • 법정지상권이 성립된 토지 • 법정저당권이 성립된 건물 • 유치권이 행사 중인 건물 • 상속된 토지	• 자동차, 선박, 항공기, 어업재단 등 • 국·공유재산 중 행정재산 • 무주(無主)부동산 • 채굴되지 않은 광물 • 사권이 소멸된 포락지 • 법정지상권의 성립 • 법정저당권의 성립 • 유치권의 성립

주의 사인(私人)이 「공유수면 관리 및 매립에 관한 법률」에 의하여 공유수면 매립면허를 받아 매립 후 준공인가를 받은 토지인 공유수면매립지는 중개대상물이 될 수 있다.

Chapter 02

공인중개사제도 및 교육제도

출제 Point 정책심의위원회 1문제, 시험제도 1문제, 교육제도에서 1문제 정도 출제된다.

제1절 | 공인중개사 정책심의위원회

1. 심의위원회 및 심의사항

① 공인중개사의 업무에 관한 다음의 사항을 심의하기 위하여 **국토교통부**에 공인중개사 정책 심의위원회를 **둘 수 있다.**

> ㉠ 공인중개사의 시험 등 **공**인중개사의 자격취득에 관한 사항
> ㉡ **부**동산 중개업의 육성에 관한 사항
> ㉢ **손**해배상책임의 보장 등에 관한 사항
> ㉣ 중개보수 변경에 관한 사항

② 정책심의위원회에서 "**공인중개사의 시험 등 공인중개사의 자격취득에 관한 사항**"을 심의 한 경우에는 시·도지사는 이에 **따라야 한다.**

> **주의**
>
> 심의위원회에서 '중개보수 변경에 관한 사항'을 심의한 경우 시·도지사는 이에 따라야 한다. (×)

2. 심의위원회의 구성

① 위원장 1명을 포함하여 **7명 이상 11명 이내**의 위원으로 구성한다.

② **위원장**은 **국토교통부 제1차관**이 된다.

③ **위원**은 다음에 해당하는 사람 중에서 **국토교통부장관**이 **임명**하거나 위촉한다.

> ㉠ 국토교통부의 4급 이상 공무원이나 고위공무원단에 속하는 일반직공무원
> ㉡ 「고등교육법」 제2조에 따른 학교에서 부교수 이상에 재직하고 있는 사람
> ㉢ 변호사 또는 공인회계사
> ㉣ 공인중개사협회에서 추천하는 사람

    ⓜ 공인중개사 자격시험 업무를 위탁받은 기관의 장이 추천하는 사람

    ⓗ 비영리민간단체에서 추천한 사람

    ⓢ 「소비자 기본법」에 따라 등록한 소비자단체 또는 한국소비자원의 임직원

> **▎주의▎**
> 1. 심의위원회 위원장은 국토교통부장관으로 한다. (×)
> 2. 심의위원회 위원은 위원장이 임명하거나 위촉한다. (×)

④ 공무원인 위원을 제외한 위원의 임기는 2년으로 하되, 위원의 사임 등으로 새로 위촉된 위원의 임기는 전임위원 임기의 남은 기간으로 한다.

3. 위원장의 직무

① 위원장은 심의위원회를 대표하고, 심의위원회의 업무를 총괄한다.

② 위원장이 부득이한 사유로 직무를 수행할 수 없을 때에는 **위원장이 미리 지명한 위원**이 그 직무를 대행한다.

> **▎주의▎**
> **[위원장이 직무를 수행할 수 없을 때 직무대행]**
> 1. 정책심의위원회: 위원장이 미리 지명한 위원
> 2. 협회 공제사업 운영위원회: 부위원장

4. 심의위원회의 운영

① 위원장은 심의위원회의 회의를 소집하고, 그 의장이 된다.

② 심의위원회의 회의는 재적위원 과반수의 출석으로 개의(開議)하고, **출석위원 과반수의 찬성으로 의결**한다.

> **▎주의▎**
> 심의위원회의 회의는 재적위원 과반수의 찬성으로 의결한다. (×)

③ 위원장은 심의위원회의 회의를 소집하려면 회의 개최 **7일 전까지** 회의의 일시, 장소 및 안건을 각 위원에게 통보해야 한다. 다만, 긴급하게 개최하여야 하거나 부득이한 사유가 있는 경우에는 회의 개최 **전날까지** 통보할 수 있다.

5. 간 사

① 심의위원회에 심의위원회의 사무를 처리할 간사 1명을 둔다.

② 간사는 심의위원회의 **위원장**이 국토교통부 소속 공무원 중에서 **지명**한다.

6. 위원의 제척·기피·회피 등

① 심의위원회의 위원이 다음에 해당하는 경우에는 심의·의결에서 **제척**(除斥)된다.

> 1. 위원 또는 그 배우자(배우자이었던 사람)가 해당 안건의 당사자가 되거나 그 안건의 당사자와 공동권리자 또는 공동의무자인 경우. 단, 당사자가 법인·단체 등인 경우에는 그 임원을 포함한다.
> 2. 위원이 해당 안건의 당사자와 친족이거나 친족이었던 경우
> 3. 위원이 해당 안건에 대하여 증언, 진술, 자문, 조사, 연구, 용역 또는 감정을 한 경우
> 4. 위원이나 위원이 속한 법인·단체 등이 해당 안건의 당사자의 대리인이거나 대리인이었던 경우

② 위원 본인이 위의 제척 사유에 해당하는 경우에는 스스로 해당 안건의 심의·의결에서 **회피**(回避)해야 한다.

③ **국토교통부장관**은 위원이 제척 사유에 해당하는데도 불구하고 회피하지 아니한 경우에는 해당 위원을 **해촉**(解囑)할 수 있다.

> **주의**
> - 위원장은 제척 사유에 해당함에도 불구하고 회피하지 아니한 임원을 해촉할 수 있다. (×)
> - **위원의 임명권자 및 해촉권자: 국토교통부장관**

④ 해당 안건의 당사자는 위원에게 공정한 심의·의결을 기대하기 어려운 사정이 있는 경우에는 심의위원회에 **기피 신청**을 할 수 있고, **심의위원회는 의결**로 이를 결정한다. 이 경우 기피 신청의 대상인 위원은 그 의결에 참여하지 못한다.

제2절 | 공인중개사 시험제도

1. 시험시행기관 및 응시자격

(1) 시험시행기관

① **원칙**: 공인중개사가 되려는 자는 **시·도지사**(특별시장·광역시장·도지사·특별자치도지사)가 시행하는 자격시험에 합격해야 한다.

② **예외**: **국토교통부장관**은 시험 수준의 균형유지 등을 위하여 필요하다고 인정하는 때에는 직접 시험문제를 출제하거나 시험을 시행할 수 있다.

③ **심의위원회 의결**: **국토교통부장관**이 직접 시험문제를 출제하거나 시험을 시행하려는 경우에는 **심의위원회의 의결**을 미리 거쳐야 한다.

> **주의**
>
> 시·도지사가 직접 시험문제를 출제하거나 시험을 시행하려는 경우에는 심의위원회의 의결을 미리 거쳐야 한다. (×)

④ **시험시행업무의 위탁**: 시험시행기관장은 자격시험의 업무를 **협회** 또는 **공기업·준정부기관**에 위탁할 수 있다.

(2) 출제위원

시험시행기관장은 시험의 신뢰도를 크게 떨어뜨리는 행위를 한 출제위원이 있는 때에는 그 명단을 다른 시험시행기관장 및 그 출제위원이 소속하고 있는 기관의 장에게 통보해야 하며, 명단이 통보된 출제위원은 5년간 출제위원이 될 수 없다.

(3) 응시자격

① 공인중개사 **자격이 취소된 후 3년이 지나지 아니한 자**는 공인중개사가 될 수 없다.

② 시험시행기관장은 시험에서 부정한 행위를 한 응시자에 대하여는 그 시험을 **무효**로 하고, 그 **처분이 있은 날부터** 5년간 시험응시자격을 정지한다. 이 경우 시험시행기관장은 부정행위자의 명단을 지체 없이 다른 시험시행기관장에게 통보해야 한다.

> **주의**
>
> • 자격취소 + 3년: 공인중개사(×) 중개보조원(×)
> • 부정행위 무효처분일 + 5년: 공인중개사(×) 중개보조원(○)
> • 미성년자, 피한정후견인, 피성년후견인, 파산자, 금고 이상 형의 집행유예기간이 만료된 날부터 2년이 지나지 아니한 자 등: 공인중개사(○) 개업공인중개사 등(×)
> • 외국인: 공인중개사(○) 개업공인중개사 등(○)

2. 시험의 시행

① 시험은 매년 1회 이상 시행한다. 다만, 시험시행기관의 장은 시험을 실시하기 어려운 부득이한 사정이 있는 경우에는 **심의위원회 의결**을 거쳐 해당 연도의 시험을 시행하지 아니할 수 있다.

> **│ 주의 │**
>
> **[심의위원회 의결]**
> 1. 심의위원회 위원에 대한 기피신청이 있는 경우 이를 받아들일 것인지에 대한 의결
> 2. 국토교통부장관이 직접 시험문제를 출제하거나 시험을 시행할 것인지에 대한 의결
> 3. 부득이한 사정으로 해당 연도 시험을 시행하지 아니할 것인지에 대한 의결

② **응시수수료**
  ㉠ 시·도지사가 시행하는 경우: 지방자치단체 **조례**가 정하는 수수료
  ㉡ 국토교통부장관이 시행하는 경우: 국토교통부장관이 결정·공고하는 수수료
  ㉢ 자격시험을 위탁한 경우: 해당 업무를 위탁받은 자가 위탁한 자의 승인을 얻어 결정·공고하는 수수료를 각각 납부해야 한다.

> **│ 주의 │**
>
> 국토교통부장관이 시행하는 시험에 응시하는 자는 지방자치단체 조례가 정하는 수수료를 납부해야 한다. (×)

③ 시험시행기관장은 응시수수료를 납부한 자가 응시의사를 철회하는 경우에는 국토교통부령이 정하는 바에 따라 응시수수료의 전부 또는 일부를 반환해야 한다.
  ㉠ 응시원서 접수기간 내에 접수 취소: 납입한 수수료의 전부
  ㉡ 접수마감일 다음 날부터 7일 이내에 접수 취소: 60%
  ㉢ 접수마감일 다음 날부터 7일을 경과한 날부터 시험일 10일 전까지 취소: 50%

3. 자격증의 교부 등

(1) 자격증 교부

① **시·도지사**는 시험의 합격자에게 <u>국토교통부령으로 정하는 바에 따라</u> 공인중개사자격증을 교부해야 한다.
② **국토교통부령**: **시·도지사**는 합격자 공고일로부터 **1개월** 이내에 자격증교부대장에 기재한 후 자격증을 교부해야 한다.
③ 공인중개사 자격증 교부대장은 전자적 처리가 불가능한 특별한 사유가 없으면 전자적 처리가 가능한 방법으로 작성·관리하여야 한다.

> **│ 주의 │**
>
> 국토교통부장관은 시험의 합격자에게 국토교통부령으로 정하는 바에 따라 공인중개사자격증을 교부해야 한다. (×)

(2) 자격증 재교부

① 공인중개사자격증을 잃어버리거나 못쓰게 된 경우에는 <u>국토교통부령으로 정하는 바에 따라</u> 시 · 도지사에게 재교부를 신청할 수 있다.

② **국토교통부령**: 공인중개사자격증의 재교부를 신청하는 자는 별지 제4호 서식의 재교부신 청서를 자격증을 **교부한** 시 · 도지사에게 제출해야 한다.

③ 공인중개사자격증의 재교부를 신청하는 자는 해당 지방자치단체 **조례**로 정하는 수수료를 납부해야 한다.

(3) 자격증 대여 등의 금지(법 제7조)

① 공인중개사는 다른 사람에게 자기의 **성명**을 사용하여 중개업무를 하게 하거나, 자기의 공 인중개사자격증을 **양도** 또는 **대여**해서는 안 된다.

▸ **자격취소 & 1년 이하의 징역 또는 1천만원 이하의 벌금**

▸ **행정처분과 행정형벌을 병과할 수 있는 사유이다.**

② 누구든지 다른 사람의 공인중개사자격증을 양수하거나 대여받아 이를 사용해서는 안 된다.

▸ **1년 이하의 징역 또는 1천만원 이하의 벌금**

③ 누구든지 성명을 사용하여 중개업무를 하게 하는 행위, 자격증을 양도 또는 대여하는 행위 및 자격증을 양수 또는 대여받아 사용하는 행위를 **알선**해서는 안 된다.

▸ **1년 이하의 징역 또는 1천만원 이하의 벌금**

┌ **판례** ┐

1. 자격증의 대여란 다른 사람이 그 자격증을 이용하여 공인중개사로 행세하면서 공인중개사의 업무를 행하려는 것을 알면서도 그에게 자격증 자체를 빌려주는 것을 말한다.

2. 공인중개사가 무자격자로 하여금 그 공인중개사 명의로 개설등록을 마친 중개사무소에 자금을 투자하고 경영에 관여하게 하였더라도 공인중개사 자신이 부동산거래 중개행위를 수행하고 무자격자로 하여금 공인중개사의 업무를 수행하도록 하지 않는다면, 등록증 · 자격증의 대여에 해당하지 않는다.

3. **자격증 대여의 판단기준**: 무자격자가 공인중개사의 업무를 수행하였는지 여부는 **외관상** 공인 중개사가 직접 업무를 수행하는 형식을 취하였는지 여부로 판단할 것이 아니라 **실질적**으로 무 자격자가 공인중개사의 명의를 사용하여 업무를 수행하였는지 여부에 따라 판단해야 한다.

4. 공인중개사가 스스로 몇 건의 중개업무를 직접 수행한 바 있다 하더라도 **무자격자가 거래를 성사시켜 작성한 계약서에 공인중개사가 인감을 날인하는 것**은 자신이 직접 공인중개사 업무를 수행하는 형식만 갖추었을 뿐, 실질적으로는 무자격자로 하여금 자기 명의로 공인중개사 업무를 수행하도록 한 것이므로 **자격증의 대여에 해당한다**(2006도9334).

(4) 유사명칭 사용 금지(법 제6조)

공인중개사가 **아닌** 자는 공인중개사 또는 이와 유사한 명칭을 사용하지 못한다.

▸ **1년 이하의 징역 또는 1천만원 이하의 벌금**

> **「판례」**
>
> 중개사무소의 대표자를 가리키는 명칭(무자격자가 자신의 명함에 '부동산뉴스 **대표**'라는 명칭을 기재하여 사용한 것)은 '공인중개사와 **유사한 명칭**'에 해당한다(2006도9334).

제**3**절 **교육제도**

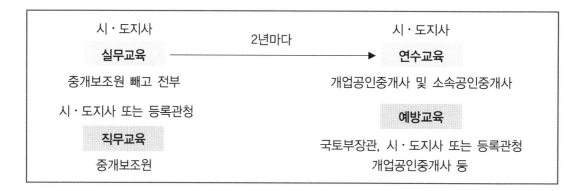

1. 실무교육

(1) 실무교육의 대상자 및 실시권자

① 중개사무소의 개설등록을 신청하려는 자(실무수습 포함) - 등록신청일 전 1년 이내
② 중개법인의 대표자, 사원 또는 임원의 **전원**(실무수습 포함) - 등록신청일 전 1년 이내
③ 분사무소의 책임자(실무수습 포함) - 설치신고일 전 1년 이내에
④ 소속공인중개사 - 고용신고일 전 1년 이내에
⑤ **시·도지사**가 실시하는 **실무교육**을 받아야 한다.

(2) 실무교육의 면제

① 개업공인중개사로서 **폐업신고 후 1년 이내**에 개설등록을 다시 신청하거나, 소속공인중개사로 고용신고를 하려는 자는 실무교육을 받지 않아도 된다.
② 소속공인중개사로서 **고용관계 종료신고 후 1년 이내**에 개설등록을 신청하거나, 다시 소속공인중개사로 고용신고를 하려는 자는 실무교육을 받지 않아도 된다.
③ 폐업신고 또는 고용관계 종료신고를 하고 1년이 지난 후 다시 중개사무소 개설등록을 신청하거나 소속공인중개사로 고용신고를 하려는 경우에는 실무교육을 받아야 한다.

(3) 실무교육의 내용과 이수시간

① **내용**: 직무수행에 필요한 법률지식, 부동산 중개 및 경영 실무, 직업윤리 등
② **시간**: 28시간 이상 32시간 이하(입법예고 64시간 이상)

2. 직무교육

(I) 직무교육의 대상자, 실시권자 및 면제

① 중개보조원은 고용신고일 전 1년 이내에 **시 · 도지사 또는 등록관청**이 실시하는 **직무교육**을 받아야 한다.

② 고용관계 종료 신고 후 1년 이내에 고용신고를 다시 하려는 자는 직무교육을 받지 않아도 된다.

(2) 직무교육의 내용과 이수시간

① **내용**: 중개보조원의 직무수행에 필요한 **직업윤리** 등

② **시간**: 3시간 이상 4시간 이하(입법예고 8시간 이상)

3. 연수교육

(I) 연수교육의 대상자 및 실시권자

① **개업공인중개사 및 소속공인중개사**는 실무교육을 받은 후 **2년**마다 **시 · 도지사**가 실시하는 연수교육을 받아야 한다.

② **시 · 도지사**는 정당한 사유 없이 연수교육을 받지 않은 개업공인중개사 또는 소속공인중개사에 대하여 **500만원 이하의 과태료**를 부과한다.

③ 시 · 도지사는 연수교육을 실시하려는 경우 실무교육 또는 연수교육을 받은 후 2년이 되기 **2개월 전까지** 연수교육의 일시 · 장소 · 내용 등을 대상자에게 통지해야 한다.

(2) 연수교육의 내용과 이수시간

① **내용**: 부동산중개 관련 **법 · 제도의 변경사항**, 부동산 중개 및 경영 실무, 직업윤리 등

② **시간**: 12시간 이상 16시간 이하(입법예고 16시간 이상)

| 주의 |

[교육의 실시권자]
• 실무교육 및 연수교육의 실시권자는 시 · 도지사이며, 직무교육의 실시권자는 시 · 도지사 또는 등록관청이다.

[교육의 내용 및 시간]
• 실무교육: 법률지식, 경영실무, 직업윤리. 28시간 이상 32시간 이하(개정예정 64시간 이상)
• 연수교육: 법 제도의 변경사항, 경영실무, 직업윤리. 12시간 이상 16시간 이하(16시간 이상)
• 직무교육: 직업윤리. 3시간 이상 4시간 이하(8시간 이상)

4. 실무교육, 직무교육 및 연수교육의 지침수립

① **국토교통부장관**은 시·도지사가 실시하는 실무교육, 연수교육 및 직무교육의 전국적인 균형유지를 위하여 필요하다고 인정하면 해당 **교육의 지침을 마련하여 시행할 수 있다.**

② 국토교통부장관이 해당 교육의 지침을 수립할 때에는 다음의 사항이 포함되어야 한다.
   ㉠ 교육목적, 대상, 과목 및 시간, 강사자격, 수강료
   ㉡ 수강신청, 출결 확인, 교육평가, 교육수료증 발급 등 학사 운영 및 관리

5. 부동산거래사고 예방교육

(1) 예방교육의 실시

① **국토교통부장관, 시·도지사 및 등록관청**은 필요하다고 인정하면 **개업공인중개사 등**의 부동산거래사고 예방을 위한 교육을 실시할 수 있다.
   ▶ 개업공인중개사 등 : 개업공인중개사, 소속공인중개사, 중개보조원, 개업공인중개사인 법인의 사원 또는 임원

② 국토교통부장관, 시·도지사 및 등록관청은 예방교육을 실시하려는 경우에는 교육일 10일 **전까지** 일시·장소 및 내용 등을 공고하거나 교육대상자에게 통지해야 한다.

(2) 교육비 지원

① 국토교통부장관, 시·도지사 및 등록관청은 개업공인중개사 등이 부동산거래사고 예방 등을 위하여 교육을 받는 경우에는 필요한 **비용을 지원**할 수 있다.

② 부동산거래사고 예방 등의 교육을 위하여 지원할 수 있는 비용은 다음과 같다.
   ㉠ 교육시설 및 장비의 설치에 필요한 비용
   ㉡ 교육자료의 개발 및 보급에 필요한 비용
   ㉢ 교육 관련 조사 및 연구에 필요한 비용
   ㉣ 교육 실시에 따른 강사비

중개사무소 개설등록 및 결격사유

출제 Point 중개사무소 개설등록에서 1~2문제, 결격사유에서 1문제 가량 출제된다.

제1절 | 등록의 성격

1. 기속성

공인중개사 또는 법인이 개설등록을 신청하였고, 결격사유에 해당되지 않으며, 등록기준에 적합한 경우에는 등록관청은 반드시 개설등록을 해 주어야 한다(영 제13조 제2항).

2. 적법요건

등록은 중개업을 적법하게 하기 위한 요건이다.

주의 무등록중개업자는 처벌대상(3년 이하의 징역 또는 3천만원 이하의 벌금)이 되나, 무등록중개업자의 중개로 체결된 거래당사자 간의 거래계약이 무효가 되는 것은 아니다.

제2절 | 등록절차

1. 등록신청자 및 등록관청

(1) 등록신청자

① 공인중개사(소속공인중개사 **제외**) 또는 법인이 아닌 자는 중개사무소의 개설등록을 신청할 수 없다.

  ▶소속공인중개사를 제외한 공인중개사 또는 법인만 중개사무소의 개설등록을 신청할 수 있다.

② **소속공인중개사는 중개사무소 개설등록을 신청할 수 없다.**

  ▶이중소속 금지 : 개업공인중개사 등은 다른 개업공인중개사의 소속공인중개사 · 중개보조원 또는 개업공인중개사인 법인의 사원 · 임원이 될 수 없다.

(2) 등록관청

① 중개사무소를 두려는 지역을 관할하는 시장(**구가 설치되지 아니한 시의 시장 및 특별자치도의 행정시의 시장**)·군수 또는 구청장

> **주의**
>
> • 구가 설치된 시의 시장: 등록관청(×)
> • 구가 설치되지 아니한 시의 시장: 등록관청(○)
> • 특별시장, 광역시장: 등록관청(×), 시·도지사(○)
> • 중개사무소를 두려는 지역을 관할하는 특별자치도의 행정시의 시장은 등록관청이다. (○)

② 법인인 개업공인중개사의 **등록관청**: 주된 중개사무소를 관할하는 시장·군수 또는 구청장

2. 등록기준: 등록신청 전에 미리 갖추어야 할 요건

(1) 공인중개사

① **실무교육**: 등록신청일 전 1년 이내에 **시·도지사**가 실시하는 **실무**교육을 받았을 것

> **주의**
>
> 실무교육을 받는 것은 중개사무소 개설등록기준에 해당한다. (○)

② 중개사무소

> ㉠ 원칙: 건축물대장에 기재된 건물에 중개사무소를 확보해야 개설등록을 할 수 있다.
> ㉡ 예외: 준공검사, 준공인가, **사용승인**, 사용검사 등을 받은 건물이면 **건축물대장에 기재되기 전의 건물에 중개사무소 개설등록을 할 수 있다.**
> ㉢ **가설건축물대장**에 기재된 건물에 중개사무소 개설등록을 할 수 없다.
> ㉣ **소유·전세·임대차 또는 사용대차** 등의 방법에 의하여 사용권을 확보해야 한다.

> **주의**
>
> • 사용승인을 받았으나 건축물대장에 기재되지 않은 건물에는 중개사무소 개설등록을 할 수 없다. (×)
> • 「건축법」상 가설건축물대장에 기재된 건축물에 중개사무소 개설등록을 할 수 있다. (×)
> • 사용대차의 방법으로 확보한 건물에 중개사무소의 개설등록을 할 수 없다. (×)

(2) **법인**(다른 법률의 규정에 따라 중개업을 할 수 있는 법인 − 등록기준 적용×)

① 「상법」상 회사 또는 「협동조합 기본법」에 따른 협동조합(**사회적 협동조합은 제외**)으로서 자본금은 5천만원 이상일 것

> **주의**
>
> 「협동조합 기본법」에 따른 사회적 협동조합은 중개사무소 개설등록을 할 수 있다. (×)

② 법 제14조에 규정된 업무만을 영위할 목적으로 설립된 법인일 것

> ㉠ 법인인 개업공인중개사는 공인중개사법령에 따라 겸업의 제한을 받으며 **법 제14조에 규정된 업무만 영위할 목적인 법인을 설립해야 중개사무소 개설등록을 할 수 있다.**
> ㉡ 법 제14조에 규정된 업무는 <중개업 + 5개 + 경매 및 공매 관련 업무>로 구성되어 있으며, 법 제14조에 규정된 것 외의 업무를 할 목적으로 설립된 법인은 개설등록을 할 수 없다. 법인인 개업공인중개사가 된 후에도 법 제14조에 규정된 업무만 겸업할 수 있다.
> • 중개업과 주택의 분양대행을 영위할 목적으로 설립된 법인은 개설등록을 할 수 있다. (○)
> • 중개업과 토지의 분양대행을 영위할 목적으로 설립된 법인은 개설등록을 할 수 있다. (×)

③ 대표자는 공인중개사이어야 하며, 대표자를 **제외한** 임원 또는 사원(합자·합명회사의 무한책임사원)의 3분의 1 이상은 공인중개사일 것

④ 대표자, 임원 또는 사원의 **전원** 및 분사무소를 설치하는 경우 **책임자**가 **실무**교육을 받았을 것

> ㉠ 대표자를 제외한 임원 또는 사원이 1명~3명인 경우 1명 이상, 4명~6명인 경우 2명 이상, 7명~9명인 경우 3명 이상이 공인중개사이어야 한다.
> ㉡ 공인중개사가 아닌 임원 또는 사원도 실무교육을 받아야 한다.

⑤ 중개사무소의 사용권을 확보할 것(건축물대장 기재 또는 사용승인 등 받은 건물)

> **┃주의┃**
> • 손해배상책임을 보장하기 위한 **보증의 설정**은 중개사무소 개설등록기준에 해당한다. (×)
> • 다른 법률의 규정에 따라 중개업을 할 수 있는 법인이 부동산중개업을 하는 때에는 공인중개사법령이 정한 등록기준을 갖추어야 한다. (×)

3. 등록절차

부동산중개사무소	[ ] **개설등록 신청서** [ ] **인장등록 신고서**	처리기간 7일	중개사무소 등록증		
신청인	성명, 주소, 주민등록번호, 전화번호 **자격증 발급 시·도**		개업공인중개사 종별	법인 공인중개사 부칙상 개공	
개업공인중개사 종별	[ ] **법인**　　[ ] **공인중개사**		중개사무소 명칭		
사무소	명칭, 소재지, 전화번호				
신청인 제출서류		수수료 시·군·구 조례로 정하는 금액	중개사무소 소재지		
담당 공무원 확인사항	**법인등기사항증명서** **건축물대장**	(등록인장 인)	등록인장 (중개행위시 사용)		변경 인장
확인요청	공인중개사자격증				

(1) 중개사무소 개설등록신청서 제출

중개사무소의 개설등록을 하려는 자는 별지 제5호 서식의 부동산중개사무소 개설등록신청서에 다음의 서류(**전자문서를 포함**한다)를 첨부하여 등록관청에 신청하여야 한다. 중개사무소의 개설등록을 신청하고자 하는 자는 해당 지방자치단체의 **조례**가 정하는 바에 따라 수수료를 납부하여야 한다.

[제출하지 않는 서류]

① 등록관청은 행정정보의 공동이용을 통하여 법인등기사항증명서와 건축물대장 확인
  ▶ **법인등기사항증명서(×)**
  ▶ **건축물대장(×)**
② **등록관청**은 공인중개사자격증을 발급한 **시·도지사**에게 **자격확인**을 **요청**해야 한다.
  ▶ **공인중개사자격증 사본(×)**

[제출하는 서류]

① 실무교육 수료확인증 사본(실무교육을 위탁받은 기관 또는 단체가 실무교육 수료 여부를 등록관청이 **전자적으로 확인할 수 있도록 조치한 경우는 제출하지 않아도 된다**)
② 여권용 사진
③ 중개사무소의 사용권 확보를 증명하는 서류. 다만, 건축물대장에 기재되지 않은 건물에 확보한 경우에는 **건축물대장 기재가 지연되는 사유를 적은 서류**도 함께 내야 한다.

[외국인 및 외국에 주된 영업소를 둔 법인만 제출하는 서류]

④ 외국인 및 외국에 주된 영업소를 둔 법인의 임원 또는 사원: 결격사유에 해당되지 아니함을 증명하는 서류
⑤ 외국에 주된 영업소를 둔 법인: 「상법」 제614조의 규정에 의한 **영업소의 등기를 증명할 수 있는 서류**

---

(2) 등록의 처분 및 통지

등록신청을 받은 등록관청은 개업공인중개사의 종별에 따라 구분하여 개설등록을 하고, 등록신청을 받은 날부터 **7일 이내**에 등록신청인에게 **서면으로 통지**해야 한다.

① 법인인 개업공인중개사
② 공인중개사인 개업공인중개사

> **주의**
>
> 등록관청은 등록신청을 받은 날부터 7일 이내에 중개사무소등록증을 교부해야 한다. (×)

(3) 보증설정신고

개업공인중개사는 **중개사무소 개설등록을 한 때에는 업무를 시작하기 전에** 손해배상책임을 보장하기 위한 조치(보증)를 한 후 그 증명서류를 갖추어 등록관청에 신고해야 한다.

> **주의**
>
> **보 증**
> - 중개사무소 개설등록 이전에 보증을 설정하여 등록관청에 신고해야 한다. (×)
> - 보증의 설정 : 중개사무소 개설등록기준(×)
> - 보증설정증명서류 : 등록신청시 제출서류(×)

⑷ 등록증 교부 등

① **등록관청**은 중개사무소의 개설등록을 한 자에 대하여 <u>국토교통부령으로 정하는 바에 따라</u> **중개사무소등록증을 교부해야** 한다.

② **국토교통부령** : 등록관청은 개설등록을 한 자가 손해배상책임 보장하기 위한 **보증을 설정했는지 여부를 확인한 후** 등록증을 지체 없이 교부해야 한다.

> **주의**
>
> 등록관청은 중개사무소등록증을 교부하기 전에 개설등록을 한 자가 보증을 설정했는지 여부를 확인해야 한다. (○)

③ 개업공인중개사는 개설**등록 후 3개월을 초과하여 업무를 개시하지 않고자 하는 경우**에는 이를 등록관청에 신고해야 한다.

⑸ 등록사항 등 통보

등록관청은 매월 다음의 사항을 **다음달 10일까지** 공인중개사**협회에 통보**해야 한다.

① 중개사무소등록증을 교부한 때

② 중개사무소 이전신고를 받은 때

③ 분사무소 설치신고를 받은 때

④ 소속공인중개사 또는 중개보조원의 고용신고 및 고용관계 종료신고를 받은 때

⑤ 휴업신고 · 폐업신고 · 휴업기간 변경신고 · 휴업한 중개업의 재개신고를 받은 때

⑥ 등록취소 또는 업무정지처분을 한 때

> **지문**
>
> 1. 등록관청은 중개사무소등록증을 교부한 사실을 다음달 10일까지 시 · 도지사에게 통보해야 한다. ( )
> 2. 등록관청은 중개보조원의 고용신고를 받은 사실을 공인중개사협회에 통보해야 한다. ( )
> 3. 등록관청은 중개사무소 개설등록 취소처분을 한 사실을 공인중개사협회에 통보해야 한다. ( )
> ▶정답 1. × 2. ○ 3. ○

제3절 기타 등록과 관련된 사항

1. 종별변경

① 중개사무소 개설등록을 한 개업공인중개사가 종별을 달리하여 업무를 하고자 하는 경우에는 **등록신청서를 다시 제출**해야 한다. 이 경우 종전에 제출한 서류 중 변동사항이 없는 서류는 제출하지 아니할 수 있으며, **종전의 등록증은 반납**해야 한다.

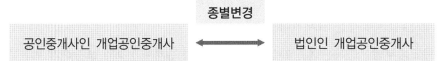

② 법 제7638호 부칙 제6조 제2항 개업공인중개사가 공인중개사 자격을 취득하여 그 등록관청의 관할구역 안에서 공인중개사인 개업공인중개사로서 업무를 계속하고자 하는 경우에는 이미 교부받은 등록증과 변경사항을 증명하는 서류를 첨부하여 **등록증의 재교부를 신청하여야 한다.**

2. 중개사무소등록증 대여 등, 이중등록 및 이중소속 금지

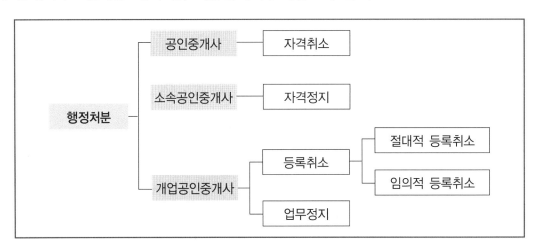

⑴ **중개사무소등록증 대여 등의 금지**(법 제19조)

① 개업공인중개사는 다른 사람에게 자기의 **성명** 또는 **상호**를 사용하여 중개업무를 하게 하거나 자기의 중개사무소**등록증**을 **양도** 또는 **대여**하는 행위를 하여서는 아니 된다.

  ▸**절대적 등록취소 & 1년 이하의 징역 또는 1천만원 이하의 벌금**

② 누구든지 다른 사람의 성명 또는 상호를 사용하여 중개업무를 하거나 다른 사람의 중개사무소등록증을 양수 또는 대여받아 이를 사용하는 행위를 하여서는 아니 된다.

  ▸**1년 이하의 징역 또는 1천만원 이하의 벌금**

③ 누구든지 제1항 및 제2항에서 금지한 행위를 **알선**하여서는 아니 된다.

  ▸**1년 이하의 징역 또는 1천만원 이하의 벌금**

⑵ **이중등록 및 이중소속 금지**(법 제12조)

① 개업공인중개사는 **이중**으로 중개사무소 개설**등록**을 하여 중개업을 할 수 없다.

  ▸**절대적 등록취소 & 1년 이하의 징역 또는 1천만원 이하의 벌금**

② 이중소속 금지 : **개업공인중개사 등**은 다른 개업공인중개사의 소속공인중개사·중개보조원 또는 개업공인중개사인 법인의 사원·임원이 될 수 없다.

  ▸**개업공인중개사 : 절대적 등록취소 & 1년 이하의 징역 또는 1천만원 이하의 벌금**
  ▸**소속공인중개사 : 자격정지 & 1년 이하의 징역 또는 1천만원 이하의 벌금**
  ▸**중개보조원 : 1년 이하의 징역 또는 1천만원 이하의 벌금**

  주의 중개보조원은 행정처분 대상이 아니며, 행정형벌 대상에는 포함된다.

3. 무등록중개업자

① 중개사무소 개설등록이 취소된 후 중개업무를 한 자

② 폐업신고 후 중개업무를 한 자

③ 등록신청 후 등록의 서면통지를 받기 전에 업무를 개시한 자

판례

1. 중개사무소 개설등록에 관한 규정들은 무등록중개업자가 체결한 보수지급약정의 효력을 제한하는 강행법규에 해당한다. 따라서 **중개사무소 개설등록을 하지 않은 자가 중개업을 하면서 거래당사자와 체결한 중개보수 지급약정은 무효**이다(2008다75119).

2. 공인중개사 자격이 없는 자가 우연한 기회에 단 1회 타인 간의 거래행위를 중개한 경우 등과 같이 '**중개를 업으로 한**' 것이 아니라면 그에 따른 **중개보수 지급약정이** 강행법규에 위배되어 **무효라고 할 것은 아니다**(2010다86525). 다만, 과다한 경우 감액을 청구할 수 있다.

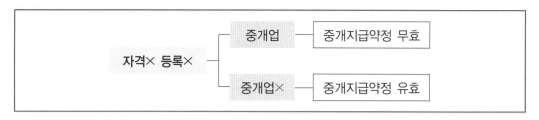

> **판례**
>
> 1. 변호사도 중개사무소 개설등록의 기준을 적용받아야 한다(2003두14888).
> 2. 거래당사자가 **무등록중개업자에게 중개를 의뢰한 행위**를「공인중개사법」위반으로 처벌할 수 없으며 공동정범 행위로 처벌할 수도 없다. 또한, **개업공인중개사에게 미등기 부동산의 전매에 대하여 중개를 의뢰한 행위**를「공인중개사법」위반으로 처벌할 수 없으며, 공동정범 행위로 처벌할 수도 없다(2013도3246).
> 3. 공인중개사가 개설등록을 하지 않은 채 부동산중개업을 하는 경우뿐만 아니라 **공인중개사가 아니어서 애초에 중개사무소 개설등록을 할 수 없는 사람이 개설등록을 하지 않고 부동산중개업을 영위하는 경우**에도「공인중개사법」상 형사처벌(3−3)의 대상이 된다(2017도18292).

제4절 등록의 결격사유

1. 결격사유의 효과

(1) 공인중개사인 개업공인중개사

① 결격사유에 해당하는 공인중개사는 중개사무소 개설등록을 할 수 없다.

② 공인중개사인 개업공인중개사가 결격사유 가운데 아래의 **1.~6.**에 해당된 경우, 등록관청은 중개사무소 개설**등록을 취소해야 한다.**

③ 결격사유를 원인으로 개설등록이 취소된 경우 등록취소의 원인이 되었던 결격사유가 해소된 때 다시 개업공인중개사 등이 될 수 있다.

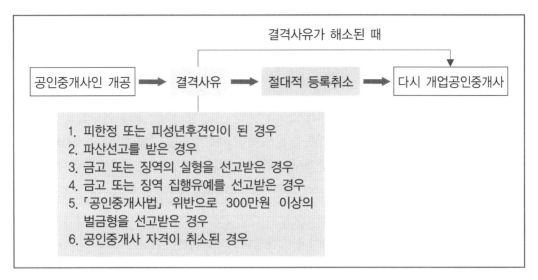

④ 등록관청은 개업공인중개사·소속공인중개사·중개보조원 및 법인의 사원·임원이 결격 사유의 어느 하나에 해당하는지 여부를 확인하기 위하여 관계 기관에 조회할 수 있다.

(2) 법인인 개업공인중개사

① 사원 또는 임원 중 결격사유에 해당하는 자가 있는 법인은 중개사무소 개설등록을 할 수 없다.

② 법인인 개업공인중개사의 **사원 또는 임원이 결격사유**에 해당되고 그 결격사유를 2개월 이내에 해소하지 않은 경우 등록관청은 개설**등록을 취소해야 한다**(절대적 등록취소).

(3) 고용인

① 결격사유에 해당하는 자는 소속공인중개사 또는 중개보조원이 될 수 없다.

② 개업공인중개사가 고용한 **고용인이 결격사유**에 해당하고 개업공인중개사가 그 결격사유 를 2개월 이내에 해소하지 않은 경우 **업무정지처분을 받을 수 있다**(순수 업무정지).

2. 결격사유의 내용

(1) 미성년자

① 19세에 달하지 아니한 자는 결격사유에 해당한다. 즉 미성년자는 공인중개사 자격을 취득 할 수는 있지만, 개업공인중개사 등이 될 수 없다.

② 「민법」에 의하면 미성년자는 부모의 동의가 있거나, 혼인을 하여 성년으로 의제가 되는 경 우 단독으로 법률행위를 할 수 있으나, 「공인중개사법」에는 이러한 예외규정이 없으므로 친권자의 동의를 얻거나 혼인을 한 미성년자도 결격사유에 해당한다.

> **주의**
> • 혼인을 한 미성년자: 결격
> • 친권자의 동의를 얻은 미성년자: 결격

(2) 피한정후견인 또는 피성년후견인

① 「민법」에 따라 한정후견개시의 심판을 받은 자인 '피한정후견인' 및 성년후견개시의 심판을 받은 자인 '피성년후견인'은 공인중개사가 될 수는 있으나, 개업공인중개사 등은 될 수 없다.

② 피한정후견인은 한정후견종료의 심판을 받은 때, 피성년후견인은 성년후견종료의 심판을 받은 때 결격사유에서 벗어난다.

③ 「민법」상 **피특정후견인**은 결격사유에 해당하지 아니함을 주의한다.

> **주의**
> • 피한정후견인 및 피성년후견인: 공인중개사(○) 개업공인중개사 등(×)
> • 피특정후견인(결격사유 아님): 공인중개사(○) 개업공인중개사 등(○)

(3) 파산선고를 받고 복권되지 아니한 자

> **주의**
> • 파산선고를 받고 복권되지 아니한 자: 공인중개사(○) 개업공인중개사 등(×)
> • 파산선고를 받고 복권된 자: 결격사유(×)

(4) 금고 또는 징역의 실형선고를 받고 그 집행이 종료된 날부터 3년이 지나지 아니한 자
금고 또는 징역의 실형선고를 받고 그 집행이 면제된 날부터 3년이 지나지 아니한 자

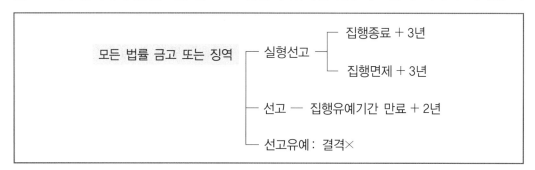

① 징역은 교도소에 구치하여 강제노역에 종사하게 하는 형벌을 말하며, 금고는 강제노역을 과하지 않고 구치소에 구금하는 형벌이다.

② 모든 법률에 의하여 금고형 또는 징역형을 받은 경우를 말한다. 「공인중개사법」뿐만 아니라 다른 법률을 위반하여 금고 또는 징역의 실형선고를 받고 집행이 종료되거나 집행이 면제된 날부터 3년이 지나지 아니한 자도 결격사유에 해당한다.

> **주의**
>
> 1. 「형법」상 사기죄로 징역형의 실형을 선고받고 그 집행이 종료된 날부터 3년이 지나지 아니한 자: 결격(　　)
> 2. 「변호사법」을 위반하여 금고형의 실형을 선고받고 그 집행이 면제된 날부터 3년이 지나지 아니한 자: 결격(　　)
>
> ▶정답 1. ○　2. ○

⑸ **금고 또는 징역형의 집행유예를 받고 그 유예기간이 만료된 날부터 2년이 지나지 아니한 자**

① 집행유예란 형의 선고를 하지만 여러 가지 정상을 참작하여 형의 집행을 일정 기간 유예하고, 아무 사고 없이 그 유예기간이 지나면 형의 집행을 하지 않는 제도를 말한다.

② 금고 또는 징역형을 선고받고 그 형의 집행이 유예된 경우 그 집행유예기간이 만료된 날부터 2년이 지나지 아니한 자는 결격사유에 해당하며, **집행유예기간이 만료된 날부터 2년이 더 지나야 결격사유에서 벗어나 개업공인중개사 등이 될 수 있다.**

③ 금고형 또는 징역형의 **선고유예**를 받은 경우는 결격사유에 해당하지 않는다.

> **주의**
>
> 1. 「도로교통법」을 위반하여 징역형의 집행유예를 받고 그 유예기간이 만료된 날부터 1년이 지난 자: 결격(　　)
> 2. 「형법」을 위반하여 징역 1년을 선고받고 그 형의 집행이 2년간 유예된 후 집행유예기간이 만료된 공인중개사는 개설등록을 할 수 있다. (　　)
> 3. 징역형의 선고유예를 받고 2년이 지나지 아니한 자: 결격(　　)
>
> ▶정답 1. ○　2. ×　3. ×

⑹ **「공인중개사법」을 위반하여 300만원 이상의 벌금형을 선고받고 3년이 지나지 아니한 자**

① **다른 법률(「도로교통법」 등)을 위반**하여 300만원 이상의 벌금형을 선고받은 경우는 결격사유에 해당하지 않는다.

② 「공인중개사법」을 위반하여 300**만원 미만의 벌금형**을 선고받은 경우는 결격사유에 해당하지 않는다.

③ 「공인중개사법」 제48조(3-3) 및 제49조(1-1)에 규정된 죄와 다른 죄의 **경합범**(競合犯)에 대하여 **벌금형을 선고하는 경우에는 이를 분리 선고해야 한다.**

> **판례**
>
> 「공인중개사법」 위반죄와 다른 죄의 경합범에 대하여 **징역형을 선고하는 경우**에는 중개사무소 개설등록 결격사유에 해당함이 분명하므로, **분리 선고하여야 한다고 볼 수 없다**(2021도14471).

1. 「도로교통법」을 위반하여 300만원의 벌금형을 선고받고 3년이 지나지 아니한 자: 결격(   )
2. 「공인중개사법」을 위반하여 200만원의 벌금형을 선고받고 3년이 지나지 아니한 자: 결격(   )
3. 「공인중개사법」을 위반하여 300만원의 과태료 처분을 받고 3년이 지나지 아니한 자: 결격(   )

▶정답 1. ✕ 2. ✕ 3. ✕

(7) 공인중개사 자격이 취소된 후 3년이 지나지 아니한 자

① 자격취소 후 3년간 공인중개사가 될 수 없으나, 중개보조원도 될 수 없도록 결격사유에 포함되어 있다.

② 부정행위자는 시험의 무효처분일부터 5년간 공인중개사가 될 수 없으나, 결격사유에 해당하지 않으므로 중개보조원이 될 수 있다.

• 자격취소 후 3년이 지나지 아니한 자: 공인중개사(✕) 중개보조원(✕)
• 부정행위로 무효처분을 받고 5년이 지나지 아니한 자: 공인중개사(✕) 중개보조원(○)

(8) 공인중개사 자격정지기간 중에 있는 자

1. 자격정지처분을 받은 후 고용관계를 종료했더라도 자격정지기간이 만료되지 아니한 자는 결격사유에 해당한다.
2. 자격정지처분을 받고 6개월이 지난 자: 결격(   )

▶정답 2. ✕

(9) 중개사무소 개설등록이 취소된 후 3년이 지나지 아니한 자

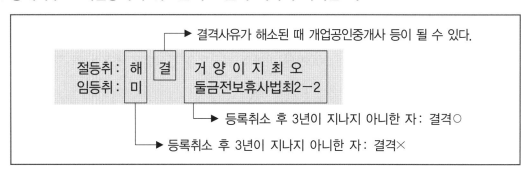

결격사유가 해소된 때 개업공인중개사 등이 될 수 있다.

절등취: 해   결   거 양 이 지 최 오
임등취: 미   둘금전보휴사법최2-2

등록취소 후 3년이 지나지 아니한 자: 결격○
등록취소 후 3년이 지나지 아니한 자: 결격✕

1) 등록취소 후 3년이 지나지 아니하면 결격사유가 되는 경우(원칙)

① 등록기준 미달, 법인의 해산, 결격사유를 제외한 나머지 사유로 등록이 취소되고 3년이 지나지 아니한 자: 결격○

> **주의**
>
> 1. **거짓 부정 등록**한 이유로 개설등록이 취소된 후 3년이 지나지 아니한 자: 결격○
> 2. **등록증의 대여**를 이유로 개설등록이 취소된 후 3년이 지나지 아니한 자: 결격○
> 3. **이중등록**을 이유로 개설등록이 취소된 후 3년이 지나지 아니한 자: 결격○

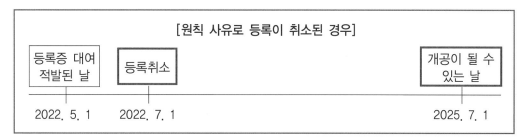

② **결격기간 3년에서 폐업기간을 공제하는 경우**: 폐업 후 재등록한 개업공인중개사가 폐업 전의 위반사유로 등록이 취소된 경우에는 3년에서 폐업기간을 공제한 기간 동안 결격사유가 된다.

> **주의**
>
> 甲은 등록증을 대여하고 중개업을 하던 중 2022년 5월 1일 중개사무소를 폐업하였다. 甲은 2023년 5월 1일 재등록을 하여 중개업을 하던 중 폐업 전의 위반사실이 적발되어 2023년 7월 1일 개설등록이 취소되었다. 甲이 개업인중개사가 될 수 있는 때는 언제인가? (단, 초일은 기간에 산입한다)
> ▶ 정답 2025년 7월 1일

2) 등록이 취소되더라도 결격사유가 되지 아니하는 경우(예외)

① **등록기준 미달**을 원인으로 개설등록이 취소된 경우 결격사유에 해당하지 않으며, 등록기준을 갖추어 다시 개설등록을 신청할 수 있다.

② 개업공인중개사인 **법인이 해산**하여 개설등록이 취소된 경우, 법인의 대표자 및 사원·임원이었던 자는 결격사유에 해당하지 않는다.

> **주의**
>
> 1. **등록기준 미달**로 중개사무소 개설등록이 취소된 후 3년이 지나지 아니한 자: 결격×
> 2. **법인 해산**을 이유로 개설등록이 취소된 후 3년이 지나지 아니한 대표자이었던 자: 결격×

3) 등록의 결격사유에 해당하여 개설등록이 취소되는 경우

개업공인중개사가 된 후 등록의 결격사유에 해당하여 개설등록이 취소된 경우에는 등록취소 후 3년의 전후에 관계없이 결격사유가 해소된 때 다시 개업공인중개사 등이 될 수 있다.

> **주의**
>
> 1. 개업공인중개사가 2021년 5월 1일 징역 1년에 집행유예 2년을 선고받아 2021년 7월 1일 중개사무소 개설등록이 취소된 경우 다시 개업공인중개사가 될 수 있는 시기는?
>   ▶**정답 1.** 2025년 5월 1일
>
> 2. 개업공인중개사가 2021년 5월 1일 「공인중개사법」을 위반하여 300만원의 벌금형을 선고받아 2021년 7월 1일 개설등록이 취소된 경우 다시 개업공인중개사가 될 수 있는 시기는?
>   ▶**정답 2.** 2024년 5월 1일

[결격사유로 등록이 취소된 경우]

⑽ 업무정지처분을 받고 폐업신고를 한 자로서 업무정지기간이 지나지 아니한 자

① 업무정지처분을 받고 폐업신고를 한 경우라도 업무정지기간이 경과할 때까지 개업공인중개사가 될 수 없으며, 소속공인중개사나 중개보조원도 될 수 없다.

② 업무정지기간은 폐업에도 불구하고 진행되는 것으로 본다.

⑾ **업무정지처분을 받은 법인인 개업공인중개사의 업무정지 사유가 발생한 당시의 사원 또는 임원이었던 자로서 해당 개업공인중개사에 대한 업무정지기간이 지나지 아니한 자**

▸ 업무정지사유가 **발생한 이후**에 선임된 사원 · 임원은 결격사유가 아니다.

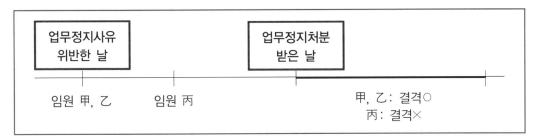

⑿ **사원 또는 임원 중 결격사유에 해당하는 자가 있는 법인**

> **주의**
>
> 1. 피한정후견인이 임원으로 있는 법인 : 결격○
> 2. 자격취소 후 3년이 지나지 아니한 자가 사원으로 있는 법인 : 결격○

Chapter 04 중개사무소의 운영

출제 Point 중개사무소 및 분사무소, 겸업, 고용인, 인장등록, 휴·폐업으로 구성된다. 5~6문제 정도 출제된다.

제1절 중개사무소 설치, 이전, 분사무소 등

1. 중개사무소의 설치

(1) 이중사무소 설치금지

① 개업공인중개사는 그 등록관청의 관할구역 안에 1개의 중개사무소민을 둘 수 있다. 또한, 천막 그 밖에 이동이 용이한 임시 중개시설물을 설치하여서는 안 된다.

② 이를 위반한 경우, 등록관청은 중개사무소 개설등록을 취소할 수 있으며(임의적 등록취소), 1년 이하의 징역 또는 1천만원 이하의 벌금에 처한다.

> **주의**
>
> • 이중으로 중개사무소 개설등록을 한 자: 절등취 & 1-1
> • 둘 이상의 중개사무소를 둔 자, 임시 중개시설물: 임등취 & 1-1

> **판례**
>
> 개업공인중개사가 자신의 중개사무소 외에 **등록기준을 갖추지 못한 별도의 중개사무소를 둔 경우**에도 중개업을 영위하는 사무소에 해당하는 한 이중사무소 설치금지에 위반된다(2003도7508).

(2) 분사무소의 설치

① **법인인 개업공인중개사**는 대통령령이 정하는 바에 따라 등록관청에 **신고**하고 그 관할구역 **외의** 지역에 분사무소를 둘 수 있다.

② 법인이 아닌 개업공인중개사는 분사무소를 둘 수 없다.

(3) 중개사무소등록증 등의 게시의무

개업공인중개사는 중개사무소등록증·중개보수표 그 밖에 국토교통부령으로 정하는 사항을 해당 중개사무소 안의 보기 쉬운 곳에 **게시하여야 한다.**

① 중개사무소등록증 원본(**분사무소의 경우 분사무소설치신고확인서 원본**)

② 개업공인중개사 및 소속공인중개사의 공인중개사자격증 **원본**

③ 중개보수 · 실비의 요율 및 한도액표

④ 보증의 설정을 증명할 수 있는 서류

⑤ 「부가가치세법 시행령」에 따른 사업자등록증

> **| 주의 |**
>
> • 위반시 등록관청이 개업공인중개사에게 100만원 이하의 과태료를 부과한다.
> • 개업공인중개사는 중개사무소 안에 실무교육 수료증 원본을 게시해야 한다. (×)

(4) 중개사무소의 명칭 및 옥외광고물 성명표기의무

① **법인**인 개업공인중개사 및 **공인중개사**인 개업공인중개사는 그 사무소의 명칭에 "공인중개사사무소" 또는 "부동산중개"라는 문자를 사용해야 한다.

② **부칙**상 개업공인중개사는 사무소의 명칭에 "공인중개사사무소"라는 문자를 사용해서는 안 된다. ▶ **"부동산중개"라는 문자는 사용할 수 있다.**

③ 개업공인중개사가 **아닌** 자는 "공인중개사사무소", "부동산중개" 또는 이와 유사한 명칭을 사용하여서는 안 된다.

④ 개업공인중개사가 **옥외광고물**을 설치하는 경우 벽면 이용간판, 돌출간판 또는 옥상간판에 개업공인중개사(법인의 경우 대표자, 분사무소의 경우 **책임자**)의 **성명**을 인식할 수 있는 정도의 크기로 표기해야 한다.

⑤ **등록관청**은 위 ①~④를 위반한 사무소의 간판 등에 대하여 철거를 명할 수 있다.
이 경우 그 명령을 받은 자가 철거를 이행하지 아니하는 경우에는 「**행정대집행법**」에 의하여 대집행을 할 수 있다.

> **| 주의 |**
>
> ① 100만원 이하 과태료 + 철거명령
> ② 100만원 이하 과태료 + 철거명령
> ③ 1년 이하 징역 또는 1천 이하 벌금 + 철거명령
> ④ 100만원 이하 과태료 + 철거명령

(5) 간판의 철거의무(과태료 없음)

① 개업공인중개사는 다음에 해당하는 경우에는 **지체 없이** 사무소의 간판을 철거해야 한다.

> ㉠ 등록관청에 중개사무소의 **이**전사실을 신고한 경우
> ㉡ 등록관청에 **폐**업사실을 신고한 경우　　　▶ 휴업신고×
> ㉢ 중개사무소의 개설등록 **취**소처분을 받은 경우　▶ 업무정지×

② 철거를 이행하지 않는 경우 등록관청은 「**행정대집행법**」에 따라 대집행을 할 수 있다.

> **주의**
>
> 1. 등록관청에 6개월을 초과하는 휴업신고를 한 때에는 지체 없이 사무소의 간판을 철거해야 한다. ( )
> 2. 폐업신고 또는 이전신고를 하고도 간판을 철거하지 아니한 개업공인중개사에게는 100만원 이하의 과태료를 부과한다. ( )
>
> ▶ **정답** 1. × 2. ×

2. 중개대상물의 표시·광고

(1) 중개대상물 표시·광고 명시의무

① 개업공인중개사가 의뢰받은 중개대상물에 대하여 표시·광고를 하려면 **중개사무소 및 개업공인중개사에 관한 다음의 사항**을 명시해야 하며, <u>중개보조원에 관한 사항은 명시해서는 아니 된다.</u>

> ㉠ 중개사무소의 **명**칭, 소재지, **연락처** 및 등록**번호**
> ㉡ 개업공인중개사의 **성**명(법인인 경우에는 대표자의 성명)

▶ **명시하지 않거나 중개보조원을 명시한 경우 : 등록관청 – 100만원 이하의 과태료**
▶ **소속공인중개사에 관한 사항은 명시해야 할 의무는 없으나 함께 명시해도 위반은 아니다.** 다만 소속공인중개사는 단독으로 중개대상물의 표시·광고를 해서는 안 된다.

② 개업공인중개사가 **인터넷**을 이용하여 표시·광고를 하는 때에는 **중개사무소 및 개업공인중개사에 관한 사항 외에 중개대상물**의 종류별로 소재지, 면적, 가격 등의 **사항**을 명시하여야 한다.

> [중개사무소 및 개업공인중개사에 관한 사항]
> ㉠ 중개사무소의 명칭, **소재지**, 연락처 및 등록번호
> ㉡ 개업공인중개사의 성명(법인인 경우에는 대표자의 성명)
>
> [중개대상물에 관한 사항]
> ㉢ 중개대상물의 종류, **소재지**, 면적, 가격
> ㉣ 거래 형태
> ㉤ 건축물 및 그 밖의 토지의 정착물인 경우 다음의 사항
>   ⓐ **총** 층수
>   ⓑ 「건축법」 또는 「주택법」 등에 따른 **사용**승인·사용검사·준공검사 등을 받은 날
>   ⓒ 해당 건축물의 **방향**, 방의 **개**수, 욕실의 **개수**, **입주가능일**, **주차대수** 및 **관리비**

▶ **명시하지 아니한 경우** : 등록관청 − 100만원 이하의 과태료

▶ **구체적인 표시 · 광고 방법**에 대해서는 국토교통부장관이 정하여 고시한다.

③ 개업공인중개사가 **아닌** 자는 중개대상물에 대한 표시 · 광고를 해서는 안 된다.

  ▶ 1년 이하의 징역 또는 1천만원 이하의 벌금

  ▶ 신고 또는 고발시 **포상금 지급사유**에도 포함된다.

> **┃주의┃**
>
> 1. 개업공인중개사는 옥외광고물을 설치할 의무가 있다. ( )
> 2. 개업공인중개사는 옥외광고물에 연락처를 표기해야 한다. ( )
>   • 옥외광고물 : 성명을 표기할 의무만 있음
>   • 표시 · 광고 : 사무소 명칭, 소재지, 연락처, 등록번호, 개업공인중개사 성명 표기
>
>   ▶ 정답 1. ×   2. ×

(2) **부당한 표시 · 광고 금지** ▶ 암기코드 : 존존존빠다과자

① 개업공인중개사는 중개대상물에 대하여 다음의 어느 하나에 해당하는 부당한 표시 · 광고를 하여서는 아니 된다.   ▶ **등록관청이 500만원 이하의 과태료를 부과한다.**

> ㉠ 중개대상물이 **존**재하지 않아서 실제로 거래할 수 없는 중개대상물에 대한 표시 · 광고
>
> ㉡ 중개대상물이 **존**재하지만 실제로 중개의 대상이 될 수 없는 중개대상물에 대한 표시 · 광고
>
> ㉢ 중개대상물이 **존**재하지만 실제로 중개할 의사가 없는 중개대상물에 대한 표시 · 광고
>
> ㉣ 중개대상물의 입지조건, 생활여건, 가격 및 거래조건 등 중개대상물 선택에 중요한 영향을 미칠 수 있는 사실을 **빠**뜨리거나 은폐 · 축소하는 등의 방법으로 소비자를 속이는 표시 · 광고
>
> ㉤ 중개대상물의 가격 등 내용을 사실과 **다**르게 거짓으로 표시 · 광고하거나 사실을 **과장**되게 하는 표시 · 광고

② 부당한 표시 · 광고의 **세부적인** 유형 및 기준에 관한 사항은 국토부장관이 정하여 고시 한다.

(3) **인터넷 표시 · 광고 모니터링**

① **국토교통부장관**은 인터넷을 이용한 중개대상물에 대한 표시 · 광고가 부당한 표시 · 광고 금지의 규정을 준수하는지 여부를 **모니터링** 할 수 있다.

② **자료제출 요구** : 국토교통부장관은 모니터링을 위하여 필요한 때에는 **정보통신서비스 제공자**에게 관련 자료의 제출을 요구할 수 있다. 이 경우 관련 자료의 제출을 요구받은 정보통신서비스 제공자는 정당한 사유가 없으면 이에 따라야 한다.

③ **위반시 제재** : 정당한 사유 없이 자료의 제출 요구에 따르지 아니하여 관련 자료를 제출하지 아니한 자에게 **국토교통부장관이 500만원 이하의 과태료를** 부과한다.

④ **위반 표시·광고에 대한 확인 및 조치 요구**: 국토교통부장관은 모니터링 결과에 따라 정보통신서비스 제공자에게 이 법 위반이 의심되는 표시·광고에 대한 확인 또는 추가정보의 게재 등 필요한 조치를 요구할 수 있다. 이 경우 필요한 조치를 요구받은 정보통신서비스 제공자는 정당한 사유가 없으면 이에 따라야 한다.

⑤ **위반시 제재**: 정당한 사유 없이 확인 또는 조치 요구에 따르지 아니하여 필요한 조치를 하지 아니한 자에게 국토교통부장관이 500만원 이하의 과태료를 부과한다.

⑥ **위탁**: 국토교통부장관은 다음에 해당하는 기관에 모니터링 업무를 위탁할 수 있다.

> ▶ **암기코드: 공정민 인정**
> ㉠ 「공공기관의 운영에 관한 법률」에 따른 **공**공기관
> ㉡ 「정부출연연구기관 등의 설립·운영 및 육성에 관한 법률」에 따른 **정**부출연연구기관
> ㉢ 「**민**법」 제32조에 따라 설립된 비영리법인으로서 인터넷 표시·광고 모니터링 또는 인터넷 광고 시장 감시와 관련된 업무를 수행하는 법인
> ㉣ 그 밖에 인터넷 표시·광고 모니터링 업무 수행에 필요한 전문인력과 전담조직을 갖췄다고 국토교통부장관이 **인정**하는 기관 또는 단체

⑦ 국토교통부장관은 업무를 위탁하는 경우에는 위탁받는 기관 및 위탁업무의 내용을 고시해야 한다.

⑧ **예산지원**: 국토교통부장관은 업무위탁기관에 예산의 범위에서 위탁업무 수행에 필요한 예산을 지원할 수 있다.

⑷ 모니터링 업무의 종류

모니터링 업무는 다음의 구분에 따라 수행한다.

① **기본 모니터링 업무**: 모니터링 기본계획서에 따라 **분기별**로 실시하는 모니터링

② **수시 모니터링 업무**: 중개대상물의 표시·광고 내용을 위반한 사실이 의심되는 경우 등 **국토교통부장관이 필요하다고 판단**하여 실시하는 모니터링

⑸ 모니터링 업무의 방법 및 절차

① 모니터링 업무 수탁기관(이하 '모니터링 기관'이라 한다)은 모니터링 업무를 수행하려면 다음의 구분에 따라 **계획서**를 국토교통부장관에게 제출해야 한다.

> ㉠ 기본 모니터링 업무: 모니터링 대상, 모니터링 체계 등을 포함한 다음 연도의 모니터링 기본계획서를 매년 **12월 31일까지** 제출할 것
> ㉡ 수시 모니터링 업무: 모니터링의 기간, 내용 및 방법 등을 포함한 계획서를 제출할 것

② 모니터링 기관은 모니터링 업무를 수행한 경우 해당 업무에 따른 **결과보고서**를 다음의 구분에 따른 기한까지 국토교통부장관에게 제출해야 한다.

> ㉠ 기본 모니터링 업무: 매 분기의 마지막 날부터 30**일** 이내
> ㉡ 수시 모니터링 업무: 해당 모니터링 업무를 완료한 날부터 15**일** 이내

③ 국토교통부장관은 제출받은 모니터링 업무 결과보고서를 시·도지사 및 등록관청에 통보하고 필요한 조사 및 조치를 요구할 수 있다.

④ **시·도지사 및 등록관청**은 조사 및 조치의 요구를 받으면 신속하게 조사 및 조치를 완료하고, 완료한 날부터 10**일** 이내에 그 결과를 **국토교통부장관에게 통보**해야 한다.

⑤ 위에서 규정한 사항 외에 모니터링의 기준, 절차 및 방법 등에 관한 **세부적**인 사항은 국토교통부장관이 정하여 고시한다.

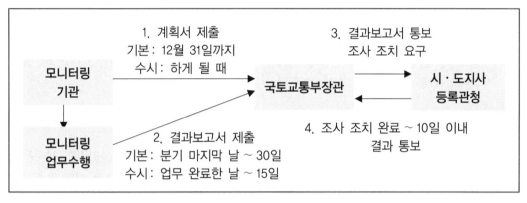

3. 중개사무소 이전신고

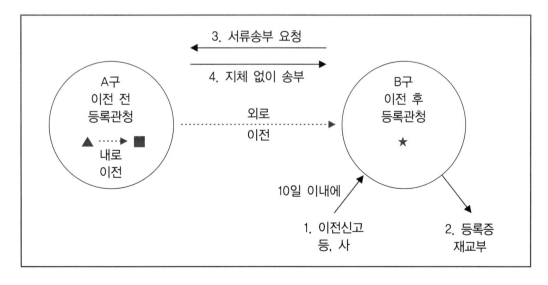

(1) 등록관청 관할지역 내로 이전한 경우

① 개업공인중개사는 중개사무소를 이전한 때에는 이전한 날부터 **10일** 이내에 등록관청에 이 전사실을 신고하여야 한다. 중개사무소의 이전신고를 하고자 하는 자는 별지 제12호 서식 의 중개사무소이전신고서에 다음의 서류를 첨부하여 등록관청에 제출하여야 한다.

> ⊙ 중개사무소**등록증**
> ⓒ 중개사무소를 확보하였음을 증명하는 서류 ▶ **건축물대장(공무원 확인사항) 제출×**
>   다만, 건축물대장에 기재되지 아니한 건물에 확보한 경우 건축물대장 기재가 지연되는
>   사유를 적은 서류도 함께 내야 한다.

② 등록관청은 그 내용이 적합한 경우에는 중개사무소등록증을 재교부해야 한다.
   다만, 등록관청의 관할 지역 **내로** 이전한 경우에는 등록관청은 중개사무소**등록증에 변경 사항을 적어 교부할 수 있다.**

> **┃주의┃**
>
> 등록관청 관할지역 내로 이전한 경우, 이전신고를 받은 등록관청은 등록증을 재교부하거나 등 록증에 변경사항을 적어 교부해야 한다. (○)

(2) 등록관청 관할지역 외로 이전한 경우

① 중개사무소를 등록관청의 관할지역 외의 지역으로 이전한 경우에는 이전한 날부터 10일 이내에 중개사무소**등록증** 및 **사무소** 확보를 증명하는 서류를 첨부하여 **이전 후의 등록관 청**에 신고해야 한다.

② 등록관청은 그 내용이 적합한 경우에는 중개사무소등록증을 **재교부해야 한다.**

> **┃주의┃**
>
> 등록관청 관할지역 **외로** 이전한 경우, 이전신고를 받은 등록관청은 등록증을 재교부하거나 등 록증에 변경사항을 적어 교부해야 한다. (×)

③ 이전신고를 받은 이전 후 등록관청은 종전의 등록관청에 관련 서류를 송부하여 줄 것을 요청해야 하며, 종전의 등록관청은 **지체 없이** 관련 서류를 이전 후 등록관청에 송부해야 한다.

> ⊙ 이전신고를 한 중개사무소의 부동산중개사무소등록**대장**
> ⓒ 부동산중개사무소 **개설등록신청서류**
> ⓒ 최근 1년간의 행정처분 및 행정처분절차가 진행 중인 경우 그 관련서류

④ 이전신고 전에 발생된 사유로 인한 개업공인중개사에 대한 행정처분은 **이전 후 등록관청** 이 이를 행한다.

(3) 과태료, 통보

① 등록관청은 이전신고를 하지 아니한 개업공인중개사에게 100만원 이하의 과태료를 부과한다.

② **등록관청**은 중개사무소 이전신고를 받은 때에는 이를 다음달 10일까지 공인중개사**협회에 통보**해야 한다.

4. 법인인 개업공인중개사의 분사무소

(1) 설치기준(설치요건)

① 주된 사무소 소재지가 속한 시 · 군 · 구를 **제외한** 시 · 군 · 구별로 설치하되, 시 · 군 · 구별로 1개소를 초과할 수 없다.

② 분사무소에는 공인중개사를 책임자로 두어야 한다. 다만, <u>다른 법률의 규정에 의하여 중개업을 할 수 있는 법인</u>은 그러하지 아니하다.

③ 분사무소마다 2억원 이상의 보증을 설정해야 한다.

> **지문**
>
> 1. 주된 사무소가 소재하는 시 · 도 내에는 분사무소를 둘 수 없다. (   )
> 2. 분사무소는 시 · 도별로 1개소를 초과할 수 없다. (   )
> 3. 같은 시 · 군 · 구 내에 주된 사무소와 분사무소를 함께 둘 수 없다. (   )
> 4. 다른 법률의 규정에 따라 중개업을 할 수 있는 법인의 분사무소 책임자는 공인중개사이어야 한다. (   )
>
> ▶정답 1. × 2. × 3. ○ 4. ×

> **주의**
>
> **[보증의 설정]**
> 1. 등록 : 등록 후 업무개시 전에, 등록기준(×), 등록신청시 제출서류(×)
> 2. 분사무소 : 설치신고 전에, 설치신고시 제출서류(○)

(2) 분사무소 설치절차

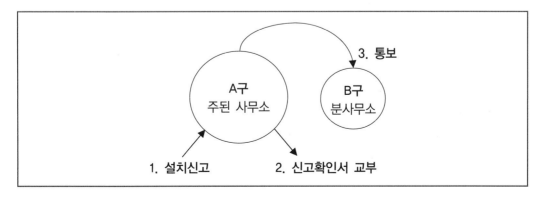

① **설치신고** : 분사무소 설치신고서에 다음의 서류를 첨부하여 **주된 사무소 관할 등록관청**에 제출해야 한다. 지방자치단체 **조례**로 정하는 수수료를 납부해야 한다.

> ▶ **법인등기사항증명서(✕) 건축물대장(✕)** : 등록관청이 행정정보의 공동이용을 통하여 확인해야 한다.
> ▶ **책임자의 공인중개사자격증 사본(✕)** : 등록관청은 자격증을 발급한 시·도지사에게 분사무소 책임자의 공인중개사 자격 확인을 요청하여야 한다.
> ㉠ **책임자의 실무교육의 수료확인증 사본**
> ㉡ **보증의 설정을 증명할 수 있는 서류**
> ㉢ 분사무소 확보를 증명하는 서류. 다만, 건축물대장에 기재되지 아니한 건물에 확보하였을 경우에는 건축물대장 기재가 지연되는 사유를 적은 서류를 함께 내야 한다.

② **신고확인서 교부** : 설치신고를 받은 등록관청은 그 신고내용이 적합한 경우에는 **국토교통부령으로 정하는 신고확인서**를 교부해야 한다.

③ **설치사항 통보** : 등록관청은 분사무소설치신고확인서를 교부한 때에는 **지체 없이** 그 분사무소 설치예정지역을 관할하는 시장·군수 또는 구청장에게 이를 **통보**해야 한다.

> ▶ 등록관청은 분사무소 설치신고를 받은 때에는 이를 다음달 10일까지 공인중개사협회에 **통보**하여야 한다.

(3) 분사무소 이전

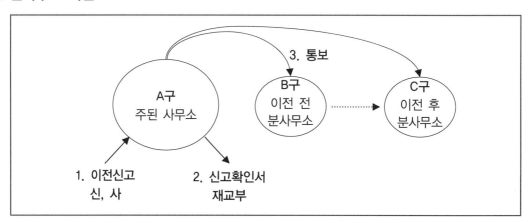

① **이전신고** : 분사무소를 이전한 때에는 이전한 날부터 10일 이내에 다음의 서류를 첨부하여 **주된 사무소 관할 등록관청**에 신고해야 한다.

> ㉠ 분사무소설치**신고확인서(중개사무소등록증✕)**
> ㉡ 분사무소를 확보하였음을 증명하는 서류 ▶**건축물대장(공무원 확인사항) 제출✕**
> 다만, 건축물대장에 기재되지 아니한 건물에 확보한 경우 건축물대장 기재가 지연되는 사유를 적은 서류도 함께 내야 한다.

> **주의**
> - 이전 후의 분사무소를 관할하는 등록관청에 이전신고를 해야 한다. (×)
> - 분사무소 이전신고서에는 중개사무소등록증을 첨부해야 한다. (×)

② **신고확인서 재교부**: 등록관청은 신고내용이 적합한 경우에는 신고확인서를 재교부해야 한다. 다만, 관할 지역 내로 이전한 경우에는 등록관청은 신고확인서에 변경사항을 적어 교부할 수 있다.

③ **이전사실의 통보**: 등록관청은 분사무소의 이전신고를 받은 때에는 **지체 없이** 그 분사무소의 이전 전 **및** 이전 후의 소재지를 관할하는 시장·군수 또는 구청장에게 이를 **통보**해야 한다.

> **주의**
> - 분사무소의 이전신고를 받은 등록관청은 이전 전의 분사무소를 관할하는 시장·군수 또는 구청장에게 관련 서류의 송부를 요청해야 한다. (×)
> - 분사무소의 설치신고 및 이전신고는 모두 주된 사무소 관할 등록관청에 하기 때문에 분사무소를 이전하는 경우에는 서류송부 절차가 없다.

(4) 공인중개사자격증, 중개사무소등록증, 분사무소설치신고확인서의 재교부 신청

① 공인중개사자격증, 중개사무소등록증 및 분사무소설치신고확인서 재교부신청서는 별지 제4호 서식으로 동일 서식이며, 기재사항 변경으로 인하여 등록증(신고확인서)을 재교부 받고자 하는 때에는 등록증(신고확인서)을 첨부해야 한다.

② 자격증 재교부 신청은 자격증을 **교부한 시·도지사**에게 해야 하며, 중개사무소등록증 및 분사무소설치신고확인서 재교부 신청은 **등록관청**에 해야 한다.

③ 재교부를 신청하는 자는 지방자치단체 **조례**로 정하는 바에 따라 수수료를 납부해야 한다.

5. 중개사무소의 공동사용

(1) 임의규정

개업공인중개사는 그 업무의 효율적인 수행을 위하여 다른 개업공인중개사와 중개사무소를 공동으로 사용할 수 있다.

▶ **개업공인중개사 종별의 제한 없이 가능하다. 모든 의무는 각각 부담한다.**

(2) 공동사용 방법

중개사무소를 공동으로 사용하고자 하는 개업공인중개사는 **중개사무소 개설등록** 또는 중개사무소의 이전신고를 하는 때에 **그 중개사무소를 사용할 권리가 있는 다른 개업공인중개사의 승낙서를 첨부**해야 한다.　▶ **임대인의 승낙서(×)**

(3) 중개사무소 공동사용의 제한

① **업무정지** 개업공인중개사는 다른 개업공인중개사에게 중개사무소의 공동사용을 위하여 승낙서를 줄 수 없다. 다만, 업무정지 개업공인중개사가 영업정지 처분을 받기 전부터 중개사무소를 공동사용 중인 다른 개업공인중개사는 중개업무를 할 수 있다.

② **업무정지** 개업공인중개사가 다른 개업공인중개사의 중개사무소를 공동으로 사용하기 위하여 중개사무소를 이전할 수 없다.

> **│ 주의 │**
>
> 1. 업무정지를 받은 개업공인중개사의 사무소를 공동으로 사용하기 위하여 다른 공인중개사가 개설등록을 신청할 수 없고, 분사무소를 설치할 수 없으며, 다른 개업공인중개사가 사무소를 이전할 수 없다.
> 2. 휴업기간 중인 개업공인중개사의 사무소를 공동으로 사용하기 위해 다른 공인중개사가 개설등록을 신청할 수 있고, 분사무소를 설치할 수 있으며, 다른 개업공인중개사가 사무소를 이전할 수 있다.
> 3. 업무정지 개업공인중개사는 다른 개업공인중개사의 중개사무소를 공동으로 사용하지 않는 한 중개사무소를 이전할 수 있다.

제2절	**개업공인중개사의 겸업**

법인인 개공	: 중개업 +	5개	+	경공매	+	그 밖의 업무×
공인중개사인 개공	: 중개업 +	5개	+	경공매	+	그 밖의 업무
부칙상 개공	: 중개업 +	5개	+	경공매×	+	그 밖의 업무

1. 법인인 개업공인중개사의 업무범위

법인인 개업공인중개사는 다른 법률에 규정된 경우를 제외하고는 다음의 업무 외에 다른 업무를 함께 할 수 없다. ※ **겸업제한 위반 : 임의적 등록취소**

① 중개업

② 상업용 건축물 및 주택의 **임대관리** 등 부동산의 **관리대행**

③ 부동산의 이용·개발 및 거래에 관한 **상담**

④ 의뢰인의 의뢰에 따른 도배·이사업체의 **소개** 등 주거이전에 부수되는 용역의 **알선**

⑤ **상업용 건축물 및 주택의 분양대행**

⑥ **개업공인중개사**를 대상으로 한 중개업의 경영기법 및 경영정보의 제공

- 임대업(×)
- 개발업(×)　개발대행(×)
- 도배업체 운영(×)　이사업체 운영(×)　주거이전에 부수되는 용역의 제공(×)
- 택지 · 토지의 분양대행(×)　주택용지의 분양대행(×)
- 등록을 하지 않은 공인중개사, 소속공인중개사를 대상으로 한 중개업의 경영기법 제공(×)

⑦ 「민사집행법」에 의한 경매 대상 부동산에 대한 권리분석 및 취득의 알선

경매 대상 부동산에 대한 매수신청(입찰신청)의 대리

「국세징수법」 그 밖의 법령에 의한 공매 대상 부동산에 대한 권리분석 및 취득의 알선

공매 대상 부동산에 대한 매수신청(입찰신청)의 대리

→ 위 4가지 업무 가운데 **경매** 부동산의 매수신청(입찰신청) **대리**를 하고자 하는 때에는 **대법원규칙**으로 정하는 요건을 갖추어 **법원**에 등록을 하고 그 감독을 받아야 한다.

🏠 **경매 부동산에 대한 매수신청**(입찰신청)**대리를 하기 위한 절차**

```
                        등록관청                         지방법원장
공인중개사 / 법인  ──────────→  개업공인중개사  ──────────→  매수신청대리인
                        등록                             등록
```

| 주의 |

법원에 등록을 하지 않더라도 경매 부동산의 권리분석 및 취득의 알선, 공매 부동산의 권리분석 및 취득의 알선 및 공매 부동산의 매수신청대리를 할 수 있다.

2. 공인중개사인 개업공인중개사 및 부칙상 개업공인중개사의 겸업범위

① 공인중개사인 개업공인중개사는 「공인중개사법」 및 다른 법률에서 제한하지 않는 범위 내에서 겸업이 가능하며 법인인 개업공인중개사의 겸업업무를 모두 수행할 수 있다. 「공인중개사법」 및 다른 법률에서 제한하지 않는 범위 내에서는 법 제14조에 규정된 업무 외에 다른 업무도 겸업할 수 있다.

② 부칙상 개업공인중개사는 경매 · 공매대상 부동산에 대한 권리분석 및 취득의 알선과 매수신청 및 입찰신청의 대리를 할 수 없으며, 그 외의 업무에 대하여는 겸업의 제한이 없다.

> **지문**
>
> 1. 모든 개업공인중개사는 주택의 분양대행을 겸업할 수 있다. ( )
> 2. 모든 개업공인중개사는 경매 매수신청대리를 겸업할 수 있다. ( )
> 3. 모든 개업공인중개사는 이사업체를 운영할 수 있다. ( )
> 4. 법인이 아닌 모든 개업공인중개사는 법인인 개업공인중개사에게 허용되는 업무를 모두 겸업할 수 있다. ( )
> 5. 법인이 아닌 모든 개업공인중개사는 경매부동산의 매수신청대리를 할 수 있다. ( )
> 6. 법인이 아닌 모든 개업공인중개사는 주택의 임대업을 겸업할 수 있다. ( )
>
> ▶정답 1. ○ 2. × 3. × 4. × 5. × 6. ○

제3절 | 고용인

1. 고용 및 고용관계 종료신고

① **고용신고**: 소속공인중개사 또는 중개보조원을 **고용한 경우에는** 실무교육 또는 직무교육을 받도록 한 후 **업무개시 전까지** 등록관청에 신고(전자문서에 의한 신고를 포함)해야 한다.

> **주의**
>
> 1. 고용신고를 받은 **등록관청은** 결격사유 해당 여부와 실무(직무)**교육 수료 여부를 확인**해야 한다.
>   ▶ **고용신고서에 실무(직무)교육 수료증 첨부(×)**
> 2. 외국인을 고용하는 경우에는 결격사유에 해당하지 아니함을 증명하는 서류를 첨부해야 한다.
> 3. 소속공인중개사의 고용신고를 받은 등록관청은 자격증을 발급한 시·도지사에게 자격 확인을 요청해야 한다. ▶ **소속공인중개사의 고용신고서에 공인중개사자격증 사본 첨부(×)**
> 4. 소속공인중개사 또는 중개보조원의 고용신고서는 **전자문서**로 제출할 수 있다.

② **고용관계 종료신고**: 고용관계가 종료된 때에는 종료일부터 **10일 이내**에 신고해야 한다.

③ **협회 통보**: 등록관청은 고용신고 및 고용관계 종료신고를 받은 사항을 다음달 10일까지 공인중개사협회에 통보해야 한다.

2. 중개보조원의 고용인원수 및 고지의무(2023년 신설)

(1) 중개보조원 고용인원수 제한

① 개업공인중개사가 고용할 수 있는 중개보조원의 수는 **개업공인중개사와 소속공인중개사를 합한 수의 5배**를 초과하여서는 아니 된다.

② 이를 위반한 개업공인중개사에 대하여는 중개사무소 개설등록을 취소해야 하며, 1년 이하의 징역 또는 1천만원 이하의 벌금에 처한다. ▶ **절대적 등록취소 & 1-1**

⑵ 중개보조원의 고지의무

① **중개보조원**은 현장안내 등 중개업무를 보조하는 경우 중개의뢰인에게 본인이 중개보조원이라는 사실을 미리 **알려야** 한다.

② 미리 알리지 아니한 **중개보조원 및 개업공인중개사에 대하여는 등록관청이 500만원 이하 과태료를 부과**한다. 다만, 개업공인중개사가 그 위반행위를 방지하기 위하여 해당 업무에 관하여 <u>상당한 주의와 감독을 게을리하지 아니한 경우는 개업공인중개사에게 과태료를 부과하지 않는다.</u>

3. 고용인에 대한 개업공인중개사의 책임

> **법 제15조 제2항** : 소속공인중개사 또는 중개보조원의 **업무상** 행위는 그를 고용한 개업공인중개사의 행위로 **본다.**   모든(×) 추정한다(×)

⑴ **민사책임**(법 제15조 제2항 적용함) – **무과실 책임, 면책규정 없음**

① 소속공인중개사 또는 중개보조원이 업무상 고의 또는 과실로 거래당사자에게 재산상의 손해를 입힌 때에는 **소속공인중개사 또는 중개보조원은 「민법」상 불법행위자로서의 손해배상책임을 진다.**

② **개업공인중개사**는 자신의 고의 또는 과실 여부에 관계없이 손해배상책임을 지는 **무과실책임**을 진다.

③ 개업공인중개사가 대신 손해배상을 한 경우 고용인에게 구상권을 행사할 수 있다.

┌ 판례 ┐

개업공인중개사가 고용한 중개보조원이 고의 또는 과실로 거래당사자에게 재산상 손해를 입힌 경우에 **중개보조원은 당연히 불법행위자로서 거래당사자가 입은 손해를 배상할 책임을 지는 것**이고, 법 제15조 제2항은 이 경우에 중개보조원의 업무상 행위는 그를 고용한 개업공인중개사의 행위로 본다고 정함으로써 개업공인중개사 역시 거래당사자에게 손해를 배상할 책임을 지도록 하는 규정이다. 따라서 위 조항을 중개보조원이 고의 또는 과실로 거래당사자에게 손해를 입힌 경우에 중개보조원을 고용한 **개업공인중개사만이 손해배상책임을 지도록 하고 중개보조원에게는 손해배상책임을 지우지 않는다는 취지를 규정한 것으로 볼 수는 없다**(2011다77870).

(2) 행정상 책임(법 제15조 제2항 적용함) **– 무과실 책임**

① 소속공인중개사가 자격정지 사유를 위반하여 자격정지처분을 받게 되는 경우, 개업공인중개사가 위반한 것으로 보아 개업공인중개사에 대하여도 등록취소 또는 업무정지처분을 할 수 있다.

> 예 개업공인중개사 甲이 고용한 소속공인중개사 乙이 법 제33조 제1항 금지행위를 위반한 경우: 乙(6개월 이하의 자격정지), 甲(임의적 등록취소)

② 중개보조원이 행정처분(등록취소 또는 업무정지)사유를 위반한 경우 중개보조원은 행정처분을 받지 않으므로 개업공인중개사만 행정처분을 받게 된다.

> ┃ 주의 ┃
>
> 1. 소속공인중개사가 거짓된 언행 등으로 중개의뢰인의 판단을 그르치게 하여 자격정지처분을 받는 경우 등록관청은 그를 고용한 개업공인중개사의 중개사무소 개설등록을 취소할 수 있다. (   )
> 2. 중개보조원이 업무정지사유를 위반하더라도 업무정지처분은 그를 고용한 개업공인중개사만 받는다. (   )
>
> ▶ 정답 1. ○ 2. ○

(3) 법 제50조 양벌규정 – 과실책임, 면책규정 있음

① **소속공인중개사·중개보조원 또는 개업공인중개사인 법인의 사원·임원이** 중개업무에 관하여 법 제48조(3년 이하의 징역 또는 3천만원 이하의 벌금) 또는 제49조(1년 이하의 징역 또는 1천만원 이하의 벌금)에 해당하는 위반행위를 하여 징역형 또는 벌금형을 받게 되는 경우 그를 고용한 개업공인중개사에 대해서도 **해당 조에 규정된 벌금형**을 과한다.

   ▶ **개업공인중개사가 벌금형을 받는 이유: 관리감독의 소홀**

② **면책규정**: 개업공인중개사가 그 위반행위를 방지하기 위하여 해당 업무에 관하여 상당한 주의와 감독을 게을리하지 아니한 경우에는 벌금형을 받지 않는다.

③ 개업공인중개사가 **양벌규정에 따라 300만원 이상의 벌금형**을 받은 경우에는 등록의 결격사유에 해당하지 않는다.

> ┃ 판례 ┃
>
> 결격사유에 규정된 '이 법을 위반하여 300만원 이상의 벌금형의 선고를 받고 3년이 경과되지 아니한 자'에는 개업공인중개사가 **양벌규정으로 처벌받는 경우는 포함되지 않는다.**

> **예제**
>
> **개업공인중개사 甲이 고용한 소속공인중개사 乙이 중개보수를 초과하여 금품을 받은 경우**
>
> 1. 乙은 자격정지사유에 해당한다.
> 2. 등록관청은 甲의 중개사무소 개설등록을 취소할 수 있다.
> 3. 乙은 1년 이하의 징역 또는 1천만원 이하의 벌금에 처한다.
> 4. 甲은 양벌규정에 따라 1천만원 이하의 벌금형에 처해질 수 있다.
> 5. 甲이 양벌규정에 따라 300만원 이상의 벌금형에 처해지더라도 결격사유에 해당하지 않는다.

제4절 │ 인장등록

1. 인장등록 의무자, 시기 및 제재

① 개업공인중개사 및 소속공인중개사는 **업무를 개시하기 전에** 중개행위에 사용할 인장을 등록관청에 등록(**전자문서에 의한 등록을 포함**한다)해야 한다.

② 개업공인중개사 및 소속공인중개사는 중개행위를 하는 경우 등록한 인장을 사용하여야 한다. 즉 개업공인중개사와 업무를 수행한 소속공인중개사는 중개대상물 확인 · 설명서와 거래계약서에 서명 및 날인을 하여야 하는데, 이때 등록관청에 등록한 인장을 사용하여야 한다.

③ **인장**등록 또는 인장의 변경등록을 하지 않거나 등록하지 아니한 인장을 중개행위에 사용한 경우 개업공인중개사는 6개월의 범위 안에서 업무**정지**처분, 소속공인중개사는 6개월의 범위 안에서 자격**정지**처분을 받을 수 있다.

2. 등록해야 할 인장의 종류

① **공인중개사인 개업공인중개사, 부칙상 개업공인중개사 및 소속공인중개사**: 가족관계등록부 또는 주민등록표에 기재되어 있는 성명이 나타난 인장으로서 가로 · 세로 각각 **7밀리미터 이상** 30밀리미터 **이내**인 인장이어야 한다.

② **법인인 개업공인중개사**: 상업등기규칙에 의하여 신고한 **법인의 인장**이어야 한다.

③ **분사무소**: 상업등기규칙에 따라 **법인의 대표자가 보증하는 인장**을 등록**할 수 있다.** 이때 주된 사무소 관할 등록관청에 등록해야 한다.

> **주의**
>
> 1. 법인인 개공: 상업등기규칙에 따라 신고한 법인 대표자의 인장이어야 한다. (×)
> 2. 분사무소: 상업등기규칙에 따라 법인의 대표자가 보증하는 인장을 등록해야 한다. (×)

3. 인장등록 방법 및 시기

① 인장등록은 별지 서식인 인장등록신고서에 따르며, 전자문서로 제출할 수도 있다.

② **법인**인 개업공인중개사의 인장등록은 상업등기규칙에 따른 인감증명서의 제출로 **갈음한다.**

③ 인장등록은 업무를 개시하기 전에 해야 한다.

　다만, 인장등록은 다음의 신청이나 신고와 **같이 할 수 있다.**

　㉠ 중개사무소 개설등록신청

　㉡ 소속공인중개사에 대한 고용신고

> **넓혀 보기**
>
> 1. 인장등록신고서는 별지 제11호의2 서식(p. 70)에 따른다.
> 2. 별지 제5호 서식인 부동산중개사무소 개설등록신청서(p. 33)에는 개업공인중개사의 인장등록신고서가 포함되어 있다.
> 3. 별지 제11호 서식인 소속공인중개사·중개보조원의 고용신고서(p. 69)에는 소속공인중개사의 인장등록신고서가 포함되어 있다.

4. 등록인장의 변경

① 개업공인중개사 또는 소속공인중개사가 등록한 인장을 변경한 경우에는 변경일부터 **7일** 이내에 그 변경된 인장을 등록관청에 등록(**전자문서에 의한 등록을 포함**한다)해야 한다.

② 변경등록은 등록인장변경신고서에 따르며, 중개사무소등록증 원본을 첨부해야 한다.

> **주의**
>
> • 중개사무소등록증에는 인장 및 변경인장을 날인해야 하므로 개업공인중개사는 인장등록신고서 및 등록인장 변경신고서에 중개사무소등록증을 첨부해야 한다.
> • 인장등록신고서 및 등록인장 변경신고서는 전자문서로 제출할 수 있다.

중개사무소 등록증

		사진(여권용 사진) (3.5cm × 4.5cm)
성명(대표자)		생년월일	

개업공인중개사 종별	[ ] 법인 [ ] 공인중개사 [ ] 법 제7638호 부칙 제6조 제2항에 따른 개업공인중개사
중개사무소 명칭	
중개사무소 소재지	
등록인장 **(중개행위시 사용)**		**<변경 인장>**

시장·군수·구청장 | 직 인 |

제5절 **휴업 및 폐업**

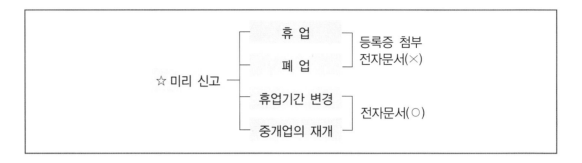

1. 휴업신고 및 휴업기간

① 개업공인중개사는 **3개월을 초과**하는 휴업을 하고자 하는 때에는 <u>국토교통부령으로 정하</u>
<u>는 신고서</u>에 **중개사무소등록증을 첨부**하여 등록관청에 미리 신고해야 한다.

② 휴업신고서에는 중개사무소등록증을 첨부하여야 하므로 **전자문서**에 의한 신고는 할 수 **없다**.

③ 중개사무소 개설등록 후 3개월을 초과하여 업무를 개시하지 않고자 하는 경우에도 미리
휴업신고를 해야 한다.

④ 법령에 정해진 부득이한 사유가 없는 한 휴업기간은 **6개월을 초과할 수 없다**. 다만, 질병으
로 인한 요양 등 다음의 부득이한 사유가 있는 경우에는 6개월을 초과할 수 있다.
  ㉠ 질병으로 인한 요양
  ㉡ 징집으로 인한 입영
  ㉢ 취학
  ㉣ 임신 또는 출산
  ㉤ 그 밖에 위에 준하는 부득이한 사유로서 국토교통부장관이 정하여 고시하는 사유

지문

1. 휴업신고를 하지 않고 3개월간 휴업할 수 있다. (   )
2. 3개월 **이상** 휴업하려는 경우에는 등록관청에 미리 신고해야 한다. (   )
3. 3개월을 초과하는 휴업신고서는 전자문서로 제출할 수 있다. (   )
4. 부득이한 사유가 없는 한 휴업기간은 3개월을 초과할 수 없다. (   )
5. 중개사무소 개설**등록 후 업무를 개시하지 아니하고자 하는 기간**은 부득이한 사유가 없는 한
6개월을 초과할 수 없다. (   )

▶정답 1. ○ 2. × 3. × 4. × 5. ○

2. 폐업신고

① 개업공인중개사는 **폐업을 하고자 하는 때에는** 국토교통부령으로 정하는 신고서에 **중개사무소등록증을 첨부**하여 등록관청에 미리 신고해야 한다.

② 폐업신고서에는 중개사무소등록증을 첨부하여야 하므로 **전자문서**에 의한 신고는 할 수 **없다.**

③ 폐업사실을 신고한 때에는 지체 없이 중개사무소 간판을 철거해야 한다.

> **| 주의 |**
> 1. 폐업을 하려는 경우에는 미리 폐업신고를 하여야 하며, 폐업신고를 한 때에는 지체 없이 중개사무소 간판을 철거하여야 한다.
> 2. 휴업기간 또는 업무정지기간 중에도 폐업신고를 할 수 있으나, 업무정지기간 중에 폐업신고를 하였더라도 업무정지기간이 모두 경과할 때까지는 결격사유에 해당하여 개업공인중개사 등이 될 수 없다.

3. 휴업기간의 변경신고

개업공인중개사는 신고한 휴업기간을 변경하려는 경우에는 등록관청에 미리 신고(**전자문서 포함**)해야 한다.

> **| 지문 |**
> 1. 신고한 휴업기간의 변경신고는 전자문서로 제출할 수 있다. (   )
> 2. 휴업기간 변경신고서에는 중개사무소등록증을 첨부해야 한다. (   )
>
> ▶정답 1. ○ 2. ×

4. 휴업한 중개업의 재개신고

① 개업공인중개사는 3개월을 초과하여 휴업한 부동산중개업을 재개하려는 경우에는 등록관청에 미리 신고(**전자문서 포함**)해야 한다.

② 중개사무소재개신고를 받은 등록관청은 반납받은 중개사무소등록증을 **즉시** 반환해야 한다.

③ 개업공인중개사는 휴업기간이 만료되지 않더라도 재개신고를 할 수 있으며 휴업기간이 만료되는 경우라도 만료 전에 재개신고를 해야 한다.

> **| 주의 |**
> **[전자문서로 제출할 수 있는 경우]**
> 1. 3개월을 초과하는 휴업신고(×)   2. 폐업신고(×)
> 3. 휴업기간의 변경신고(○)   4. 휴업한 중개업의 재개신고(○)

5. 법인의 분사무소

① 법인인 개업공인중개사는 분사무소를 둔 경우에는 **분사무소별로** 휴업 · 폐업 · 휴업기간의 변경 · 휴업한 중개업의 재개신고를 할 수 있다. 이 경우 **분사무소의 휴업 또는 폐업신고서에는 분사무소설치신고확인서를 첨부**해야 한다.

② 분사무소의 휴업 · 폐업 · 휴업기간의 변경 · 휴업한 중개업의 재개신고는 **주된 사무소 관할 등록관청**에 해야 한다.

③ 분사무소에 대한 휴업한 중개업의 재개신고를 받은 등록관청은 반납받은 분사무소설치신고확인서를 즉시 반환해야 한다.

6. 휴업 · 폐업 · 휴업기간의 변경 · 휴업한 중개업의 재개의 일괄신고

① **등록관청에 일괄신고**: 부동산중개업(분사무소 포함)의 휴업 · 폐업 · 휴업기간의 변경 · 휴업한 중개업의 재개신고를 하려는 자가 「부가가치세법」에 따른 휴업 · 폐업 · 휴업기간의 변경 · 휴업한 중개업의 재개신고를 같이 하려는 경우에는 부동산중개업휴업 · 폐업 · 휴업기간의 변경 · 휴업한 중개업의 재개신고서에 「부가가치세법 시행령」에 따른 휴업 · 폐업 · 휴업기간의 변경 · 휴업한 중개업의 재개신고서를 함께 제출해야 한다. 이 경우 등록관청은 함께 제출받은 신고서를 지체 없이 관할 세무서장에게 송부(정보통신망을 이용한 송부를 포함한다)해야 한다.

② **세무서장에게 일괄신고**: 관할 **세무서장**이 「부가가치세법 시행령」에 따라 부동산중개업의 휴업 · 폐업 · 휴업기간의 변경 · 휴업한 중개업의 재개신고서를 받아 해당 **등록관청에 송부**한 경우에는 **부동산중개업 휴업 · 폐업 · 휴업기간의 변경 · 휴업한 중개업의 재개신고서가 제출된 것으로 본다.**

7. 위반시 제재 등

① 부득이한 사유 없이 6개월을 초과하여 휴업한 경우: 임의적 등록취소

② 휴업·폐업·재개·휴업기간변경신고를 하지 않은 경우: 100만원 이하의 과태료

③ 협회 통보: 등록관청은 휴업·폐업·재개·휴업기간 변경신고 받은 사실을 다음달 10일까지 협회에 통보해야 한다.

> 【주의】
>
> [전자문서로 제출할 수 있는 신고서]
> 1. 소속공인중개사 또는 중개보조원의 고용신고서
> 2. 인장등록신고서 및 등록인장변경신고서
> 3. 휴업기간의 변경신고서
> 4. 휴업한 중개업의 재개신고서

> 【주의】
>
> [중개사무소등록증을 첨부해야 하는 신고서]
> 1. 중개사무소 이전신고서
> 2. 인장등록신고서 및 등록인장 변경신고서
> 3. 부동산중개업의 휴업신고서
> 4. 부동산중개업의 폐업신고서

> 【주의】
>
> [분사무소설치신고확인서를 첨부해야 하는 신고서]
> 1. 분사무소 이전신고서
> 2. 분사무소 휴업신고서
> 3. 분사무소 폐업신고서

중개사무소 이전신고서

처리기간 7일

개업공인중개사 종별	[　] 법인　　[　] 공인중개사 [　] 부칙 제6조 제2항에 따른 개업공인중개사
중개사무소	명칭, 변경 전 소재지
	변경 후 명칭, 변경 후 소재지
신고인 제출서류	1. 중개사무소등록증(분사무소설치신고확인서) 2. 사무소 확보 증명서류 　건축물대장에 기재되지 않은 건물에 확보하였을 경우에는 건축물대장 기재가 지연되는 사유를 적은 서류도 함께 내야 한다.
공무원 확인사항	건축물대장
수수료	시·군·구 조례에서 정하는 금액(등록증을 재교부 받는 경우)

분사무소 설치신고서

처리기간 7일

신고인	성명(대표자)	
본 사	명칭, 등록번호, 소재지	
분사무소	소재지, 책임자, 공인중개사 자격증 발급 시·도	
신고인 제출서류		수수료
담당공무원 확인사항	1. 법인등기사항증명서 2. 건축물대장	시·군·구 조례에서 정하는 금액
확인요청	공인중개사자격증	

분사무소설치신고확인서		사진 (3cm × 4cm)
성명(법인의 대표)		
중개사무소의 명칭		
주된 사무소 소재지		
분사무소	소재지	
	책임자	
분사무소 등록인장 (중개행위시 사용)		<변경인장>

소속공인중개사 또는 중개보조원 □ 고용 소속공인중개사	□ 고용관계종료 신고서 □ 인장등록	처리기간
		즉 시

개업공인중개사 종별	[ ] 법인 [ ] 공인중개사 [ ] 부칙 제6조 제2항에 따른 개업공인중개사				
신고인					등록인장 (인)
고용인 인적사항	구 분	고용·고용관계 종료일	성 명	공인중개사 자격증 발급 시·도	자격증번호 (공인중개사)
구비서류	**소속공인중개사 자격증 사본 첨부×**				
신고하는 곳	시·군·구		수수료		없 음

□ 개업공인중개사　　□ 인장등록	신고서		
□ 소속공인중개사　　□ 등록인장 변경			
개업공인중개사 종별	[ ] 법인　[ ] 공인중개사 [ ] 부칙 제6조 제2항에 규정된 개업공인중개사		
사 유	등록(　　), 등록인장 변경(　　), 분실(　　), 훼손(　　)		
시장·군수·구청장　귀하			등록인장
구비서류	중개사무소등록증 원본		
신고하는 곳	시·군·구	수수료	없 음

□ 부동산중개업 □ 분사무소	□ 휴업 □ 폐업 □ 재개 □ 휴업기간변경	신고서	처리기간 즉시
개업공인중개사 종별	[ ] 법인　[ ] 공인중개사 [ ] 부칙 제6조 제2항에 규정된 개업공인중개사		
신고사항	휴 업	**휴업기간**　　　～　　　（　　일간）	
	폐 업	**폐업일**	
	재 개		
	휴업기간 변경		
구비서류	중개사무소등록증 원본(분사무소의 경우 분사무소설치신고확인서 원본) (휴업신고 또는 폐업신고의 경우에 한합니다)		
신고하는 곳	시·군·구	수수료	없 음

Chapter 05

개업공인중개사의 의무와 책임

출제 Point 일반중개계약, 전속중개계약, 기본윤리, 확인 · 설명, 확인 · 설명서, 거래계약서, 예치제도, 손해배상책임과 보증설정, 금지행위로 구성된다. 7문제 내외로 출제된다.

제1절 | 일반중개계약 및 전속중개계약

1. 일반중개계약

중개계약이란 중개의뢰인이 개업공인중개사에게 중개를 의뢰하고 개업공인중개사가 이를 승낙하여 체결되는 계약이다. 일반중개계약은 우리나라에서 가장 흔히 사용되는 형태의 중개계약으로, 중개의뢰인은 동일한 중개대상물에 대하여 다수의 개업공인중개사에게 중복하여 중개를 의뢰할 수 있다. 일반중개계약은 법령에 표준서식을 정하고 있으나 이를 사용할 의무가 없으며 보통 구두계약으로 체결된다.

(1) 일반중개계약의 체결

① **중개의뢰인은** 중개의뢰내용을 명확하게 하기 위하여 필요한 경우에는 **개업공인중개사에게** 다음의 사항을 기재한 **일반중개계약서의 작성을 요청할 수 있다.**

> ㉠ 중개대상물의 **위치** 및 규모
> ㉡ 거래예정**가격**
> ㉢ 거래예정가격에 대하여 정한 중개보**수**
> ㉣ 그 밖에 개업공인중개사와 중개의뢰인이 **준수**해야 할 사항

② 의뢰인의 요청이 있더라도 개업공인중개사는 일반중개계약서를 **작성 · 교부할 의무가 없다.**

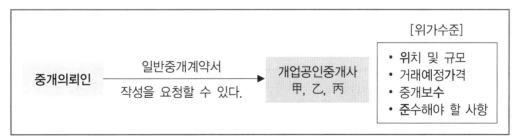

(2) 일반중개계약서의 서식

① **대통령령 제19조** : 국토교통부장관은 일반중개계약의 표준서식을 정하여 그 사용을 권장할 수 있다.

② **국토교통부령 제13조** : 영 제19조의 규정에 따른 일반중개계약서는 별지 제14호 서식에 따른다.

③ 일반중개계약서는 국토교통부령에 **국토교통부장관이 정한 표준 서식(별지 제14호 서식)이 있으나,** 개업공인중개사는 일반중개계약서를 작성하는 경우라도 **표준서식을 사용할 의무는 없으며 이를 보존해야 할 의무도 없다.**

④ 전속중개계약과 달리 일반중개계약을 체결한 개업공인중개사는 중개의뢰 받은 중개대상물의 **정보를 공개해야 할 의무도 없다.**

2. 전속중개계약

중개의뢰인이 특정한 개업공인중개사를 정하고 그 개입공인중개사에 한정하여 중개대상물을 중개하도록 하는 계약을 말하며, 개업공인중개사의 책임중개를 기대할 수 있고 중개대상물의 정보를 공개하도록 함으로써 신속한 중개완성이 가능하도록 하고 있다.

(1) 전속중개계약의 체결

중개의뢰인은 특정한 개업공인중개사를 정하여 그 개업공인중개사에 한정하여 해당 중개대상물을 중개하도록 하는 전속중개계약을 체결할 수 있다.

(2) 유효기간

① 전속중개계약의 유효기간은 3개월로 한다. 다만, 당사자 간에 **다른 약정이 있는 경우에는 그 약정에 따른다.**

② 약정이 없는 한 3개월로 하며 개업공인중개사와 중개의뢰인 간의 약정으로 달리 정할 수 있다.

(3) 개업공인중개사의 의무

① 전속중개계약은 **국토교통부령으로 정하는 계약서에 의하여야 하며,** 해당 계약서를 3년 동안 보존해야 한다.

> **┃ 주의 ┃**
>
> 1. 개업공인중개사는 법령에 정해진 표준서식(별지 제15호)인 전속중개계약서를 반드시 사용하여 작성해야 하며, 작성한 전속중개계약서를 3년 동안 보존하여야 한다.
> 2. **국토교통부령으로 정하는 전속중개계약서에 의하지 아니하고 전속중개계약을 체결하거나 계약서를 3년 동안 보존하지 아니한 경우** 등록관청은 6개월의 범위에서 업무정지처분을 할 수 있다(순수 업무정지).

② 전속중개계약 체결 후 **7일 이내**에 부동산거래정보망 **또는** 일간신문에 해당 중개대상물에 관한 정보를 공개해야 한다. 다만, 중개의뢰인이 비공개를 요청한 경우에는 이를 공개해서는 안 된다.

③ 중개대상물을 공개한 때에는 **지체 없이** 의뢰인에게 그 내용을 **문서**로써 통지해야 한다.

④ 전속중개계약 체결 후 2**주일에** 1**회** 이상 중개업무 처리상황을 **문서**로 통지해야 한다.

| 주의 |

1. 중개의뢰인의 비공개 요청이 없는 한 전속중개계약 체결 후 2주 이내에 부동산거래정보망 또는 일간신문에 중개대상물의 정보를 공개해야 한다. (   )
2. 부동산거래정보망에 가입하지 않은 개업공인중개사가 전속중개계약을 체결한 경우에는 중개의뢰인의 비공개 요청이 없는 한 일간신문에 중개대상물에 관한 정보를 공개해야 한다. (   )

▶정답 1. × 2. ○

▣ 일반중개계약과 전속중개계약의 비교

구 분	일반중개계약	전속중개계약
계약서 작성의무	×	○
표준서식	○	○
표준서식 사용의무	×	○
계약서 보존의무	×	○
보공개의무	×	○

⑷ **공개할 정보의 내용**(특정, 권리, 공법 / 상태, 상태 / 환경, 입지 / 거래예정금액 + 공시지가)

① 종류, 소재지, 지목 및 면적, 용도·구조 및 건축연도 등 **특정**하기 위하여 필요한 사항

② **권리**관계. 다만, 각 권리자의 주소·성명 등 인적사항은 공개해서는 안 된다.

③ **공법**상 이용제한 및 거래규제에 관한 사항

④ 수도·전기·가스·소방·열공급·승강기 설비, 오수·폐수·쓰레기 처리시설 등의 **상태**

⑤ 벽면 및 도배의 **상태**

⑥ **환경**조건(일조량, 소음, 진동)

⑦ **입지**조건(도로 및 대중교통수단과의 연계성, 시장·학교 등과의 근접성)

⑧ **거래예정금액**

⑨ **공시지가**. 다만, 임대차의 경우에는 공시지가를 공개하지 아니할 수 있다.

(5) **중개의뢰인의 권리 · 의무**

① **중개보수에 해당하는 위약금**: 다음에 해당하는 경우에는 의뢰인은 그가 지불해야 할 **중개보수에 해당하는 금액**을 개업공인중개사에게 **위약금**으로 지불해야 한다.

> ㉠ **유효기간 내에** 다른 개업공인중개사에게 중개를 의뢰하여 거래한 경우
> ㉡ 유효기간 내에 개업공인중개사의 소개에 의하여 알게 된 상대방과 개업공인중개사를 배제하고 거래당사자 간에 직접 거래한 경우

② **소요비용 지불**: 다음의 경우에는 중개의뢰인은 중개보수의 50%**에 해당하는 금액의 범위에서** 개업공인중개사가 중개행위를 할 때 소요한 비용(사회통념에 비추어 상당하다고 인정되는 비용을 말한다)을 지불해야 한다.

> 유효기간 내에 의뢰인이 스스로 발견한 상대방과 거래한 경우

┃주의┃

1. 전속중개계약의 유효기간 내에 다른 개업공인중개사에게 해당 중개대상물의 중개를 의뢰하여 거래한 중개의뢰인은 전속중개계약을 체결한 개업공인중개사에게 위약금 지불의무를 진다. (   )
2. 중개의뢰인이 전속중개계약의 유효기간 내에 스스로 발견한 상대방과 직접 거래한 경우, 개업공인중개사에게 중개보수의 50%에 해당하는 금액을 지불할 의무가 있다. (   )

▸정답 1. ○ 2. ×

(6) **위반시 제재**

① **임의적 등록취소**: **전**속중개계약을 체결한 개업공인중개사가 중개대상물에 관한 정보를 공개하지 아니한 경우, **전**속중개계약을 체결한 개업공인중개사가 중개의뢰인의 비공개 요청에도 불구하고 정보를 공개한 경우 등록관청은 중개사무소 개설등록을 취소할 수 있다.

② **순수 업무정지**: 국토교통부령으로 정하는 전속중개계약서에 의하지 아니하고 전속중개계약을 체결하거나 계약서를 보존하지 아니한 경우, 등록관청은 6개월의 범위 내에서 업무를 정지할 수 있다.

┃주의┃

1. 전속중개계약을 체결한 개업공인중개사가 중개의뢰인의 비공개 요청에도 불구하고 정보를 공개한 경우, 등록관청은 중개사무소 개설등록을 취소해야 한다. (   )
2. 개업공인중개사가 국토교통부령이 정하는 전속중개계약서에 의하지 아니하고 전속중개계약을 체결한 경우 등록관청은 중개사무소 개설등록을 취소할 수 있다. (   )

▸정답 1. × 2. ×

🔖 일반중개계약서 별지 제14호 서식의 내용

1. 개업공인중개사의 의무 : 중개대상물의 거래가 조속히 이루어지도록 성실히 노력하여야 한다.
2. 중개의뢰인의 권리 · 의무
   ① 의뢰인은 중개대상물의 거래에 관한 중개를 다른 개업공인중개사에게도 의뢰할 수 있다.
   ② 의뢰인은 개업공인중개사가 확인 · 설명 의무를 이행하는 데 협조해야 한다.
3. 유효기간 : 원칙 3개월, 약정으로 달리 정할 수 있다.
4. **중개보수** : 중개보수 요율을 넘지 않도록 약정해야 하며, 실비는 별도로 지급한다.
5. 개업공인중개사의 손해**배상책임**
   ① 중개보수 또는 실비를 **과다수령**하면 **차액**을 **환급**해야 한다.
   ② **확인 · 설명**을 소홀히 하여 재산상 피해가 발생한 경우 **손해**를 **배상**해야 한다.
6. 이 계약에 정하지 않은 사항에 대해서는 개공과 의뢰인이 합의하여 **별도로 정할 수 있다.**
7. 권리이전용[매도 · 임대] : **표시, 권리**, 거래규제 및 **공법상** 제한, **소유자, 중개의뢰금액**
8. 권리취득용[매수 · 임차] : **희망물건의 종류**, 취득**희망가격, 희망지역**
9. 개업공인중개사와 중개의뢰인은 **서명 또는 날인**한다.

🔖 전속중개계약서 별지 제15호 서식의 내용

1. 개업공인중개사의 의무
   ① 계약체결 후 2주일에 1회 이상 중개업무 처리상황을 문서로 통지해야 한다.
   ② 전속중개계약 체결 후 7일 이내 정보망 또는 일간신문에 정보를 공개해야 하며, 정보를 공개한 때에는 지체 없이 의뢰인에게 그 내용을 문서로 통지해야 한다. 다만, 의뢰인이 비공개를 요청한 경우에는 이를 공개하지 아니한다(공개 또는 비공개 여부 :   ).
   ③ 중개대상물에 관한 확인 · 설명의무를 성실하게 이행해야 한다.
2. 중개의뢰인의 권리 · 의무
   ① 유효기간 내에 다른 개업공인중개사에게 중개를 의뢰하여 거래한 경우 및 개업공인중개사의 소개로 알게 된 상대방과 개업공인중개사를 배제하고 직접 거래한 경우는 중개보수에 해당하는 위약금을 지불해야 한다.
   ② 스스로 발견한 상대방과 거래한 경우에는 중개보수의 50%에 해당하는 금액의 범위에서 개업공인중개사의 중개행위에 따른 소요비용을 지불해야 한다.
   ③ 의뢰인은 개업공인중개사가 확인 · 설명 의무를 이행하는 데 협조해야 한다.
3. 유효기간 : 원칙 3개월, 약정으로 달리 정할 수 있다.
4. **중개보수** : 중개보수 요율을 넘지 않도록 약정해야 하며, 실비는 별도로 지급한다.
5. 개업공인중개사의 손해**배상책임**
   ① 중개보수 또는 실비를 **과다수령**하면 **차액**을 **환급**해야 한다.
   ② **확인 · 설명**을 소홀히 하여 재산상 피해가 발생한 경우 **손해**를 **배상**해야 한다.
6. 이 계약에 정하지 않은 사항에 대해서는 개공과 의뢰인이 합의하여 **별도로 정할 수 있다.**
7. 권리이전용[매도 · 임대] : **표시, 권리**, 거래규제 및 **공법상** 제한, **소유자, 중개의뢰금액**
8. 권리취득용[매수 · 임차] : **희망물건의 종류**, 취득**희망가격, 희망지역**
9. 개업공인중개사와 중개의뢰인은 **서명 또는 날인**한다.

▶ 중개업무를 수행한 소속공인중개사는 일반(전속)중개계약서에 서명 또는 날인해야 한다. (×)
▶ 양 서식에 중개보수 요율표를 수록하거나 별지로 첨부해야 한다.

제2절 개업공인중개사 등의 기본윤리

1. 신의 · 성실 공정중개의무

개업공인중개사 및 소속공인중개사는 전문직업인으로서 지녀야 할 품위를 유지하고 신의와 성실로써 공정하게 중개 관련 업무를 수행해야 한다(법 제29조 제1항).

2. 선량한 관리자의 주의의무

선관주의 의무는 **중개계약과 유사한 「민법」상 위임계약**에 근거하여 개업공인중개사에게 판례에서 부과하는 의무이다.

> **판례**
>
> 1. **개업공인중개사와 중개의뢰인의 법률관계는 「민법」상 위임관계와 유사**하므로 개업공인중개사는 선량한 관리자의 주의로 중개대상물의 권리관계 등을 조사 · 확인하여 중개의뢰인에게 설명할 의무가 있다. 또한, 이는 **개업공인중개사나 중개보조원이 중개대상물의 범위 외의 물건이나 권리 또는 지위를 중개하는 경우에도 다르지 않다**(2012다74342).
> 2. 개업공인중개사는 비록 그가 조사 · 확인하여 의뢰인에게 설명할 의무를 부담하지 않는 사항이더라도 중개의뢰인이 **계약체결 여부를 결정하는 데 중요한 자료가 되는 사항에 관하여 그릇된 정보를 제공하여서는 안 된다**(2008다42836).

3. 비밀누설금지의무

개업공인중개사 등은 이 법 및 다른 법률에 특별한 규정이 있는 경우를 제외하고는 그 업무상 알게 된 비밀을 누설하여서는 아니 된다. 개업공인중개사 등이 그 **업무를 떠난 후**에도 또한 같다(법 제29조 제2항).

① **의무자**: 개업공인중개사 · 소속공인중개사 · 중개보조원 및 개업공인중개사인 법인의 사원 · 임원 모두에게 적용되는 의무이다.

② **예외**: 이 법 및 다른 법률에 특별한 규정이 있는 경우에는 업무상 알게 된 비밀을 누설할 수 있다. 즉, 이 의무는 예외가 인정된다. 중개대상물의 중대한 하자는 이를 취득하려는 의뢰인에 대해서는 비밀에 해당하지 않는다.

③ **제재**: 1년 이하의 징역 또는 1천만원 이하의 벌금

④ **반의사불벌죄**: 이 의무에 위반한 처벌은 **피해자의 명시한 의사에 반하여 벌하지 않는다**(법 제49조 제2항).

제3절 중개대상물 확인 · 설명 및 확인 · 설명서 작성

1. 중개대상물 확인 · 설명 의무

개업공인중개사는 중개대상물의 중개를 의뢰받은 경우에는 중개가 완성되기 전에 법령에 정해진 확인 · 설명사항을 분석하고 확인하여 이를 권리를 취득하고자 하는 중개의뢰인에게 성실 · 정확하게 설명하여야 한다. 이는 거래당사자 간의 매매, 교환, 임대차 등의 거래계약을 체결시키기 위한 과정이며, 성실 · 정확하게 설명하지 않거나 설명의 근거자료를 제시하지 않은 경우에는 일정한 제재를 받게 된다.

또한 개업공인중개사가 성실 · 정확하게 확인 · 설명을 하지 않아 중개의뢰인에게 재산상의 손해가 발생한 경우 손해배상책임을 져야 한다. 거래당사자 간의 거래계약이 체결되어 중개가 완성된 때에는 확인 · 설명 사항을 중개대상물 확인 · 설명서에 기재하여 거래당사자에게 교부해야 하며 <u>중개대상물 확인 · 설명서를 통해 성실 · 정확하게 확인 · 설명을 했는지 여부 및 설명의 근거자료를 제시했는지 여부를 알 수 있다.</u>

(1) 확인 · 설명 시기, 대상 및 방법

개업공인중개사는 중개를 의뢰받은 경우에는 **중개가 완성되기 전에** 권리를 **취득하고자 하는 중개의뢰인에게** 성실 · 정확하게 설명하고, 토지대장, 부동산종합증명서, 등기사항증명서 등 설명의 근거자료를 제시해야 한다.

① **의무자** : 중개대상물에 대한 **확인 · 설명의무는 개업공인중개사에게 있으며** 소속공인중개사의 의무가 아니다. 다만, 소속공인중개사는 중개업무를 수행할 수 있으므로 중개대상물 확인 · 설명을 할 수 있다. 중개보조원은 중개대상물 확인 · 설명을 해서는 아니 된다.

② **시기** : 중개대상물 확인 · 설명은 중개가 완성되기 전에 하여야 한다.

③ **대상자** : 중개대상물에 대한 확인 · 설명은 매수 · 임차 그 밖의 권리를 취득하고자 하는 중개의뢰인에게 하여야 한다.

④ **방법** : 성실 · 정확하게 설명하고, 토지대장등본 또는 부동산종합증명서, 등기사항증명서 등 설명의 근거자료를 제시하여야 한다.

> **주의**
>
> 1. **중개가 완성된 때×, 완성된 후×**
> 2. **거래당사자 쌍방에게×**, 권리를 이전하고자 하는 의뢰인에게×
> 3. 개업공인중개사는 중개가 완성된 때 작성하는 중개대상물 확인 · 설명서에 확인 · 설명과정에서 권리를 취득하고자 하는 중개의뢰인에게 제시했던 근거자료를 기재하여야 한다.
> 4. 성실 · 정확하게 확인 · 설명을 하지 않거나, 근거자료를 제시하지 않은 경우
>   ⇨ 개업공인중개사(**500만원 이하 과태료**) 소속공인중개사(**자격정지**)

(2) 확인 · 설명 사항

개업공인중개사가 확인 · 설명해야 하는 사항은 다음과 같다. 다만, ⑪～⑭**는 주택 임대차 중개의 경우에만 적용**한다.

① 종류 · 소재지 · 지번 · 지목 · 면적 · 용도 · 구조 및 건축연도 등 **기본**적인 사항(= 특정)

② 소유권 · 전세권 · 저당권 · 지상권 및 임차권 등 중개대상물의 **권리**관계에 관한 사항

③ **토지이용계획, 공법**상의 거래규제 및 이용제한에 관한 사항

④ 수도 · 전기 · 가스 · 소방 · 열공급 · 승강기 및 배수 등 시설물의 **상태**

⑤ 벽면 · **바닥면** 및 도배의 **상태**

⑥ 일조 · 소음 · 진동 등 **환경**조건

⑦ 도로 및 대중교통수단과의 연계성, 시장 · 학교와의 근접성 등 **입지**조건

⑧ 거래예정금액

⑨ 권리를 **취**득함에 따라 부담해야 할 조세의 종류 및 세율(이전× 보유×)

⑩ **중개보수** 및 실비의 금액과 그 산출내역

⑪ **관리비** 금액과 그 산출내역

⑫ 「**주택임대차보호법**」에 따른 임대인의 정보 제시 의무 및 보증금 중 일정액의 보호에 관한 사항

⑬ 「**주민등록법**」에 따른 전입세대확인서의 열람 또는 교부에 관한 사항

⑭ 「**민간임대주택에 관한 특별법**」에 따른 임대보증금에 대한 보증에 관한 사항

> ┃ 주의 ┃
> - 전속중개계약 체결시 정보공개사항 : 8가지 + 공시지가
> - 중개대상물 확인 · 설명 사항 : 8가지 + 취중토바 관주민

(3) 중개대상물의 상태에 관한 자료요구권

① 개업공인중개사는 확인 · 설명을 위하여 필요한 경우에는 매도의뢰인 · 임대의뢰인 등에게 해당 중개대상물의 상태에 관한 자료를 요구할 수 있다.

② 매도의뢰인 · 임대의뢰인이 중개대상물의 상태에 관한 자료요구에 불응한 경우, 개업공인중개사는 그 사실을 매수 또는 임차의뢰인에게 **설명하고,** 중개대상물 확인 · 설명서에 **기재해야 한다.**

> ┃ 주의 ┃
> - 불응사실을 매수 · 임차 의뢰인에게 설명해야 한다. (○)
>   불응사실을 중개대상물확인 · 설명서에 기재해야 한다. (○)
> - 중개대상물 확인 · 설명서의 "대상물건의 상태에 관한 자료요구 사항"에 매도(임대)의뢰인에게 요구한 사항 및 그 관련자료의 제출 여부와 자료의 요구 및 그 불응 여부를 적는다.

2. 소유자 등의 확인

개업공인중개사는 중개업무의 수행을 위하여 필요한 경우에는 중개의뢰인에게 주민등록증 등 신분을 확인할 수 있는 증표를 제시할 것을 요구할 수 있다(법 제25조의2).

> **｜판례｜**
>
> 1. 개업공인중개사는 선량한 관리자의 주의와 신의 · 성실로써 매도 등 처분을 하려는 자가 진정한 권리자와 동일인인지의 여부를 **부동산등기부와 주민등록증** 등에 의하여 조사 · 확인할 의무가 있다 (91다36239).
> 2. 개업공인중개사로서 **매도의뢰인이 알지 못하는 사람인 경우 필요할 때에는 등기권리증의 소지 여부나 그 내용을 확인 · 조사하여 보아야 할 주의의무가 있다**고 할 것이다. 그리고 위 앞선 판례의 취지는 부동산의 매매 등을 의뢰한 자가 진정한 권리자와 동일인인지의 여부를 판단함에 있어 개업공인중개사에게 부동산등기부와 주민등록증을 조사 · 확인할 의무가 있음을 설시한 것일 뿐, 나아가 **개업공인중개사가 부동산등기부와 주민등록증만을 조사 · 확인하면 개업공인중개사로서의 주의의무를 다한 것이 되어 의뢰인에 대한 손해배상책임이 면책된다는 취지는 아니다**(92다55350).

3. 임대차 중개시의 설명의무

개업공인중개사는 주택의 임대차계약을 체결하려는 중개의뢰인에게 다음의 사항을 설명하여야 한다(공인중개사법 제25조의3).

> ① 「주택임대차보호법」에 따라 확정일자부여기관에 정보제공을 요청할 수 있다는 사항
> ② 「국세징수법」 및 「지방세징수법」에 따라 임대인이 납부하지 아니한 국세 및 지방세의 열람을 신청할 수 있다는 사항

> **참고**
>
> **임대인의 정보 제시 의무**(주택임대차보호법 제3조의7)
> 임대차계약을 체결할 때 **임대인**은 다음의 사항을 **임차인에게 제시**하여야 한다.
> ① 해당 주택의 확정일자 부여일, 차임 및 보증금 등 **정보**. 다만, 임대인이 임대차계약을 체결하기 전에 임차인과 **동의**함으로써 이를 갈음할 수 있다.
> ② 「국세징수법」에 따른 **납세증명서** 및 「지방세징수법」에 따른 납세증명서. 다만, 임대인이 임대차계약을 체결하기 전에 「국세징수법」에 따른 미납국세와 체납액의 열람 및 「지방세징수법」에 따른 미납지방세의 열람에 각각 **동의**함으로써 이를 갈음할 수 있다.

4. 중개대상물 확인 · 설명서

(1) 중개대상물 확인 · 설명서 작성 · 교부

개업공인중개사는 **중개가 완성되어 거래계약서를 작성하는 때**에는 확인 · 설명사항을 서면으로 작성하여, **거래당사자에게** 교부하고 **3년 동안** 그 원본, 사본 또는 전자문서를 보존해야 한다. 다만, 확인 · 설명사항이 공인전자문서센터에 보관된 경우에는 그러하지 아니하다.

① **의무자**: 중개대상물 확인 · 설명서를 작성하여 거래당사자에게 **교부**하고 **보존**하여야 하는 의무는 개업공인중개사의 의무이며, 소속공인중개사의 의무가 아니다. 소속공인중개사는 중개업무를 수행할 수 있으므로 중개대상물 확인 · 설명서를 작성할 수 있으며, 작성한 경우에는 중개대상물 확인 · 설명서에 개업공인중개사와 함께 서명 및 날인하여야 한다.

> **┃주의┃**
>
> 1. 확인 · 설명서 교부× 보존×: 개공 업무정지(○), 소공 자격정지(×)
> 2. 확인 · 설명서 서명 및 날인×: 개공 업무정지(○), 소공 자격정지(○)

② **시기**: '중개가 완성되어 거래계약서를 작성하는 때'에 확인 · 설명서를 작성하여야 한다.
▶ **중개가 완성되기 전에×**

③ **교부 및 보존**: 중개대상물 확인 · 설명서는 **거래당사자 모두에게 교부**하여야 하며, 손해배상책임의 근거가 되기 때문에 개업공인중개사는 3년 동안 그 원본, 사본 또는 전자문서를 보존해야 한다.

④ **공인전자문서센터**: 확인 · 설명사항이 공인전자문서센터에 보관된 경우에는 확인 · 설명서를 **서면으로 작성하여 이를 교부하고 보존할 의무가 없다.**

(2) 서명 및 날인 의무

확인 · 설명서에는 개업공인중개사(법인인 경우에는 대표자, 분사무소의 경우에는 **책임자**)가 서명 및 날인하되, **해당 중개행위**를 한 소속공인중개사가 있는 경우에는 소속공인중개사가 함께 서명 및 날인해야 한다.

> **┃주의┃**
>
> • 일반(전속)중개계약서: 서명 또는 날인
> • 확인 · 설명서, 거래계약서: 서명 및 날인
> • 법인의 **분사무소**에서 작성된 확인 · 설명서에는 **대표자**가 서명 및 날인해야 한다. (×)

(3) 중개대상물 확인 · 설명서 서식

① **표준서식** : 중개대상물 확인 · 설명서는 국토교통부령에 정해진 표준서식을 사용하여야 하며, 중개대상물의 유형에 따라 다음의 4가지 서식으로 구성되어 있다. 또한, <u>외국인을 위한 영문판 서식도 규정되어 있다.</u>

② **유 형**

　㉠ 중개대상물 확인 · 설명서[Ⅰ](주거용 건축물) 별지 제20호 서식

　㉡ 중개대상물 확인 · 설명서[Ⅱ](비주거용 건축물) 별지 제20호의2 서식

　㉢ 중개대상물 확인 · 설명서[Ⅲ](토지) 별지 제20호의3 서식

　㉣ 중개대상물 확인 · 설명서[Ⅳ](입목 · 광업재단 · 공장재단) 별지 제20호의4 서식

┌ **판 례** ┐

1. 중개계약에 따른 개업공인중개사의 **확인 · 설명의무**와 이에 위반한 경우의 **손해배상의무**는 중개의뢰인이 개업공인중개사에게 소정의 보수를 지급하지 아니하였다고 해서 **당연히 소멸되는 것이 아니다**(2001다71484).

2. 개업공인중개사는 근저당이 설정된 경우에는 그 **채권최고액을 조사 · 확인하여 의뢰인에게 설명하면 족하고, 실제의 피담보채무액까지 조사 · 확인하여 설명할 의무는 없다.** 다만, 개공이 실제 피담보채무액에 관한 그릇된 정보를 제대로 확인하지도 않은 채 진실인 것처럼 의뢰인에게 그대로 전달하여 의뢰인이 그 정보를 믿고 상대방과 계약에 이르게 되었다면, 그 행위는 선량한 관리자의 주의로 신의를 지켜 성실하게 중개행위를 하여야 할 의무에 위반된다(98다30667).

3. **다가구주택 일부에 관한 임대차계약을 중개**하는 경우 임차의뢰인이 임대차계약 종료 후 보증금을 제대로 반환받을 수 있는지 판단하는 데 필요한 다가구주택의 권리관계 등에 관한 자료를 제공해야 한다.
　개업공인중개사는 **임대의뢰인에게** 다가구주택 내의 다른 임차인의 보증금, 임대차 기간 등에 관한 부분의 **자료를 요구**하여 이를 확인한 다음 임차의뢰인에게 설명하고 자료를 제시해야 하며, 확인 · 설명서의 '실제 권리관계 또는 공시되지 아니한 물건의 권리 사항'란에 그 내용을 기재하여 교부할 의무가 있고, 만일 임대의뢰인이 자료요구에 불응한 경우에는 그 내용을 확인 · 설명서에 기재할 의무가 있다(2011다63857).

4. 공인중개사가 중개대상물 확인 · 설명서에 기재하여야 할 '실제 권리관계 또는 공시되지 아니한 물건의 권리 사항'에 「상가건물 임대차보호법」에 따른 임대차가 포함된다(2016다261175).

5. '개업공인중개사가 **서명 및 날인을 해야 하는 확인 · 설명서**'는 거래당사자사자에게 교부하는 확인 · 설명서를 의미하고 개업공인중개사가 **보존하는 중개대상물 확인 · 설명서는 포함되지 않는다**(2022두57381).

6. 개업공인중개사가 부동산을 중개하는 과정에서 **채무인수의 법적 성격**에 관하여 조사 · 확인하여 설명하지 않았다는 사정만으로 선량한 관리자의 주의로 신의를 지켜 성실하게 중개행위를 하여야 할 의무를 위반하였다고 볼 수는 없다(2024다239364). ▶ 채무인수의 요건에 관한 분석 등을 통하여 채무인수의 법적 성격을 가리는 행위는 법률사무에 해당하기 때문이다.

중개대상물 확인·설명서[Ⅰ] (주거용 건축물) 〈개정 2024. 7. 2.〉

주택 유형 : [　] 단독주택　[　] 공동주택　[　] 주거용 오피스텔
거래 형태 : [　] 매매·교환　[　] 임대

확인·설명 자료	확인·설명 근거자료 등	[　] 등기권리증　[　] 등기사항증명서　[　] 토지대장　[　] 건축물대장　[　] 지적도 [　] 임야도　[　] 토지이용계획확인서　[　] 확정일자 부여현황　[　] 전입세대확인서 [　] 국세납세증명서　[　] 지방세납세증명서　[　] 그 밖의 자료(　　　　　　　)
	대상물건의 상태에 관한 자료요구 사항	

Ⅰ. 개업공인중개사 기본 확인사항(개업공인중개사가 직접 확인하여 기재)

① 대상 물건의 표시	토 지	소재지, 면적(m²), 지목(공부상 지목, **실제 이용 상태**)	
	건축물	전용면적(m²), 대지지분(m²), 준공년도(증개축년도) 용도(건축물대장상 용도, **실제 용도**), 구조, **방향**(기준 :　　　　)	
		내진설계 적용 여부	**내진능력**
		건축물대장상 위반건축물 여부	위반내용

② 권리관계	등기부 기재사항	소유권에 관한 사항		소유권 외의 권리사항	

②-1 임대차 확인사항	확정**일자** 부여현황 정보	[　] 임대인 자료 제출 [　] 열람 동의		[　] 임차인 권리 설명
	국세 및 지방세 체납정보	[　] 임대인 자료 제출 [　] 열람 동의		[　] 임차인 권리 설명
	전입세**대** 확인서	[　] 제출(확인서류 첨부)　　[　] 미확인(열람·교부 신청방법 설명) [　] 해당 없음		
	최우선변제금	소액임차인범위 :　　　　　　만원 최우선변제금액 :　　　　　　만원		
	민간 임대 등록 여부	등 록	[　] 장기일반민간임대주택　[　] 공공지원민간임대주택 [　] 그 밖의 유형(　　　　　　　　　　)	[　] 임대보증금 보증 설명
			임대의무기간　　　　　　임대개시일	
		미등록	[　] 해당사항 없음	
	계약갱신 **요**구권 행사 여부	[　] 확인(확인서류 첨부)　[　] 미확인　[　] 해당 없음		

※ 민간임대주택의 임대사업자는 「민간임대주택에 관한 특별법」에 따라 임대보증금에 대한 보증에 가입하여야 합니다.
※ 임차인은 주택도시보증공사(HUG) 등이 운영하는 전세보증금 반환보증에 가입할 것을 권고합니다.
※ 임대차 계약 후 「부동산거래신고법」에 따라 30일 이내 신고하여야 합니다(신고시 확정일자 자동부여).
※ 최우선변제금은 근저당권 등 **선순위 담보물권 설정 당시**의 소액임차인범위 및 최우선변제금액을 기준으로 합니다.

개업공인중개사가 "②－1 임대차 확인사항"을 임대인 및 임차인에게 설명하였음을 확인함	임대인		(서명 또는 날인)
	임차인		(서명 또는 날인)
	개업공인중개사		(서명 또는 날인)

③ 토지이용 계획, 공법상 이용제한 및 거래규제에 관한 사항 (토지)	용도지역 용도지구 용도구역				건폐율 상한	용적률 상한
					시 · 군 조례	
	도시 · 군 계획시설	허가 · 신고 구역 여부	[ ] 토지거래허가구역 ※ 공부에서 확인할 수 없는 사항은 부동산종합공부시스템 확인			
		투기지역 여부	[ ] 토지투기지역 [ ] 주택투기지역 [ ] 투기과열지구			
	지구단위계획구역, 그 밖의 도시 · 군관리계획	개업공인중개사가 확인하여 적는다.	그 밖의 이용제한 및 거래규제 사항			

④ 입지 조건	도로와의 관계	(m × m)도로에 접함 [ ] 포장 [ ] 비포장		접근성	[ ] 용이함 [ ] 불편함
	대중교통	버 스 지하철			
	주차장	[ ] 없음 [ ] 전용주차시설 [ ] 공동주차시설			
	교육시설	초등학교 중학교 고등학교			

⑤ 관리에 관한 사항	경비실	[ ] 있음 [ ] 없음	관리주체	[ ] 위탁관리 [ ] 자체관리 [ ] 기타
	관리비	관리비 금액: 총 원 관리비 포함 비목: [ ] 전기료 [ ] 수도료 [ ] 가스사용료 　　　　　　　　　[ ] 난방비 [ ] 인터넷 사용료 [ ] TV 수신료 　　　　　　　　　[ ] 그 밖의 비목(　　　　　　　　　) 관리비 부과방식: [ ] 임대인이 직접 부과 [ ] 관리규약에 따라 부과 　　　　　　　　　[ ] 그 밖의 부과 방식(　　　　　　　　　)		

⑥ 비선호시설(1km 이내)	[ ] 없음 [ ] 있음(종류 및 위치:　　　　　　　　　)

⑦ 거래예정금액 등	거래예정금액			
	개별공시지가 (m²당)		건물(주택) 공시가격	

⑧ 취득시 부담할 조세의 종류 및 세율	취득세	%	농어촌특별세	%	지방교육세	%
	※ 재산세와 종합부동산세는 6월 1일 기준 대상물건 소유자가 납세의무를 부담					

⑤ 관리비는 **직전 1년간 월평균 관리비** 등을 기초로 산출한 총 금액을 적는다.

⑦ "거래예정금액"은 **중개가 완성되기 전 거래예정금액**을, "개별공시지가" 및 "건물(주택)공시가격"은 **중개가 완성되기 전** 공시된 공시지가 또는 공시가격을 적는다. **임대차의 경우에는 "개별공시지가" 및 "건물(주택)공시가격"을 생략할 수 있다.**

⑧ 취득시 부담할 조세의 종류 및 세율은 **중개가 완성되기 전** 「지방세법」의 내용을 확인하여 적는다(**임대차의 경우에는 제외한다**).

II. 개업공인중개사 세부 확인사항(자료 요구하여 기재)				
⑨ 실제 권리관계 또는 공시되지 않은 물건의 권리 사항				

⑩ 내부·외부 시설물의 상태 (건축물)	수 도	파손 여부	[ ] 없음 [ ] 있음(위치 :)	
		용수량	[ ] 정상 [ ] 부족함(위치 :)	
	전 기	공급상태	[ ] 정상 [ ] 교체 필요(교체할 부분 :)	
	가스(취사용)	공급방식	[ ] 도시가스 [ ] 기타( )	
	소 방	**단독경보형 감지기**	[ ] 없음 [ ] 있음(수량 : 개)	※ 「소방시설법」에 정하는 주택용 소방시설로 **아파트**(주택으로 사용하는 층수가 5개 층 이상인 주택)를 **제외한 주택만 작성**
	난방방식 및 연료공급	공급방식	[ ] 중앙공급 [ ] 개별공급 [ ] 지역난방	시설작동 [ ] 정상 [ ] 수선 필요 ※ 개별공급인 경우 사용연한 [ ] 확인불가
		종 류	[ ] 도시가스 [ ] 기름 [ ] 프로판가스 [ ] 연탄 [ ] 그 밖의 종류( )	
	승강기		[ ] 있음 ([ ] 양호 [ ] 불량) [ ] 없음	
	배 수		[ ] 정상 [ ] 수선 요함( )	
	그 밖의 시설물			

⑪ 벽면· 바닥면 및 도배 상태	벽 면	균 열 [ ] 없음 [ ] 있음	누 수 [ ] 없음 [ ] 있음
	바닥면	[ ] 깨끗함 [ ] 보통임 [ ] 수리 필요(위치 :)	
	도 배	[ ] 깨끗함 [ ] 보통임 [ ] 도배 필요	

| ⑫ 환경조건 | 일조량 | [ ] 풍부함 [ ] 보통임 [ ] 불충분(이유 :   ) | |
| | 소 음 | [ ] 아주 작음 [ ] 보통임
[ ] 심한 편임 | 진 동 [ ] 아주 작음 [ ] 보통임
[ ] 심한 편임 |

| 현장안내 | 현장안내자 | [ ] 개업공인중개사 [ ] 소속공인중개사
[ ] 중개보조원(신분고지 여부 : [ ] 예 [ ] 아니오)
[ ] 해당 없음 |

⑨ 실제 권리관계 또는 공시되지 않은 물건의 권리 사항은 **매도(임대)의뢰인이 고지한 사항**(법정지상권, 유치권, 「주택임대차보호법」에 따른 임대차, 토지에 부착된 조각물 및 정원수, 계약 전 소유권 변동 여부, 도로의 점용허가 여부 및 권리·의무 승계 대상 여부 등)을 적는다.

⑩ 내부·외부 시설물의 상태(건축물), ⑪ 벽면·바닥면 및 도배 상태 및 ⑫ 환경조건은 개업공인중개사가 매도(임대)의뢰인에게 **자료를 요구**하여 확인한 사항을 적는다.

Ⅲ. 중개보수 등에 관한 사항			
⑬ 중개보수 및 실비의 금액과 산출내역	중개보수	거래예정금액을 기준으로 계산	\<산출내역\> 중개보수 : 실　비 :
	실　비		
	계		※ 중개보수는 시·도 조례로 정한 요율한도에서 중개의뢰인과 개업공인중개사가 서로 협의하여 결정하며 **부가가치세는 별도로 부과될 수 있다.**
	지급시기		

거래당사자는 개업공인중개사로부터 위 중개대상물에 관한 확인·설명 및 손해배상책임의 보장에 관한 설명을 듣고, 본 확인·설명서와 손해배상책임 보장 증명서류(사본 또는 전자문서)를 수령합니다.

년　　월　　일

매도인 (임대인)			서명 또는 날인
매수인 (임차인)			서명 또는 날인
개업공인중개사	서명 및 날인	소속공인중개사	서명 및 날인
개업공인중개사	서명 및 날인	소속공인중개사	서명 및 날인

◆ 작성방법

※ '확인·설명 근거자료 등'에는 개업공인중개사가 확인·설명과정에서 제시한 자료를 적으며, "대상물건의 상태에 관한 자료요구 사항"에는 매도(임대)의뢰인에게 요구한 사항 및 그 관련자료의 제출 여부와 자료의 요구 및 그 불응 여부를 적는다.

※ ① 대상물건의 표시부터 ⑧ 취득시 부담할 조세의 종류 및 세율까지(기본 확인사항)는 **개업공인중개사가 확인한 사항을 적어야 한다.**

① 대상물건의 표시는 토지대장 및 건축물대장을 확인하여 적고, 건축물의 방향은 주택의 경우 거실이나 안방 등 주실(主室)의 방향을, 그 밖의 건축물은 주된 출입구의 방향을 기준으로 적는다.

② 권리관계의 **"등기부기재사항"** 은 등기사항증명서를 확인하여 적는다.

　가. 대상물건에 신탁등기가 되어 있는 경우에는 수탁자 및 신탁물건(신탁원부 번호)임을 적고, 신탁원부 약정사항에 명시된 대상물건에 대한 임대차계약의 요건(수탁자 및 수익자의 동의 또는 승낙, 임대차계약 체결의 당사자, 그 밖의 요건 등)을 확인하여 그 요건에 따라 유효한 임대차계약을 체결할 수 있음을 설명(신탁원부 교부 또는 ⑨ 실제 권리관계 또는 공시되지 않은 물건의 권리사항에 주요 내용을 작성)해야 합니다.

　　나. 대상물건에 공동담보가 설정되어 있는 경우에는 공동담보 목록 등을 확인하여 공동담보의 채권최고액 등 해당 중개물건의 권리관계를 명확히 적고 설명해야 합니다.

　　※ 예를 들어, 다세대주택 건물 전체에 설정된 근저당권 현황을 확인·제시하지 않으면서, 계약대상 물건이 포함된 일부 호실의 공동담보 채권최고액이 마치 건물 전체에 설정된 근저당권의 채권최고액인 것처럼 중개의뢰인을 속이는 경우에는 「공인중개사법」 위반으로 형사처벌 대상이 될 수 있습니다.

② - 1. 임대차 확인사항은 다음의 구분에 따라 적습니다.

　　가. 「주택임대차보호법」에 따라 임대인이 확정일자 부여일, 차임 및 보증금 등 정보(확정일자 부여 현황 정보) 및 국세 및 지방세 납세증명서(국세 및 지방세 체납 정보)의 제출 또는 열람 동의로 갈음했는지 구분하여 표시하고, 「공인중개사법」에 따른 임차인의 권리에 관한 설명 여부를 표시합니다.

　　나. 임대인이 제출한 전입세대 확인서류가 있는 경우에는 확인에 √로 표시를 한 후 설명하고, 없는 경우에는 미확인에 √로 표시한 후 「주민등록법」에 따른 전입세대확인서의 열람·교부 방법에 대해 설명합니다(임대인이 거주하는 경우이거나 확정일자 부여현황을 통해 선순위의 모든 세대가 확인되는 경우 등에는 '해당 없음'에 √로 표시합니다).

　　다. 최우선변제금은 「주택임대차보호법 시행령」 제10조(보증금 중 일정액의 범위 등) 및 제11조(우선변제를 받을 임차인의 범위)를 확인하여 각각 적되, 근저당권 등 선순위 담보물권이 설정되어 있는 경우 선순위 담보물권 설정 당시의 소액임차인범위 및 최우선변제금액을 기준으로 적어야 합니다.

　　라. "민간임대 등록 여부"는 대상물건이 「민간임대주택에 관한 특별법」에 따라 등록된 민간임대주택인지 여부를 임대주택정보체계에 접속하여 확인하거나 임대인에게 확인하여 "[   ]"안에 √로 표시하고, 민간임대주택인 경우 같은 법에 따른 권리·의무사항을 임대인 및 임차인에게 설명해야 합니다.

　　마. "계약갱신요구권 행사 여부"는 대상물건이 「주택임대차보호법」의 적용을 받는 주택으로서 임차인이 있는 경우 매도인(임대인)으로부터 계약갱신요구권 행사 여부에 관한 사항을 확인할 수 있는 서류를 받으면 "확인"에 √로 표시하여 해당 서류를 첨부하고, 서류를 받지 못한 경우 "미확인"에 √로 표시하며, 임차인이 없는 경우에는 "해당 없음"에 √로 표시합니다. 이 경우 개업공인중개사는 「주택임대차보호법」에 따른 임대인과 임차인의 권리·의무사항을 매수인에게 설명해야 합니다.

③ 토지이용계획, 공법상 이용제한 및 거래규제에 관한 사항의 **"건폐율 상한 및 용적률 상한"** 은 시·군의 조례에 따라 적고, **"도시·군계획시설", "지구단위계획구역, 그 밖의 도시·군관리계획"** 은 개업공인중개사가 확인하여 적으며, "그 밖의 이용제한 및 거래규제사항" 은 토지이용계획확인서의 내용을 확인하고, **공부에서 확인할 수 없는 사항은 부동산종합공부시스템 등에서 확인하여 적는다**(임대차의 경우에는 생략할 수 있다).

⑤ 관리비는 직전 1년간 월평균 관리비 등을 기초로 산출한 총 금액을 적되, 관리비에 포함되는 비목들에 대해서는 해당하는 곳에 √로 표시하며, 그 밖의 비목에 대해서는 √로 표시한 후 비목 내역을 적습니다. 관리비 부과방식은 해당하는 곳에 √로 표시하고, 그 밖의 부과방식을 선택한 경우에는 그 부과방식에 대해서 작성해야 합니다. 이 경우 세대별 사용량을 계량하여 부과하는 전기료, 수도료 등 비목은 실제 사용량에 따라 금액이 달라질 수 있고, 이에 따라 총 관리비가 변동될 수 있음을 설명해야 합니다.

⑥ 비선호시설(1km 이내)의 "종류 및 위치"는 대상물건으로부터 1km 이내에 사회통념상 기피 시설인 화장장, 납골당, 공동묘지, 쓰레기처리장, 쓰레기소각장, 분뇨처리장, 하수종말처리장 등의 시설이 있는 경우, 그 시설의 종류 및 위치를 적는다.

⑦ 거래예정금액 등의 "거래예정금액"은 **중개가 완성되기 전 거래예정금액**을, "개별공시지가" 및 "건물(주택)공시가격"은 **중개가 완성되기 전** 공시된 공시지가 또는 공시가격을 적는다(**임대차계약의 경우에는 "개별공시지가" 및 "건물공시가격"을 생략할 수 있다**).

⑧ 취득시 부담할 조세의 종류 및 세율은 **중개가 완성되기 전** 「지방세법」의 내용을 확인하여 적는다(**임대차의 경우에는 제외한다**).

⑨ 실제권리관계 또는 공시되지 아니한 물건의 권리에 관한 사항은 **매도(임대)의뢰인이 고지한 사항**(법정지상권, 유치권, 「주택임대차보호법」에 따른 임대차, 토지에 부착된 조각물 및 정원수, **계약 전 소유권 변동 여부, 도로의 점용허가 여부 및 권리·의무 승계 대상 여부** 등)을 적는다. 「건축법 시행령」[별표 1]에 따른 공동주택(기숙사는 제외한다) 중 분양을 목적으로 건축되었으나 분양되지 아니하여 보존등기만 마쳐진 상태인 공동주택에 대하여 임대차계약을 알선하는 경우에는 이를 임차인에게 설명해야 한다.

※ 임대차계약이 있는 경우 임대보증금, 월 단위의 차임액, 계약기간, 장기수선충당금의 처리 등을 확인하고, **근저당 등이 설정된 경우 채권최고액**을 확인하여 적는다. 그 밖에 경매 및 공매 등의 특이사항이 있는 경우 이를 확인하여 적는다.

⑩ 내부·외부의 시설물 상태(건축물), ⑪ 벽면·바닥면 및 도배상태 및 ⑫ 환경조건은 개업공인중개사가 **매도(임대)의뢰인에게 자료를 요구하여 확인한 사항**을 적고, ⑩ 내·외부의 시설물 상태(건축물)의 "그 밖의 시설물"은 가정자동화 시설(Home Automation 등 IT 관련 시설)의 설치 여부를 적는다.

⑬ 중개보수 및 실비는 개업공인중개사와 중개의뢰인이 협의하여 결정한 금액을 적되 "**중개보수**"는 거래예정금액을 기준으로 계산하고, "산출내역(중개보수)"은 "거래예정금액(임대차의 경우에는 임대보증금 + 월 단위의 차임액 × 100) × 중개보수 요율"과 같이 적는다. 다만, 임대차로서 거래예정금액이 5천만원 미만인 경우에는 "임대보증금 + 월 단위의 차임액 × 70"을 거래예정금액으로 한다.

※ 공동중개시 참여한 개업공인중개사(소속공인중개사를 포함한다)는 모두 **서명·날인**여야 하며, 2명을 넘는 경우에는 별지로 작성하여 첨부한다.

중개대상물 확인·설명서[Ⅱ] (비주거용 건축물)

[ ] 업무용 [ ] 상업용 [ ] 공업용 [ ] 매매·교환 [ ] 임대 [ ] 그 밖의 경우

| 확인·설명 자료 | 확인·설명 근거자료 등 | [ ] 등기권리증 [ ] 등기사항증명서 [ ] 토지대장 [ ] 건축물대장
[ ] 지적도   [ ] 임야도   [ ] 토지이용계획확인서 | | |
| | 대상물건의 상태에 관한 자료요구 사항 | | | |

Ⅰ. 개업공인중개사 기본 확인사항(직접 조사하여 기재)

① 대상물건의 표시	토 지	소재지, 면적(m²), 지목(공부상 지목, 실제 이용 상태)		
	건축물	전용면적(m²), 대지지분(m²), 준공년도(증개축년도), 용도(건축물대장상 용도, 실제 용도), 구조, 방향(기준:)		
		내진설계 적용 여부	내진능력	
		건축물대장상 위반건축물 여부	위반내용	

② 권리관계	등기부 기재사항	소유권에 관한 사항		소유권 외의 권리사항	
	민간 임대 등록 여부	등 록	[ ] 장기일반민간임대주택 [ ] 공공지원민간임대주택 [ ] 기타(유형:)		
			임대의무기간	임대개시일	
		미등록	[ ] 해당사항 없음		
	계약갱신 **요**구권 행사 여부	[ ] 확인(확인서류 첨부) [ ] 미확인 [ ] 해당 없음			

③ 토지이용계획, 공법상이용제한 및 거래규제에 관한 사항 (토지)	용도지역 용도지구 용도구역		건폐율 상한	용적률 상한
			%	%
	도시·군계획 시설	허가·신고 구역 여부	[ ] 토지거래허가구역	
		투기지역 여부	[ ] 토지투기지역 [ ] 주택투기지역 [ ] 투기과열지구	
	지구단위계획구역, 그 밖의 도시·군관리계획		그 밖의 이용제한 및 거래규제사항	

④ 입지조건	**도**로와의 관계	(m × m)도로에 접함 [ ] 포장 [ ] 비포장	접근성	[ ] 용이함 [ ] 불편함
	대중교통	버 스 지하철		
	주**차**장	[ ] 없음 [ ] 전용주차시설 [ ] 공동주차시설		

교육시설×

| ⑤ 관리에 관한 사항 | 경비실 | [ ] 있음
[ ] 없음 | 관리주체 | [ ] 위탁관리 [ ] 자체관리 [ ] 기타 |

관리비× ⑥ 비선호시설×

⑦ 거래예정금액 등	거래예정금액					
	개별공시지가(m²당)				건물(주택)공시가격	

⑧ 취득시 부담할 조세의 종류 및 세율	취득세	%	농어촌 특별세	%	지방 교육세	%	※ 재산세, 종부세는 6월 1일 기준 대상물건 소유자가 납세의무를 부담

II. 개업공인중개사 세부 확인사항(자료 요구하여 기재)

⑨ 실제권리관계 또는 공시되지 않은 물건의 권리 사항	

⑩ 내·외부 시설물의 상태 (건축물)	수 도	파손 여부	[ ] 없음 [ ] 있음(위치 :)		
		용수량	[ ] 정상 [ ] 부족함(위치 :)		
	전 기	공급상태	[ ] 정상 [ ] 교체 요함(교체할 부분 :)		
	가스 (취사용)	공급방식	[ ] 도시가스 [ ] 기타( )		
	소 방	**소화전**	[ ] 없음 [ ] 있음(위치 :)		
		비상벨	[ ] 없음 [ ] 있음(위치 :)		
	난방방식 및 연료공급	공급방식	[ ] 중앙공급 [ ] 개별공급	시설작동	[ ] 정상 [ ] 수선요함 ※ 개별공급인 경우 사용연한
		종 류	[ ] 도시가스 [ ] 기름 [ ] 프로판가스 [ ] 연탄		
	승강기		[ ] 있음 ([ ] 양호 [ ] 불량) [ ] 없음		
	배 수		[ ] 정상 [ ] 수선 요함( )		
	그 밖의 시설물				

⑪ 벽면 및 바닥면 상태	벽 면	균 열	[ ] 없음 [ ] 있음	누 수	[ ] 없음 [ ] 있음
	바닥면	[ ] 깨끗함 [ ] 보통임 [ ] 수리 필요(위치 :)			

도배× ⑫ 환경조건×

III. 중개보수 등에 관한 사항

⑬ 중개보수 및 실비의 금액과 산출내역	중개보수		<산출내역> 중개보수 : 실 비 :
	실 비		
	계		
	지급시기		

거래당사자는 개업공인중개사로부터 위 중개대상물에 관한 확인·설명 및 손해배상책임의 보장에 관한 설명을 듣고, 본 확인·설명서와 손해배상책임 보장 증명서류(사본 또는 전자문서)를 수령합니다.

년   월   일

매도인 (임대인)		서명 또는 날인
매수인 (임차인)		서명 또는 날인
개업공인중개사	서명 및 날인	소속공인중개사	서명 및 날인
개업공인중개사	서명 및 날인	소속공인중개사	서명 및 날인

중개대상물 확인·설명서[Ⅲ] (토지)

[　] 매매·교환　　[　] 임대

확인·설명 자료	확인·설명 근거자료 등	[　] 등기권리증　[　] 등기사항증명서　[　] 토지대장　[　] 건축물대장 [　] 지적도　　　[　] 임야도　　　　　[　] 토지이용계획확인서		
	대상물건의 상태에 관한 자료요구 사항			

Ⅰ. 개업공인중개사 기본 확인사항(직접 조사하여 기재)

① 대상물건의 표시	토 지	소재지, 면적(m²), 지목(공부상 지목, 실제 이용 상태)		

② 권리관계	등기부 기재사항	소유권에 관한 사항		소유권 외의 권리사항	
		토 지		토 지	

③ 「토지이용 계획, 공법상 이용제한 및 거래규제에 관한 사항 (토지)	용도지역 용도지구 용도구역			건폐율 상한	용적률 상한
				%	%
	도시· 군계획 시설		허가·신고 구역 여부	[　] 토지거래허가구역	
			투기지역 여부	[　] 토지투기지역　[　] 주택투기지역 [　] 투기과열지구	
	지구단위계획구역, 그 밖의 도시·군관리계획			그 밖의 이용제한 및 거래규제사항	

④ 입지조건	도로와의 관계	(　m×　　m)도로에 접함 [　] 포장　[　] 비포장	접근성	[　] 용이함　[　] 불편함
	대중교통	버 스 지하철		

주차장×　교육시설×

⑤ 관리에 관한 사항×

⑥ 비선호시설(1km 이내)　[　] 없음　[　] 있음(종류 및 위치 :　　　　　　　　　　　)

⑦ 거래예정금액 등	거래예정금액			
	개별공시지가(m²당)		건물(주택)공시가격	

⑧ 취득시 부담할 조세의 종류 및 세율	취득세	%	농어촌특별세	%	지방교육세	%
	※ 재산세는 6월 1일 기준 대상물건 소유자가 납세의무를 부담					

Ⅱ. 개업공인중개사 세부 확인사항(자료 요구하여 기재)

⑨ 실제권리관계 또는 공시되지 않은 물건의 권리 사항	

⑩ 내부·외부 시설물의 상태×
⑪ 벽면·바닥면 및 도배의 상태×
⑫ 환경조건×

Ⅲ. 중개보수 등에 관한 사항

⑬ 중개보수 및 실비의 금액과 산출내역	중개보수		<산출내역> 중개보수 : 실　비 : ※ 중개보수는 거래금액의 1천분의 9 이내에서 중개의뢰인과 개업공인중개사가 서로 협의하여 결정하며 부가가치세는 별도로 부과될 수 있다.
	실 비		
	계		
	지급시기		

거래당사자는 개업공인중개사로부터 위 중개대상물에 관한 확인·설명 및 손해배상책임의 보장에 관한 설명을 듣고, 본 확인·설명서와 손해배상책임 보장 증명서류(사본 또는 전자문서)를 수령합니다.

년　　　월　　　일

매도인 (임대인)		서명 또는 날인
매수인 (임차인)		서명 또는 날인
개업공인중개사	서명 및 날인	소속공인중개사	서명 및 날인
개업공인중개사	서명 및 날인	소속공인중개사	서명 및 날인

⑨ 실제권리관계 또는 공시되지 아니한 물건의 권리에 관한 사항은 매도(임대)의뢰인이 고지한 사항(임대차, 지상에 점유권 행사 여부, 구축물, 적치물, 진입로, 경작물, 계약 전 소유권 변동 여부 등)을 적는다.

중개대상물 확인·설명서[IV] (입목·광업재단·공장재단)

[　] 매매·교환　　[　] 임대

확인·설명 자료	확인·설명 근거자료 등	[　] 등기권리증　[　] 등기사항증명서　[　] 토지대장　[　] 건축물대장 [　] 지적도　　　[　] 임야도　　　　　　[　] 토지이용계획확인서		
	대상물건의 상태에 관한 자료요구 사항			

Ⅰ. 개업공인중개사 기본 확인사항(직접 조사하여 기재)

① 대상 물건의 표시	토 지	대상물 종별	[　] 입목　[　] 광업재단　[　] 공장재단	
		소재지(등기·등록지)		

② 권리관계	등기부 기재사항	소유권에 관한 사항	소유권 외의 권리사항

③ 공법상 이용제한 및 거래규제×　④ 입지조건×　⑤ 관리에 관한 사항×　⑥ 비선호시설×

재단목록 또는 입목의 생육상태	
그 밖의 참고사항	

⑦ 거래예정금액 등	거래예정금액		
	개별공시지가(m²당)	건물(주택)공시가격	

⑧ 취득시 부담할 조세의 종류 및 세율	취득세	%	농어촌 특별세	%	지방 교육세	%	※ 재산세는 6월 1일 기준 대상물건 소유자가 납세의무를 부담

Ⅱ. 개업공인중개사 세부 확인사항(자료 요구하여 기재)

⑨ 실제권리관계 또는 공시되지 않은 물건의 권리 사항	

Ⅲ. 중개보수 등에 관한 사항

⑬ 중개보수 및 실비의 금액과 산출내역	중개보수		<산출내역>
	실 비		중개보수:　　　　　　　　　실비:
	계		※ 중개보수는 거래금액의 1천분의 9 이내에서 중개의뢰인과
	지급시기		개업공인중개사가 서로 협의하여 결정하며 부가가치세는 　　별도로 부과 될 수 있습니다.

매도인(임대인)			서명 또는 날인
매수인(임차인)			서명 또는 날인
개업공인중개사	서명 및 날인	소속공인중개사	서명 및 날인
개업공인중개사	서명 및 날인	소속공인중개사	서명 및 날인

① 대상물건의 표시는 대상물건별 등기사항증명서 등을 확인하여 기재한다.

　※ 재단목록 또는 입목의 생육상태는 공장재단에 있어서는 공장재단목록과 공장재단 등기사항증명서를, 광업재단에서는 광업재단목록과 광업재단 등기사항증명서를, 입목에서는 입목등록원부와 입목 등기사항증명서를 확인하여 적는다.

⑨ "실제권리관계 또는 공시되지 아니한 물건의 권리에 관한 사항"은 확인을 요구하여 매도(임대)의뢰인이 고지한 사항(임대차, 법정지상권, 법정저당권, 유치권, 계약 전 소유권 변동 여부 등)을 기재한다.

■ **확인 · 설명서 서식비교**

구 분		주거용	비주거용	토지용	입 · 광 · 공
기본 확인 사항	① 대상물건의 표시	○	○	○	○
	② 권리관계(등기부 기재사항)	○	○ 민간임대 등록 여부 계약갱신 요구권 행사 여부	○	○
	②-1 임대차 확인사항	○ 일세대 최민요	×	×	×
	③ 토지이용계획 · 공법상 이용제한 및 거래규제	○	○	○	×
	④ 입지조건	도대차교	도대차	도대	×
	⑤ 관리에 관한 사항	경비실 관리주체 관리비	경비실 관리주체 관리비×	×	×
	⑥ 비선호시설	○	×	○	×
	⑦ 거래예정금액	○	○	○	○
	⑧ 취득조세의 종류 및 세율	○	○	○	○
	재단목록 또는 입목의 생육상태	×	×	×	○
세부 확인 사항	⑨ 실제권리관계 또는 공시되지 않은 물건	○	○	○	○
	⑩ 내부 · 외부 시설물의 상태	○	○	×	×
	⑪ 벽면 · 바닥면 및 도배상태	벽○ 바○ 도○	벽○ 바○ 도×	×	×
	⑫ 환경조건	일소진	×	×	×
	현장안내	○	×	×	×
중개보수 등에 관한 사항	⑬ 중개보수 및 실비 & 산출내역	○	○	○	○

▶ 소방 : 주거용(단독경보형감지기), 비주거용(소화전, 비상벨)

제4절 | 거래계약서 작성

1. 거래계약서의 작성

거래계약이란 거래당사자 간의 매매·교환 또는 임대차계약을 의미하며, 개업공인중개사가 거래당사자 간의 거래계약을 알선하여 중개가 완성된 때에는 개업공인중개사가 거래계약서를 작성하여 교부할 의무가 있다.

(1) 거래계약서 작성·교부 및 보존의무

개업공인중개사는 중개대상물에 관하여 **중개가 완성된 때**에는 거래계약서를 작성하여 **거래당사자에게 교부**하고 **5년** 동안 그 원본, 사본 또는 전자문서를 보존해야 한다. 다만, 거래계약서가 「전자문서 및 전자거래 기본법」에 따른 **공인전자문서센터에 보관**된 경우에는 그러하지 아니하다(법 제26조 제1항).

① **의무자**: 거래계약서를 작성하여 교부하고 보존할 의무는 개업공인중개사의 의무이며, 소속공인중개사의 의무가 아니다. 소속공인중개사는 중개업무를 수행할 수 있으므로 거래계약서를 작성할 수 있으며, 중개업무를 수행한 경우 거래계약서에 개업공인중개사와 함께 서명 및 날인하여야 한다. 중개보조원은 중개업무를 수행할 수 없으므로 거래계약서를 작성해서는 아니 된다.

② **시기**: 중개가 완성된 때 거래계약서를 작성해야 한다.

③ **교부 및 보존**: 개업공인중개사는 작성한 거래계약서를 거래당사자에게 교부하고, 5년 동안 그 원본, 사본 또는 전자문서를 보존해야 한다.

④ **공인전자문서센터**: 거래계약서가 공인전자문서센터에 보관된 경우에는 거래계약서를 **서면으로 작성하여 이를 교부하고 보존할 의무가 없다.**

> **주의**
>
> **[공인전자문서센터에 보관된 경우]**
> 서면으로 작성할 의무× 교부의무× 보존의무×
> 1. 중개대상물 확인·설명서
> 2. 거래계약서

(2) 서명 및 날인 의무

거래계약서에는 개업공인중개사(개업공인중개사인 법인의 경우 대표자, 분사무소의 경우 **책임자**)가 **서명 및 날인**하되, 해당 중개행위를 한 소속공인중개사가 있는 경우에는 개업공인중개사와 **함께 서명 및 날인**해야 한다(법 제26조 제2항).

> **주의**
> - 일반(전속)중개계약서 : 서명 또는 날인
> - 확인·설명서, 거래계약서 : 서명 및 날인
> - 법인인 개업공인중개사의 주된 사무소에서 소속공인중개사가 작성한 확인·설명서 및 거래계약서에는 대표자와 해당 중개업무를 수행한 소속공인중개사가 함께 서명 및 날인해야 한다.
> - 법인인 개업공인중개사의 분사무소에서 소속공인중개사가 작성한 확인·설명서 및 거래계약서에는 **책임자**와 해당 중개업무를 수행한 소속공인중개사가 함께 서명 및 날인해야 한다.

(3) 이중계약서 작성금지 등

① 개업공인중개사 및 소속공인중개사는 거래계약서를 작성하는 때에는 거래금액 등 거래내용을 **거짓**으로 **기재**하거나 서로 다른 **둘** 이상의 거래**계약서**를 작성하여서는 아니 된다(법 제26조 제3항).

② 개업공인중개사가 위 규정을 위반한 경우에는 임의적 등록취소 사유에 해당하며, 소속공인중개사가 위반한 경우에는 자격정지사유에 해당한다. 형벌(1년 이하의 징역 또는 1천만원 이하의 벌금)사유는 아님에 주의한다.

> **주의**
> 1. 전속중개계약서 사용×, 보존×, 확인·설명서 교부×, 보존×, 거래계약서 작성·교부×, 보존×
>   ⇨ 개공 업무정지(○), 소공 자격정지(×)
> 2. 확인·설명서 서명 및 날인×, 거래계약서 서명 및 날인×
>   ⇨ 개공 업무정지(○), 소공 자격정지(○)
> 3. 거래계약서 거짓 기재, 서로 다른 둘 계약서 작성
>   ⇨ 개공 임의적 등록취소(○), 소공 자격정지(○)

2. 거래계약서의 표준서식

① 국토교통부장관은 개업공인중개사가 작성하는 거래계약서의 표준이 되는 서식을 정하여 그 사용을 권장할 수 있다(영 제22조 제3항).

② 대통령령에는 국토교통부장관이 거래계약서의 표준서식을 정해 그 사용을 권장할 수 있다고 되어 있으나, 현재 **국토교통부령에는 국토교통부장관이 정한 거래계약서의 표준서식이 없다**. 즉 공인중개사법령에는 매매, 교환, 임대차계약서 등 거래계약서의 표준서식은 없다.

> **주의**
> 1. 일반중개계약서
>   ① 대통령령 제19조 : 국토교통부장관은 일반중개계약의 표준이 되는 서식을 정하여 그 사용을 권장할 수 있다.
>   ② 국토교통부장관이 정한 일반중개계약서의 **표준서식은 별지 제14호 서식으로 정해져 있다.**

2. 거래계약서

① 대통령령 제22조 : 국토교통부장관은 개업공인중개사가 작성하는 거래계약서의 표준이
되는 서식을 정하여 그 사용을 권장할 수 있다.

② 현재 국토교통부장관이 정한 거래계약서의 **표준서식은 법령에 없다.**

주의 1. 공인중개사법령에는 국토교통부장관이 거래계약서의 표준서식을 정하고 있다. (×)
2. 개업공인중개사는 국토교통부장관이 정한 표준서식에 따라 거래계약서를 작성해야
한다. (×)

3. 필수적 기재사항

공인중개사법령에 거래계약서의 표준서식은 없으므로 어떠한 양식을 사용해도 무방하나, 거
래계약서에는 다음의 사항을 기재하여야 한다.

① 거래당사자의 **인**적사항

② 물건의 **표**시

③ **계**약일

④ 물건의 **인**도일시

⑤ **권**리이전의 내용

⑥ **거**래금액 · 계약금액 및 그 지급일자 등 지급에 관한 사항

⑦ 그 밖의 약정내용(거래당사자 간 약정내용, 거래당사자 간 특약사항)

⑧ 중개대상물 확인 · 설명서 교부일**자**

⑨ 계약의 **조**건이나 **기**한이 있는 경우에는 그 조건 또는 기한

▶ **권리관계**(×) **거래예정금액**(×) **중개보수 및 실비**(×) **취득 조세**(×) **공법상 제한**(×)

┌ **판례** ┐

1. 개업공인중개사가 거래계약서에 **서명과 날인 중 어느 한 가지를 하지 않은 경우**도 업무정지 사
유에 포함된다(2008두16698).

2. **개업공인중개사는 중개가 완성된 때에만 거래계약서 등을 작성 · 교부해야 하고 중개를 하지
아니하였음에도 함부로 거래계약서 등을 작성 · 교부하여서는 아니 된다.** 개업공인중개사가 자
신의 중개로 전세계약이 체결되지 않았음에도 실제 계약당사자가 아닌 자에게 전세계약서와
중개대상물 확인 · 설명서 등을 작성 · 교부해 줌으로써 이를 담보로 제공받아 금전을 대여한
대부업자가 대여금을 회수하지 못하는 손해를 입은 경우 개업공인중개사는 손해배상책임을 진다
(2009다78863).

구 분	일반중개계약서	전속중개계약서	확인·설명서	거래계약서
법정서식 유무	○	○	○	×
법정서식 사용의무	×	○	○	법정서식 없음
개업공인중개사 서명·날인	서명 또는 날인	서명 또는 날인	서명 및 날인	서명 및 날인
중개행위를 한 소속공인중개사 서명·날인	×	×	서명 및 날인	서명 및 날인
보존기간	×	3년	3년 공인전자문서센터	5년 공인전자문서센터

제5절 | 계약금 등의 반환채무이행의 보장

1. 계약금 등의 반환채무이행의 보장

부동산의 거래계약에서는 일반적으로 잔금을 치러야 매수인 또는 임차인이 부동산을 넘겨받는 것이 관행이다. 따라서 잔금을 치르기 전까지는 이중매매 또는 제한물권의 설정 등 거래사고의 위험성이 있는데 이러한 거래사고의 위험성을 사전에 방지하기 위하여 거래계약의 이행이 완료될 때까지 거래대금과 계약 관련 서류를 거래당사자 이외의 자가 보관하도록 하는 에스크로우(Escrow) 제도를 2000년 「공인중개사법」에 도입하였다.

(1) 예치권고

개업공인중개사는 **거래의 안전을 보장**하기 위하여 필요하다고 인정하는 경우에는 **거래계약의 이행이 완료될 때까지** 계약금·중도금 또는 잔금(계약금 등)을 **개업공인중개사 또는 대통령령으로 정하는 자의 명의로** 공제사업을 하는 자, 금융기관 또는 신탁업자 등에 예치하도록 거래당사자에게 **권고할 수 있다**(법 제31조 제1항).

① **목적**: 거래 안전의 보장
② **예치기간**: 거래계약의 이행이 완료될 때까지
③ **예치대상**: 계약금 등(계약금·중도금 또는 잔금)
④ **예치명의자**: 개업공인중개사 또는 대통령령으로 정하는 자
⑤ **예치기관**: 공제사업을 하는 자, 금융기관 또는 신탁업자 등
⑥ **예치권고**: 개업공인중개사는 거래당사자에게 예치를 권고할 수 있다.

| 주의 |

1. 개업공인중개사는 거래의 안전을 보장하기 위해 거래당사자에게 계약금 등의 예치를 권고해야 한다. (   )
2. 개업공인중개사는 매수인이 요구하는 때에는 계약금 등을 금융기관에 예치해야 한다. (   )
▶정답 1. ✕   2. ✕

(2) 계약금 등의 예치명의자

계약금 등은 **개업공인중개사 또는 대통령령으로 정하는 자**의 명의로 예치할 수 있으며, 대통령령으로 정하는 자를 포함한 예치명의자는 다음과 같다.

① 개업공인중개사

②「공인중개사법」에 따른 **공**제사업을 하는 자

③「은행법」에 따른 **은**행

④「보험업법」에 따른 **보험**회사

⑤「자본시장과 금융투자업에 관한 법률」에 따른 **신**탁업자

⑥「우체국예금·보험에 관한 법률」에 따른 **체**신관서

⑦ 부동산 거래계약의 이행을 보장하기 위하여 계약금·중도금 또는 잔금 및 계약 관련서류를 관리하는 업무를 수행하는 **전문회사**

(3) 예치기관

예치기관은 **공**제사업을 하는 자, **금**융기관 또는「자본시장과 금융투자업에 관한 법률」에 따른 **신**탁업자 등이다.

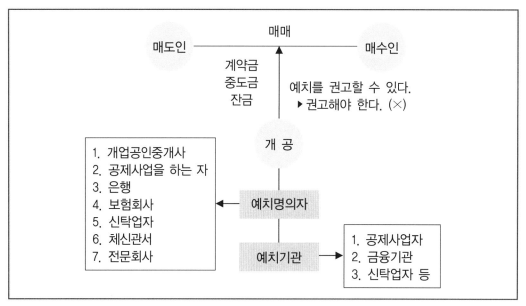

⑷ **계약금 등의 사전수령**

① 계약금 등을 예치한 경우 매도인 · 임대인 등 계약금 등을 수령할 수 있는 권리가 있는 자는 해당 계약을 해제한 때에 계약금 등의 반환을 보장하는 내용의 금융기관 또는 보증보험회사가 발행하는 보증서를 계약금 등의 **예치명의자에게 교부**하고 계약금 등을 미리 수령할 수 있다(법 제31조 제2항).

② 매도인 · 임대인은 계약의 이행이 완료되기 전에 계약금 등을 미리 수령할 수 있는데, 이를 위해서는 해당 계약이 해제된 때 미리 수령한 계약금 등을 매수인 · 임차인에게 반환해 줄 것을 보장하는 보증서를 발급받아 **예치명의자에게 교부**해야 한다.

▶ 보증서를 매수인에게 교부하고(×)

2. 개업공인중개사의 명의로 예치하는 경우의 개업공인중개사의 의무

계약금 등을 개업공인중개사의 명의로 예치하는 경우에는 예치된 계약금 등의 안전 및 계약이행과정에서의 분쟁예방 등을 위하여 개업공인중개사에게 다음의 의무를 부여하고 있다.

① 개업공인중개사는 거래당사자가 계약금 등을 개업공인중개사의 명의로 금융기관 등에 예치할 것을 의뢰하는 경우 **거래당사자와 다음의 사항을 약정해야 한다.**

> ㉠ 계약이행의 완료 또는 계약해제등의 사유로 인한 계약금 등의 인출에 대한 거래당사자의 동의방법
> ㉡ 반환채무이행 보장에 소요되는 실비 - 매수 · 임차의뢰인이 부담
> ㉢ 거래안전을 위하여 필요한 사항

② 개업공인중개사의 명의로 예치하는 경우 자기 소유의 예치금과 **분리**하여 **관리**될 수 있도록 해야 하며, 예치된 계약금 등은 거래당사자의 **동의 없이** 인출하여서는 안 된다.

③ 개업공인중개사의 명의로 금융기관 등에 예치하는 경우 해당 계약금 등을 거래당사자에게 지급할 것을 보장하기 위하여 **예치대상이 되는 계약금 등**에 해당하는 금액을 보장하는 **보증보험 또는 공제에 가입하거나 공탁**을 해야 하며, 거래당사자에게 관계증서의 사본을 교부하거나 관계증서에 관한 전자문서를 제공해야 한다.

제6절 손해배상책임과 보증설정의무

1. 손해배상책임

> **제30조【손해배상책임의 보장】** ① 개업공인중개사는 **중개행위**를 하는 경우 고의 또는 과실로 인하여 거래당사자에게 **재산상의 손해**를 발생하게 한 때에는 그 손해를 배상할 책임이 있다.
> ② 개업공인중개사는 자기의 중개사무소를 다른 사람의 **중개행위**의 장소로 제공함으로써 거래당사자에게 **재산상의 손해**를 발생하게 한 때에는 그 손해를 배상할 책임이 있다.
> ③ 개업공인중개사는 **업무를 개시하기 전에** 제1항 및 제2항에 따른 손해배상책임을 보장하기 위하여 보증보험 또는 공제에 가입하거나 공탁을 하여야 한다.

(1) 법 제30조 제1항

개업공인중개사가 중개행위를 하는 경우 고의 또는 과실로 인하여 거래당사자에게 재산상의 손해를 발생하게 한 때에는 그 손해를 배상할 책임이 있다.

① 소속공인중개사 또는 중개보조원의 업무상 고의·과실로 인해 재산상 손해가 발생한 경우, **개업공인중개사는 자신의 고의 또는 과실에 관계없이 책임**을 지며, 의뢰인은 보증기관에 손해배상금 지급을 청구할 수 있다.

② 개업공인중개사 및 그 고용인이 아닌 **제3자의 중개행위**로 인하여 발생한 손해에 대하여는 공인중개사법령에 따른 손해배상책임이 발생하지 않는다.

> **판례**
>
> 법 제30조 제1항에 기하여 손해배상책임을 부담하는 자는 '개업공인중개사'에 한정되므로, **개업공인중개사나 그 보조원이 아닌 자에게 공인중개사법령에 의한 손해배상책임을 물을 수는 없다** (2007다44156).

> **주의**
>
> 1. **개업공인중개사의 중개행위**로 거래당사자에게 재산상 손해가 발생한 경우에는 개업공인중개사에게 고의 또는 과실이 없으면 개업공인중개사는 손해배상책임을 지지 않는다.
> 2. 개업공인중개사가 중개행위를 함에 있어서 거래당사자에게 손해가 발생한 경우 고의·과실과 관계없이 그 손해를 배상해야 한다. (×)

③ 중개행위가 아니거나 비재산적 손해에 대하여는 **공인중개사법령에 따른 손해배상책임이 발생하지 않는다.**

(2) 공제금을 청구할 수 있는 중개행위의 범위

> **판례**
>
> 1. **중개행위의 판단기준** : 중개행위에 해당하는지 여부는 개업공인중개사가 진정으로 거래당사자를 위하여 거래를 알선·중개하려는 의사를 갖고 있었느냐고 하는 개업공인중개사의 **주관적** 의사에 의하여 결정할 것이 아니라 개업공인중개사의 행위를 **객관적**으로 보아 **사회통념**상 거래의 알선·중개를 위한 행위라고 인정되는지 여부에 의하여 결정해야 한다(2005다32197).
> 2. **중개행위의 범위에는** 개업공인중개사가 거래당사자 쌍방으로부터 중개의뢰를 받는 경우뿐만 아니라 **일방당사자의 의뢰에 의하여** 중개대상물의 매매·교환·임대차 그 밖의 권리의 득실변경에 관한 행위를 알선·**중개하는 경우도 포함된다**(94다47261).
> 3. 부동산 매매계약 체결을 중개하고 계약체결 후 계약금 및 중도금 지급에도 **관여**한 개업공인중개사가 잔금 중 일부를 **횡령**한 경우, "개업공인중개사가 **중개행위**를 함에 있어서 거래당사자에게 재산상의 손해를 발생하게 한 경우"에 해당한다(2005다32197).
> 4. 임대차계약을 알선한 개업공인중개사가 계약 체결 후에도 보증금의 지급, 목적물의 인도, 확정일자의 취득 등과 같은 **거래당사자의 계약상 의무의 실현에 관여함으로써 계약상 의무가 원만하게 이행되도록 주선할 것이 예정되어 있는 때**에는 객관적으로 보아 사회통념상 거래의 알선·중개를 위한 행위로서 중개행위의 범주에 포함된다(2005다55008).
> 5. 甲이 A의 공인중개사 자격증과 등록증을 대여받아 중개사무소를 운영하던 중 자신이 오피스텔을 소유하고 있는 것처럼 가장하여 **임차의뢰인 乙과 직접 거래당사자로서 임대차계약을 체결한 경우** 임대차계약서의 중개사란에 중개사무소의 명칭이 기재되고, 공인중개사 명의로 작성된 확인·설명서가 교부되었다고 하더라도 甲의 위 행위를 객관적으로 보아 사회통념상 **거래당사자 사이의 임대차를 알선·중개하는 행위에 해당한다고 볼 수 없다**(2010다101486).

(3) 법 제30조 제2항

개업공인중개사는 중개사무소를 다른 사람의 중개행위의 장소로 제공함으로써 거래당사자에게 재산상 손해를 발생하게 한 때에는 그 손해를 배상할 책임이 있다.

> **판례**
>
> 1. 개업공인중개사인 甲이 자신의 사무소를 乙의 중개행위의 장소로 제공하여 乙이 임대차계약을 중개하면서 임차보증금을 전달하여 달라는 부탁을 받고 금원을 수령한 후 이를 횡령한 경우, 甲은 법 제30조 제2항에 따라 거래당사자가 입은 손해를 배상할 책임이 있다(2000다48098).
> 2. 공인중개사협회가 운영하는 공제사업은 법 제30조 제1항뿐만 아니라 제2항의 책임을 보장하기 위한 공제사업도 포함한다(2005다58069).

(4) 법 제30조 제3항

개업공인중개사는 **업무를 개시하기 전에** 제1항 및 제2항에 따른 손해배상책임을 보장하기 위하여 보증보험 또는 공제에 가입하거나 공탁을 해야 한다.

2. 보증설정

(1) 보증의 종류

① **보증보험**: 타인을 위한 손해보험계약

② **공제**: 타인을 위한 손해보험계약이며, **보증보험적 성격**을 갖는다.

③ **공탁(법원)**: 공탁금은 개업공인중개사의 폐업 또는 사망한 날부터 **3년 이내**에는 이를 회수할 수 없다.

(2) 보증설정금액 및 설정시기

① **법인인 개업공인중개사**: 4억원 이상, **분사무소**: 분사무소마다 2억원 이상 추가

② **법인이 아닌 개업공인중개사**: 2억원 이상

③ 다른 법률의 규정에 따라 부동산중개업을 할 수 있는 경우에는 **중개업무를 개시하기 전에 보장금액 2천만원 이상의 보증**을 보증기관에 설정하고 그 증명서류를 갖추어 **등록관청에 신고해야 한다**(영 제24조 제3항).

④ 개업공인중개사는 중개사무소 개설**등록을 한 때에는 업무를 시작하기 전에** 손해배상책임을 보장하기 위한 조치(보증)를 한 후 그 **증명서류**를 갖추어 등록관청에 신고하여야 한다. 다만, 보증보험회사·공제사업자 또는 공탁기관(이하 "보증기관"이라 한다)이 보증사실을 등록관청에 직접 통보한 경우에는 신고를 생략할 수 있다.

> **[증명서류]**
> "증명서류"라 함은 다음의 어느 하나에 해당하는 서류(**전자문서 포함**)를 말한다.
> ㉠ 보증보험증서 사본
> ㉡ 공제증서 사본
> ㉢ 공탁증서 사본

> **주의**
> 1. 중개사무소 개설등록 이전에(×)   업무개시 후 즉시(×)   등록 후 업무개시 전에(○)
> 2. 손해배상책임을 보장하기 위한 보증은 중개사무소 개설등록기준에 해당한다. (×)
> 3. 보증설정 증명서류: 등록신청시 제출서류(×)   분사무소 설치신고시 제출서류(○)

(3) 보증의 변경 및 재설정

① 개업공인중개사가 그 보증을 다른 보증으로 변경하고자 하는 경우에는 **이미 설정한 보증의 효력이 있는 기간 중에** 다른 보증으로 설정하고 등록관청에 신고해야 한다.

② 보증기간의 만료로 인하여 다시 보증을 설정하고자 하는 경우 그 보증기간 **만료일까지** 다시 보증을 설정하고 그 증명서류를 갖추어 등록관청에 신고해야 한다.

③ 보증기관이 보증사실을 등록관청에 직접 통보한 경우에는 신고를 생략할 수 있다.

⑷ 보증에 관한 설명 및 관계증서의 교부의무

개업공인중개사는 **중개가 완성된 때**에는 거래당사자에게 손해배상책임의 보장에 관한 사항을 설명하고, 보증관계증서 사본을 교부하거나 전자문서를 제공해야 한다.

① 보장금액

② 보장기간

③ 보증보험회사, 공제사업을 행하는 자, 공탁기관 및 그 소재지

> **│ 주의 │**
>
> • 임의적 등록취소 : **손해배상책임을 보장하기 위한 조치**를 이행하지 아니하고 업무를 개시한 경우 등록관청은 개설등록을 취소할 수 있다.
> • 100만원 이하 과태료 : 손해배상책임에 관한 사항을 설명하지 아니하거나 관계증서의 사본 또는 관계증서에 관한 전자문서를 교부하지 아니한 경우

> **│ 주의 │**
>
> **[중개가 완성된 때 거래당사자에게 교부 또는 제공해야 할 것]**
> 1. 중개대상물 확인 · 설명서(교부하지 아니한 경우 순수 업무정지)
> 2. 거래계약서(교부하지 아니한 경우 순수 업무정지)
> 3. 보증관계증서의 사본 또는 전자문서(교부하지 아니한 경우 100만원 이하의 과태료)

3. 보증금의 지급 등

⑴ 보증기관에 대한 손해배상청구

중개의뢰인이 손해배상금으로 보증보험금, 공제금 또는 공탁금을 지급받고자 하는 경우에는 다음 서류를 첨부하여 보증기관에 손해배상금의 지급을 청구해야 한다.

① 중개의뢰인과 개업공인중개사 간의 손해배상**합의서**

② 확정된 법원의 **판결문 사본**

③ 그 밖의 이에 준하는 효력이 있는 서류(**화해조서 등**)

⑵ 손해배상책임의 범위 및 제한

① 보증기관은 보장금액의 범위 내에서만 책임을 진다.

② 개업공인중개사는 거래당사자에게 발생한 **모든 손해**에 대하여 배상책임을 진다.

③ 분사무소에서 발생한 손해에 대하여 보증기관에 손해배상금 지급청구를 하는 경우, 법인 전체의 보증설정 한도 내에서 손해배상금 지급청구를 할 수 있다.

> **판례**
>
> 공제금청구권자가 공제사고의 발생 사실을 확인할 수 없는 사정이 있는 경우에는 공제금청구권자가 공제사고 발생을 알았거나 알 수 있었던 때부터 공제금청구권의 소멸시효가 진행한다고 해석해야 한다.

④ 개업공인중개사는 보증보험금·공제금 또는 공탁금으로 손해배상을 한 때에는 **15일 이내**에 보증보험 또는 공제에 다시 가입하거나, 공탁금 중 부족하게 된 금액을 보전해야 한다.

> **주의**
>
> • 보증보험금으로 손해배상을 한 때에는 15일 이내에 보증보험에 다시 가입 또는 공제에 가입하거나 공탁을 해야 한다.
> • 공제금으로 손해배상을 한 때에는 15일 이내에 공제에 다시 가입 또는 보증보험에 가입하거나 공탁을 해야 한다.
> • 공탁금으로 손해배상을 한 때에는 15일 이내에 보증보험 또는 공제에 가입하거나 공탁금 중 부족하게 된 금액을 보전해야 한다.
> • 보증보험금 또는 공제금으로 손해배상을 한 때에는 15일 이내에 부족하게 된 금액을 보전해야 한다. (×)

제7절 금지행위

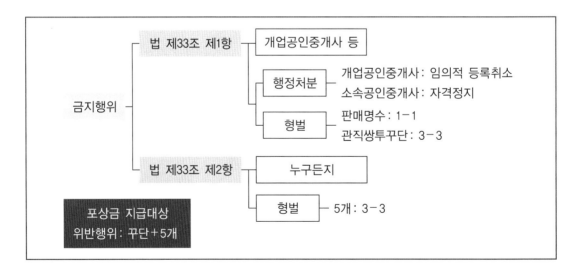

1. 법 제33조 제1항의 금지행위

① 법 제33조 제1항의 금지행위는 개업공인중개사 등(개업공인중개사 · 소속공인중개사 · 중개보조원, 법인의 사원 · 임원)에게 모두 적용된다.

② 행정처분: 개업공인중개사: 임의적 등록취소, 소속공인중개사: 자격정지

③ 행정형벌: 판매명수: 1년 이하의 징역 또는 1천만원 이하의 벌금

　　　　　　관직쌍투꾸단: 3년 이하의 징역 또는 3천만원 이하의 벌금

2. 법 제33조 제1항 금지행위의 내용

(1) 해당 중개대상물의 거래상의 중요사항에 관하여 거짓된 언행 그 밖의 방법으로 중개의뢰인의 판단을 그르치게 하는 행위

① 개업공인중개사 등이 중개의뢰인에게 거래계약 체결 여부를 결정할 만한 거래상의 중요사항에 관하여 거짓된 정보를 제공하거나, 중대한 하자를 숨기는 등 중개의뢰인의 판단을 그르치게 하는 행위는 1년 이하의 징역 또는 1천만원 이하의 벌금에 처한다.

② 확정되지 않은 토지의 개발계획을 설명하고 매매를 중개한 행위, 개발제한구역으로 지정된 사실을 숨기고 매매를 중개한 행위, 경매가 예정된 사실을 알려주지 않고 부동산을 중개한 행위

> **판례**
>
> 1. 개업공인중개사와 매도인이 서로 짜고 매도의뢰가액을 숨긴 채 이에 비하여 무척 높은 가액으로 중개의뢰인에게 부동산을 매도하고 그 차액을 취득한 행위는 민사상의 불법행위에 해당한다(91다25963).
> 2. 중개대상물의 **거래상 중요사항**에는 해당 중개대상물 자체에 관한 사항뿐만 아니라 그 중개대상물의 **가격에 관한 사항도 포함**된다(2007도9149).

(2) 중개대상물의 매매를 업으로 하는 행위

① 개업공인중개사 등이 토지, 주택, 상가, **입목 · 광업재단 · 공장재단의 매매를 업**으로 하는 행위는 금지행위이다.

② 법인이 **아닌** 개업공인중개사가 주택의 **임대업**을 하는 행위: 금지행위(×)

(3) **중개사무소 개설등록을 하지 않고 중개업을 하는 자인 사실을 알면서 그를 통하여 중개를 의뢰받는 행위 / 중개사무소 개설등록을 하지 않고 중개업을 하는 자인 사실을 알면서 그에게 자기의 명의를 이용하게 하는 행위**

> **주의**
>
> • 중개사무소 개설등록을 하지 않고 중개업을 한 자(3−3)
> • 개설등록을 하지 않고 중개업을 하는 자임을 알면서 그를 통하여 중개를 의뢰받거나 그에게 자기의 명의를 이용하게 한 자(1−1)

(4) **사례·증여 그 밖의 어떠한 명목으로도 중개보수 또는 실비를 초과하여 금품을 받는 행위**

① 중개보수 초과금지규정은 중개보수 약정 중 한도를 초과하는 부분에 대한 사법상의 효력을 제한하는 강행법규에 해당한다. 따라서 법령에서 정한 한도를 초과하는 중개보수 약정은 그 **한도를 초과하는 범위 내에서 무효**이다(2005다32159).

② 중개보수 외에 별도로 실비를 받는 행위는 금지행위가 아니다.

③ 부동산의 거래를 중개한 후 **사례비**나 **수고비** 등의 명목으로 금원을 받은 경우에도 그 금액이 소정의 중개보수를 초과하는 때에는 위 규정을 위반한 행위에 해당한다(98도3116). 중개보수 외에 선물을 받는 행위도 금지행위에 해당한다.

④ 중개와 구별되는 이른바 "**분양대행**"과 관련하여 교부받은 금원은 「공인중개사법」에 의하여 초과 수수가 금지되는 금원에 해당하지 않는다(98도1914).

> **지문**
>
> 1. 상가의 **분양**을 **대행**하고 중개보수 한도를 초과하여 금품을 받은 행위 : 금지행위(   )
> 2. 상가의 **권리금 수수를 알선**하고 중개보수 한도를 초과하여 금품을 받은 행위 : 금지행위(   )
> 3. 일부 중도금이 납부된 아파트 분양권 매매를 중개하고 **총 분양대금에 프리미엄을 합산**한 금액을 거래금액으로 하여 중개보수를 받은 행위 : 금지행위(   )
> 4. **계약금, 기 납부한 중도금에 프리미엄을 합산**한 금액을 거래금액으로 하여 중개보수를 받은 행위 : 금지행위(   )
>
> ▶정답 1. × 2. × 3. ○ 4. ×

┏판례┓

1. 개업공인중개사가 토지소유자와 약정에 따라 **토지를 분할하고 택지로 조성하여 그중 일부를** 타에 매도하면서 어느 정도의 위험부담과 함께 이득을 취하는 행위는 중개행위에 해당하지 **않는다** 할 것이고, 위와 관련하여 취득한 금원 또한 「공인중개사법」에 의하여 초과수수가 금지되는 개업공인중개사의 보수 등 금품에 해당하지 않는다(2004도5271).

2. 소정의 한도를 초과하는 액면금액의 유효한 당좌수표를 교부받은 경우에는 그 **당좌수표를 교부받는 단계에서 곧바로 위 죄의 기수(성립)가 되는 것**이고, 비록 그 후 그 당좌수표가 **부도처리** 되었거나 또는 의뢰인에게 그대로 **반환**되었더라도 여전히 **금지행위에 해당한다.** 중개보수 초과 행위가 금지행위에 해당하기 위해 중개의뢰인에게 현실적으로 그 한도 초과액 상당의 재산상 손해가 발생함을 요건으로 하는 것이 아니다(2004도4136).

3. 아파트 분양권 매매를 중개한 경우에 있어서 거래가액이라 함은 **당사자가 거래 당시 수수하게 되는 총 대금**(즉 통상적으로 계약금, 기납부한 중도금, 프리미엄을 합한 금액)이라고 보아야 할 것이므로, 이와 달리 장차 건물이 완성되었을 경우를 상정하여 총 분양대금과 프리미엄을 합산한 금액으로 거래가액을 산정하여야 한다는 취지의 주장은 받아들일 수 없다. 또한, 개업공인중개사가 아파트 분양권의 매매를 중개하면서 중개보수 산정에 관한 **지방자치단체의 조례를 잘못 해석하여 법에서 허용하는 금액을 초과**한 중개보수를 수수한 경우도 정당한 법률의 착오에 해당하지 않으므로 **처벌대상이 된다**(2004도62).

4. 개업공인중개사가 "토지"와 "건물의 임차권 및 권리금, 시설비"의 교환계약을 중개하고 그 사례 명목으로 **포괄적으로 지급받은 금원** 중 어느 금액까지가 「공인중개사법」의 규율대상인 중개보수에 해당하는지를 특정할 수 없어 법이 정한 한도를 **초과하여 중개보수를 지급받았다고 단정할 수 없다**(2005도6054).

⑸ 관계법령에서 양도·알선 등이 금지된 부동산의 분양·임대 등과 관련 있는 증서의 매매·교환 등을 중개하거나 그 매매를 업으로 하는 행위

> **주택법 제65조【공급질서 교란 금지】** ① 누구든지 이 법에 따라 건설·공급되는 <u>주택을 공급받거나 공급받게 하기 위하여</u> 다음 각 호의 어느 하나에 해당하는 <u>증서 또는 지위를 양도·양수</u> (매매·증여나 그 밖에 권리 변동을 수반하는 모든 행위를 포함하되, 상속·저당의 경우는 제외한다) 또는 이를 알선하거나 양도·양수 또는 이를 알선할 목적으로 하는 광고(각종 간행물·인쇄물·전화·인터넷, 그 밖의 매체를 통한 행위를 포함한다)<u>를 하여서는 아니 되며</u>, 누구든지 거짓이나 그 밖의 부정한 방법으로 이 법에 따라 건설·공급되는 증서나 지위 또는 주택을 공급받거나 공급받게 하여서는 아니 된다.
> 1. <u>주택을 공급받을 수 있는 지위</u>
> 2. <u>입주자저축 증서</u>
> 3. <u>주택상환사채</u>
> 4. 시장·군수·구청장이 발행한 무허가건물 확인서, 건물철거예정 증명서 또는 건물철거 확인서
> 5. 공공사업의 시행으로 인한 이주대책에 따라 주택을 공급받을 수 있는 지위 또는 이주대책대상자 확인서
> ② 국토교통부장관 또는 사업주체는 다음 각 호의 어느 하나에 해당하는 자에 대하여는 그 주택공급을 신청할 수 있는 <u>지위를 무효로 하거나 이미 체결된 주택의 공급계약을 취소하여야 한다.</u>
> 1. 제1항을 위반하여 증서 또는 지위를 양도하거나 양수한 자
> 2. 제1항을 위반하여 거짓이나 그 밖의 부정한 방법으로 증서나 지위 또는 주택을 공급받은 자

① 「주택법」에 따르면 부동산의 분양·임대 등과 관련 있는 금지증서를 양도·양수 또는 알선한 자는 모두 3년 이하의 징역 또는 3천만원 이하의 벌금에 처하도록 하고 있다. 따라서 거래당사자는 「주택법」 위반으로 처벌된다.

② 위 부동산의 분양·임대 등과 관련 있는 증서를 중개하거나 매매를 업으로 한 개업공인중개사 등은 「주택법」 위반(3년 이하의 징역 또는 3천만원 이하의 벌금)이면서 동시에 「공인중개사법」 위반(3년 이하의 징역 또는 3천만원 이하의 벌금)에 해당한다.

판례

1. 중개대상물로 규정한 '건물'에는 기존의 건축물뿐만 아니라 **장래에 건축될 건물**도 포함되어 있는 것이므로, **아파트의 특정 동, 호수에 대한 피분양자로 선정**되거나 **분양계약이 체결**된 후에 특정 아파트에 대한 매매를 중개하는 행위 등은 중개대상물인 **건물을 중개**한 것으로 볼 것이지 이를 「공인중개사법」 제33조 제5호에 의하여 개업공인중개사가 해서는 아니 될 부동산의 분양과 관련 있는 증서 등의 매매를 중개한 것으로 보아서는 안 된다(89도1885).
2. 상가 전부를 매도할 때 사용하려고 미리 **매각조건 등을 기재하여 인쇄해 놓은 양식에 매매대금과 그 지급기일 등 해당 사항을 기재한 분양계약서**를 교부한 경우, 그 분양계약서는 위 상가의 매매계약서일 뿐 「공인중개사법」 제33조 제5호 소정의 부동산 분양·임대 등과 관련이 있는 증서라고 볼 수 없다(93도773).

⑹ 중개의뢰인과 직접거래를 하거나 거래당사자 쌍방을 대리하는 행위

① **직접거래인 경우**

㉠ 직접거래를 적용하기 위해서는 먼저 개업공인중개사가 중개의뢰인으로부터 **중개의뢰를** 받았다는 점이 전제되어야 하고, 개업공인중개사가 중개의뢰인으로부터 의뢰받은 **매매·교환·임대차 등과 같은 권리의 득실변경에 관한 행위의 직접 상대방이 되는 경우**를 의미한다(판례).

㉡ 개업공인중개사 등이 중개의뢰를 받은 중개대상물에 대하여 중개의뢰인과 직접 매매, 교환, 임대차계약 등을 하는 행위는 모두 직접거래인 금지행위에 해당한다.

㉢ 직접거래가 금지되는 '중개의뢰인'에는 중개대상물의 소유자뿐만 아니라 거래에 관한 대리권을 수여받은 **대리인**이나 사무의 처리를 위탁받은 **수임인**도 포함된다(90도1872).

㉣ 개업공인중개사(아내)가 임대의뢰인으로부터 임대의뢰 받은 주택을 남편의 명의로 임대차계약을 체결한 경우도 금지행위에 해당한다(판례).

판례

개업공인중개사 등이 중개의뢰인과 직접 거래를 하는 행위를 금지하는 규정은 **효력규정**이 아닌 **단속규정**에 해당한다(2016다259677). 즉 중개의뢰인과의 계약이 무효가 되는 것은 아니다.

② **직접거래가 아닌 경우**

　㉠ 중개의뢰인이 아닌 자(생활정보지 등)와 거래하는 경우

　㉡ 개업공인중개사(甲)가 매도인으로부터 매도중개의뢰를 받은 **다른 개업공인중개사(乙)의 중개로 부동산을 매수**하여, 매수중개의뢰를 받은 **또 다른 개업공인중개사(丙)의 중개로 매도**한 경우에는 직접거래에 해당하지 않는다(90도2858).

③ **쌍방대리**

　㉠ 개업공인중개사 등이 **거래당사자 모두로부터 위임을 받아 쌍방을 대리하여 거래계약을 성사시키는 행위**는 3년 이하의 징역 또는 3천만원 이하의 벌금에 처한다. 거래당사자 중 일방의 이익을 해할 우려가 있기 때문에 쌍방대리를 하는 행위는 금지된다.

　㉡ 「민법」과 달리 본인의 허락이 있어도 직접거래 · 쌍방대리는 금지된다.

　㉢ 거래당사자 **일방을 대리하는 행위는 금지행위가 아니다.** 즉 임대의뢰인으로부터 위임을 받아 임차의뢰인과 임대차계약을 체결하는 행위는 금지행위에 해당하지 않는다.

> **[지문]**
>
> 1. 개업공인중개사가 매도의뢰인으로부터 대리권을 받은 **대리인과** 직접 매매계약을 체결한 행위: 금지행위(　　)
> 2. 개업공인중개사가 **매도의뢰인으로부터 위임을 받아** 매수의뢰인과 매매계약을 체결한 행위: 금지행위(　　)
> 3. 개업공인중개사가 매도의뢰인 및 매수의뢰인 모두를 대리하여 매매계약을 체결한 행위: 금지행위(　　)
>
> ▶정답 1. ○　2. ×　3. ○

⑺ **탈세 등 관계법령을 위반할 목적으로 소유권보존등기 또는 이전등기를 하지 않은 부동산의 매매를 중개하는 등 부동산 투기를 조장하는 행위**

① 조세부과를 면하려 하거나 다른 시점간의 이득을 얻으려는 목적으로 미등기 전매행위를 한 자는 「부동산등기 특별조치법」에 따라 3년 이하의 징역 또는 1억원 이하의 벌금에 처한다.

② 개업공인중개사 등이 이러한 **미등기 전매행위를 중개**한 경우 '부동산투기를 조장하는 행위'인 금지행위에 해당하여 「공인중개사법」에 따라 3년 이하의 징역 또는 3천만원 이하의 벌금에 처한다.

③ 개업공인중개사가 중개의뢰인의 미등기 전매를 중개하였으나 결과적으로 **전매차익을 올리지 못했더라도** 투기를 조장하는 행위에 해당한다(90누4464).

④ 무허가 건물을 중개하는 행위는 금지행위가 아니다.

⑻ **관계법령의 규정에 의하여 <u>전매 등 권리의 변동이 제한된 부동산의 매매를 중개하는 등</u> 부동산 투기를 조장하는 행위**

　－ 투기과열지구 내의 전매제한 중인 분양권의 매매를 알선하는 행위

⑼ **부당한 이익을 얻거나 제3자에게 부당한 이익을 얻게 할 목적으로 거짓으로 거래가 완료된 것처럼 꾸미는 등 중개대상물의 시세에 부당한 영향을 주거나 줄 우려가 있는 행위**

개업공인중개사 등이 부당이익(보수)을 얻거나 제3자(집주인 등)에게 부당한 이득을 얻게 할 목적으로 거래가격을 높인 허위계약이 완료된 것처럼 꾸며 중개대상물 시세 상승에 영향을 주는 행위를 할 수 없도록 하는 금지조항이다.

⑽ **단체를 구성하여 특정 중개대상물에 대하여 중개를 제한하거나 단체 구성원 이외의 자와 공동중개를 제한하는 행위**

개업공인중개사 등이 단체 구성원 이외의 개업공인중개사가 보유하는 중개대상물을 중개할 수 없도록 제한하거나 자신이 소속된 개업공인중개사의 단체 구성원 이외의 자와 공동중개를 할 수 없도록 제한하는 행위를 금지하는 조항이다.

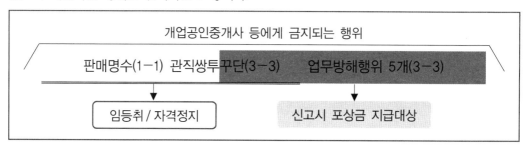

3. 법 제33조 제2항의 금지행위[업무방해행위]

① 법 제33조 제2항의 금지행위는 안내문, 온라인 커뮤니티 등을 활용하여 집값을 담합하고 개업공인중개사의 정당한 중개행위를 방해하는 행위를 근절하기 위하여 개업공인중개사 등에 대한 업무방해 금지규정이다. 법 제33조 제2항의 금지행위는 **개업공인중개사 등뿐만 아니라 일반인에게도 금지되는 규정**이므로 공인중개사법령에 따른 행정처분은 규정되어 있지 않으며 행정형벌 대상에만 포함된다.

② 제33조 제2항의 금지행위 어느 하나에 해당하는 규정을 위반한 자는 **3년 이하의 징역 또는 3천만원 이하의 벌금**에 처한다.

4. 법 제33조 제2항 금지행위의 내용

누구든지 시세에 부당한 영향을 줄 목적으로 다음의 어느 하나의 방법으로 **개업공인중개사 등의 업무를 방해해서는 아니 된다.**

(1) **안내문, 온라인** 커뮤니티 등을 이용하여 특정 개업공인중개사 등에 대한 중개의뢰를 제한하거나 제한을 유도하는 행위

(2) **안내문, 온라인** 커뮤니티 등을 이용하여 중개대상물에 대하여 시세보다 현저하게 높게 표시 · 광고 또는 중개하는 특정 개업공인중개사 등에게만 중개의뢰를 하도록 유도함으로써 다른 개업공인중개사 등을 부당하게 차별하는 행위

(3) **안내문, 온라인** 커뮤니티 등을 이용하여 특정 가격 이하로 중개를 의뢰하지 아니하도록 유도하는 행위

(4) 정당한 사유 없이 개업공인중개사 등의 중개대상물에 대한 **정당한 표시 · 광고 행위를 방해**하는 행위

(5) 개업공인중개사 등에게 중개대상물을 시세보다 **현저하게 높게 표시 · 광고하도록 강요**하거나 대가를 약속하고 시세보다 **현저하게 높게 표시 · 광고하도록 유도**하는 행위

제8절 | 신고센터의 설치 · 운영

1. 신고센터 설치 · 운영

(1) 설치 · 운영 사유

국토교통부장관은 부동산 시장의 건전한 거래질서를 조성하기 위하여 부동산거래질서교란행위 **신고센터를 설치 · 운영**할 수 있다. 누구든지 부동산중개업 및 부동산 시장의 건전한 거래질서를 해치는 다음의 **부동산거래질서교란행위**를 발견하는 경우 그 사실을 신고센터에 신고할 수 있다.

(2) 부동산거래질서교란행위의 종류

① 3년 이하의 징역 또는 3천만원 이하의 벌금 사유는 모두 포함됨

- 무거관직쌍투꾸단 + 5개
- ㉠ 무등록 ㉡ 거짓 부정 등록 ㉢ 분양과 관련 있는 증서 ㉣ 직접거래 ㉤ 쌍방대리
- ㉥ 투기조장행위 ㉦ 꾸미는 ㉧ 단체 ㉨ 5개(안내문·온라인 3가지, 방해, 강요, 유도)

② 1년 이하의 징역 또는 1천만원 이하의 벌금 사유 가운데 일부 제외한 나머지

- 양양이사오 판매명수 비아
- ㉠ 성명, 자격증 양도·대여, 양수·대여, 알선
- ㉡ 성명, 상호, 등록증 양도·대여, 양수·대여, 알선
- ㉢ 이중등록, 이중소속, 이중사무소·임시시설물
- ㉣ 중개보조원 5배수 초과
- ㉤ 판단, 매매업, 무등록중개업자에게 명의, 중개보수 초과
- ㉥ 비밀누설
- ㉦ 개공이 아닌 자로서 사무소 명칭에 "공인중개사사무소", "부동산중개", 유사명칭 사용
- ㉧ 공인중개사 아닌 자로서 "공인중개사", 유사명칭 사용
- 1-1 사유 가운데 교란행위에서 제외되는 것(의아)
- ㉠ **거래정보사업자**로서 개업공인중개사로부터 의뢰받지 않은 정보를 공개하거나, 의뢰받은 내용과 다르게 공개하거나 개업공인중개사에 따라 정보를 차별적으로 공개한 자
- ㉡ **개업공인중개사가 아닌 자로서** 중개업을 하기 위해 중개대상물 표시·광고를 한 자

③ 행정처분 사유와 과태료 사유에서 교란행위에 해당하는 것

- 임의적 등록취소(법, 둘)
- ㉠ 법인인 개업공인중개사로서 겸업제한을 위반한 자
- ㉡ 거래계약서에 거래금액을 거짓으로 기재하거나, 서로 다른 둘 이상의 거래계약서를 작성한 자

- 500만원 이하의 과태료(알, 설명)
- ㉠ 중개의뢰인에게 중개보조원이라는 사실을 미리 알리지 아니한 자
- ㉡ 성실·정확하게 확인·설명 하지 아니하거나 설명의 근거자료를 제시하지 아니한 자

- 100만원 이하의 과태료(게, 문자)
- ㉠ 중개사무소등록증 등의 게시의무를 위반한 자
- ㉡ 개업공인중개사로서 사무소 명칭에 "공인중개사사무소" 또는 "부동산중개"라는 문자를 사용하지 아니한 자 및 옥외광고물에 성명표기 의무를 위반한 자

- 주택 임대차 중개시 설명의무 위반
- ㉠ 임대차 중개시 확정일자부여기관에 정보제공을 요청할 수 있다는 사항
- ㉡ 임대인이 납부하지 아니한 국세 및 지방세의 열람을 신청할 수 있다는 사항을 설명하지 아니한 자

④ 「부동산 거래신고 등에 관한 법률」

- 3,000만원 이하 과태료(불불), 500만원 이하 과태료(아아조요), 10% 이하 과태료(거짓 신고)
  - ㉠ 부동산 거래신고 : 신고하지 아니한 자, 신고의무자 또는 신고의무자가 아닌 자로서 거짓으로 신고한 자, 신고를 하지 아니하게 하거나 거짓 신고를 요구한 자, 거짓신고를 조장하거나 방조한 자, 매매계약을 체결하지 아니하였음에도 불구하고 거짓으로 신고한 자
  - ㉡ 해제등 신고 : 신고하지 아니한 자, 거짓신고를 조장하거나 방조한 자, 해제등이 되지 아니하였음에도 불구하고 거짓으로 신고한 자

⑤ 교란행위가 아닌 대표적 사유

- ㉠ 손해배상책임을 보장하기 위한 조치(보증)를 이행하지 아니하고 중개업을 한 자
- ㉡ 개업공인중개사로서 중개대상물 표시·광고시 중개사무소 및 개업공인중개사에 관한 사항을 명시하지 아니한 자, 중개보조원을 함께 명시한 자, 인터넷 표시·광고시 중개대상물을 명시하지 아니한 자
- ㉢ 개업공인중개사로서 부당한 표시·광고(존존존빠다과자)를 한 자
- ㉣ 개업공인중개사가 아닌 자로서 중개대상물의 표시·광고를 한 자

(3) 신고센터 수행업무

신고센터는 다음의 업무를 수행한다.

① 부동산거래질서교란행위 신고의 **접수 및 상담**

② 신고사항에 대한 확인 또는 시·도지사 및 등록관청 등에 신고사항에 대한 조사 및 조치 요구

③ 신고인에 대한 신고사항 처리 결과 통보

(4) 신고센터 수행업무의 위탁

① 국토교통부장관은 부동산거래질서교란행위 신고센터의 업무를 「한국부동산원법」에 따른 **한국부동산원**에 위탁한다(영 제36조 제4항).

② 한국부동산원은 신고센터의 업무 처리 방법, 절차 등에 관한 **운영규정**을 정하여 국토교통부장관의 **승인**을 받아야 한다. 이를 변경하려는 경우에도 또한 같다.

2. 신고센터의 운영 및 업무처리절차

(1) 신고센터의 업무처리절차

① 신고센터에 부동산거래질서교란행위를 신고하려는 자는 다음의 사항을 **서면(전자문서 포함)**으로 제출해야 한다. 신고센터는 신고사항에 대한 보완이 필요한 경우 기간을 정하여 신고자로 하여금 보완하게 할 수 있다.

> ㉠ 신고인 및 피신고인의 **인적사항**
> ㉡ 부동산거래질서교란행위의 발생일시·장소 및 그 내용
> ㉢ 신고 내용을 증명할 수 있는 증거자료 또는 참고인의 인적사항
> ㉣ 그 밖에 신고 처리에 필요한 사항

② 신고센터는 제출받은 신고사항에 대해 시·도지사 및 등록관청 등에 조사 및 조치를 **요구해야 한다.**

③ 신고센터의 요구를 받은 **시·도지사 및 등록관청** 등은 신속하게 조사 및 조치를 완료하고, **완료한 날부터 10일 이내에 그 결과를 신고센터에 통보**해야 한다.

④ 신고센터는 시·도지사 및 등록관청 등으로부터 처리 결과를 통보받은 경우 신고인에게 신고사항 처리 결과를 통보해야 한다.

⑤ **신고센터는 매월 10일까지** 직전 달의 신고사항 접수 및 처리 결과 등을 **국토교통부장관에게 제출**해야 한다.

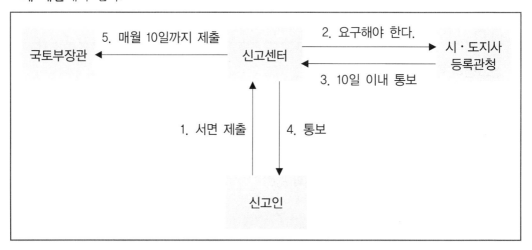

(2) 신고센터의 업무처리의 종결

신고센터는 다음의 어느 하나에 해당하는 경우에는 **국토교통부장관의 승인**을 받아 접수된 신고사항의 처리를 종결할 수 있다.

> ㉠ 신고내용이 명백히 거짓인 경우
> ㉡ 신고자가 신고사항의 보완요청을 받고도 보완을 하지 않은 경우
> ㉢ 신고사항의 처리결과를 통보받은 사항에 대하여 정당한 사유 없이 다시 신고한 경우로서 새로운 사실이나 증거자료가 없는 경우
> ㉣ 신고내용이 이미 수사기관에서 수사 중이거나 재판이 계속 중이거나 법원의 판결에 의해 확정된 경우

Chapter 06

개업공인중개사의 보수

출제 Point 중개보수 및 실비의 이론과 계산문제가 총 2문제 정도 출제된다.

제1절 중개보수

1. 중개보수 청구권

(1) 중개보수의 지급시기

① 중개보수의 지급시기는 대통령령으로 정한다.

② **대통령령**: 중개보수의 지급시기는 개업공인중개사와 중개의뢰인 간의 약정에 따르되, 약정이 없을 때에는 **거래대금 지급이 완료된 날**로 한다.

▶ 지급시기는 약정에 따라 거래계약이 체결된 날로 할 수 있다. (○)

▶ 지급시기는 약정이 없는 한 거래계약이 체결된 날로 한다. (×)

(2) 중개보수 청구권의 소멸

① 개업공인중개사의 고의·과실로 거래당사자 간의 거래계약이 무효·취소·해제된 경우 중개보수를 받을 수 없다.

② 개업공인중개사의 고의·과실 없이 거래당사자 간의 사정으로 거래계약이 무효·취소 또는 해제된 경우에는 중개보수를 받을 수 있다.

판례

1. 중개대상물에 대한 **계약이 완료되지 않을 경우에도 중개행위에 상응하는 보수를 지급하기로 약정**할 수 있다. 이러한 보수는 계약이 완료되었을 경우에 적용되었을 중개보수 한도를 초과할 수는 없다(2017다243723).

2. 중개보수 초과금지 규정은 **공매** 대상 부동산 **취득의 알선**에 대해서도 **적용**된다(2017다243723).
   ※ **설명**: 공매는 강제매각으로서 매매의 성격도 갖고 있으므로 공매 부동산의 취득의 알선은 매매에 관한 취득의 알선이라고 볼 수도 있다.

3. 거래당사자 간의 계약을 알선하였더라도, **중개업무를 의뢰하지 않은 거래당사자로부터 별도의 지급 약정 등 특별한 사정이 없는 한** 원칙적으로 **중개보수를 받을 수 없다**(2023다252162).

2. 중개보수의 범위

(1) 주택의 중개보수 요율

① 주택(부속토지 포함)에 대한 중개보수는 **국토교통부령으로 정하는 범위 안에서 시·도 조례로 정한다.**

② **국토교통부령의 범위**: 주택의 중개에 대한 보수는 중개의뢰인 **쌍방**으로부터 **각각** 받되, 그 **일방**으로부터 받을 수 있는 한도는 [별표 1]과 같으며, 그 금액은 **시·도의 조례로 정하는 요율한도 이내에서** 중개의뢰인과 개업공인중개사가 서로 **협의**하여 결정한다.

▌**공인중개사법 시행규칙** [별표 1] 〈신설 2021. 10. 19.〉

주택 중개보수 상한요율

거래내용	거래금액	상한요율	한도액
1. 매매·교환	5천만원 미만	1천분의 6	25만원
	5천만원 이상 2억원 미만	1천분의 5	80만원
	2억원 이상 9억원 미만	1천분의 4	
	9억원 이상 12억원 미만	1천분의 5	
	12억원 이상 15억원 미만	1천분의 6	
	15억원 이상	**1천분의 7**	
2. 임대차 등	5천만원 미만	1천분의 5	20만원
	5천만원 이상 1억원 미만	1천분의 4	30만원
	1억원 이상 6억원 미만	1천분의 3	
	6억원 이상 12억원 미만	1천분의 4	
	12억원 이상 15억원 미만	1천분의 5	
	15억원 이상	**1천분의 6**	

(2) 주택 외의 중개보수 요율

① 주택 외의 중개대상물의 중개보수는 **국토교통부령으로 정한다.** ▶시·도 조례×

② **아래 요건을 갖춘 오피스텔**: 매매·교환 1천분의 5, 임대차 등 1천분의 4

> [「건축법 시행령」 [별표 1]에 따른 아래의 요건을 모두 갖춘 오피스텔]
> ㉠ 전용면적이 85m² **이하**일 것
> ㉡ 상·하수도 시설이 갖추어진 전용입식 부엌, 전용수세식 화장실 및 목욕시설 (전용수세식 화장실에 목욕시설을 갖춘 경우를 포함)을 갖출 것

③ **위 오피스텔을 제외한 주택 외의 중개대상물**: 중개의뢰인 쌍방으로부터 각각 받되, 매매·교환·임대차 등 모두 거래금액의 **1천분의 9 이내에서** 중개의뢰인과 개업공인중개사가 서로 **협의**하여 결정한다.

> ㉠ 85m² **초과** 또는 부엌·화장실·목욕시설 갖추지 못한 오피스텔
> ㉡ 상가
> ㉢ 토지
> ㉣ 입목·광업재단·공장재단

④ 개업공인중개사는 주택 외의 중개대상물에 대하여 각각의 요율 범위 안에서 실제 자기가 받고자 하는 중개보수의 상한요율을 중개보수·실비의 요율 및 한도액표에 명시해야 하며, 이를 초과하여 중개보수를 받아서는 아니 된다.

3. 중개보수의 계산

(1) 중개보수의 산정방법

① **매매**: '거래금액 × 요율'로 하되 한도액이 있는 경우 한도액을 초과하지 않도록 한다.

② **교환계약**: 거래금액이 큰 중개대상물의 가액을 거래금액으로 한다.

③ **임대차 중 보증금 외에 차임이 있는 경우**: **월 단위의 차임액에 100을 곱한 금액을 보증금에 합산**한 금액을 거래금액으로 한다. 다만, 본문의 규정에 따라 합산한 금액이 **5천만원 미만**인 경우에는 **월 단위의 차임액에 70을 곱한 금액과 보증금을 합산**한 금액을 거래금액으로 한다.

$$보증금 + (차임 × 100) \xrightarrow[\text{5,000만원 미만이면}]{\text{5,000만원 이상이면}} 보증금 + (차임 × 70)$$

> ㉠ 보증금 1,000만원, 월차임 30만원
> · 거래금액 = 1,000 + (30 × 70) = 3,100
> · 주택(0.5%): 155,000원   · 오피스텔(0.4%): 124,000원   · 상가(0.9%): 279,000원
>
> ㉡ 보증금 1,000만원, 월차임 70만원
> · 거래금액 = 1,000 + (70 × 100) = 8,000
> · 주택(0.4%) 한도액 30만원: 30만원   · 오피스텔(0.4%): 32만원
> · 상가(0.9%): 72만원
>
> ㉢ 보증금 1,000만원, 월차임 40만원
> · 거래금액 = 1,000 + (40 × 100) = 5,000
> · 주택(0.4%): 20만원   · 오피스텔(0.4%): 20만원   · 상가(0.9%): 45만원

④ **분양권 매매**: 거래당사자가 거래당시 수수하게 되는 총 대금(계약금, 기 납부한 중도금에 프리미엄을 합산한 금액)을 거래금액으로 한다.

⑤ 상가 권리금은 거래금액에 포함시키지 않으며, 권리금 수수의 알선에 대하여 별도의 보수를 받을 수 있다.

예 제

[주택의 매매]

1. 개업공인중개사가 매매대금 1억 8천만원인 아파트에 대하여 매매계약을 중개한 경우 매도인으로부터 받을 수 있는 중개보수의 상한액은?

   해설 주택의 매매이며 시·도 조례의 요율을 적용한다. 1억 8천 × 0.5% = 90만원
   그러나 한도액이 80만원이므로 매도인으로부터 80만원을 받을 수 있다.

[주택의 교환]

2. 매매대금 2억 1천만원인 아파트와 매매대금 1억 9천만원인 단독주택의 교환계약을 중개한 경우 거래당사자로부터 받을 수 있는 중개보수의 총액은?

   해설 가격이 큰 것을 거래금액으로 하며, 시·도 조례의 요율을 적용한다.
   2억 1천 × 0.4% = 84만원 거래당사자로부터 168만원을 받을 수 있다.

[아파트 분양권 매매]

3. 甲은 분양가격 3억원인 아파트에 분양계약을 체결하고 계약금, 중도금으로 6천만원을 납부한 상태에서 프리미엄 2,000만원이 붙어 분양권을 매도하였다. 개업공인중개사가 이 분양권 매매를 중개하고 甲으로부터 받을 수 있는 중개보수는 얼마인가?

   해설 주택의 매매이며 시·도 조례의 요율을 적용한다.
   거래금액 = 6,000 + 2,000 = 8,000
   甲으로부터 받을 수 있는 중개보수 = 8,000 × 0.5% = 40만원

[오피스텔 매매]

4. 개업공인중개사가 甲 소유의 전용면적 89m² 오피스텔을 乙에게 2억원에 매매하는 계약을 중개하고 甲으로부터 받을 수 있는 중개보수의 최고한도액은? (상·하수도 시설이 갖추어진 전용입식 부엌, 전용수세식 화장실 및 목욕시설을 갖춤)

   해설 85m² 초과 오피스텔 매매이므로 요율은 0.9%이다.
   甲으로부터 받을 수 있는 중개보수 = 2억 × 0.9% = 180만원

---

(2) 중개보수의 적용기준

① **동일**한 중개대상물에 대하여 **동일 당사자** 간에 매매를 포함한 둘 이상의 거래가 **동일** 기회에 이루어지는 경우에는 매매계약에 관한 거래금액만을 적용한다.

예 제 ▶

[동일 당사자 간의 거래]

5. 甲소유 주택에 대하여 2억원에 乙과 매매계약의 체결을 알선하였고 동시에 乙이 매수한 그 주택을 甲이 보증금 2천만원, 월차임 20만원으로 임차하는 계약을 중개하였다. 이 경우 甲으로부터 받을 수 있는 중개보수는 총 얼마인가?

해설 동일 당사자 간에 매매와 임대차가 동일한 기회에 이루어진 경우이므로 매매에 관해서만 중개보수를 받을 수 있다. 중개보수 = 2억 × 0.4% = 80만원

[동일 당사자 간이 아닌 거래]

6. 매도인(甲)과 매수인(乙) 간에 X주택을 2억원에 매매하는 계약을 체결하고 동시에 乙이 임차인 (丙)에게 X주택을 보증금 2천만원, 월차임 20만원에 임대하는 계약을 체결하였다. A가 乙에게 받을 수 있는 중개보수의 최고액은?

해설 동일 당사자 간 계약이 아니므로 乙로부터는 매매와 임대차에 관한 중개보수를 모두 받을 수 있다.
매매 중개보수 = 2억원 × 0.4% = 80만원
임대차 중개보수 : 2,000 + (20 × 70) = 3,400만원, 3,400 × 0.5% = 17만원
따라서 乙로부터 97만원을 받을 수 있다.

② 건축물 중 **주택의 면적이 2분의 1 이상**인 경우에는 **주택**의 중개보수를 적용하고, 주택의 면적이 2분의 1 미만인 경우에는 주택 외의 중개보수를 적용한다.
▶ **주택의 면적이 2분의 1인 경우 : 주택**

예 제 ▶

[주택과 주택 외의 복합건물]

7. 개업공인중개사가 X시에 소재하는 주택의 면적이 3분의 1인 건축물에 대하여 매매와 임대차계약을 동시에 중개하였다. 개업공인중개사가 甲으로부터 받을 수 있는 중개보수의 최고한도액은?
〈계약 조건〉
1. 계약당사자 : 甲(매도인, 임차인)과 乙(매수인, 임대인)
2. 매매계약 : 1) 매매대금 : 1억원, 2) 매매계약에 대하여 합의된 중개보수 : 100만원
3. 임대차계약 : 1) 임대보증금 : 3천만원, 2) 월차임 : 30만원, 3) 임대기간 : 2년

해설 동일 당사자 간의 매매와 임대차를 동시에 중개한 경우이므로, 매매에 관한 중개보수만 받을 수 있다. 주택의 면적이 2분의 1 미만이므로, 주택 외의 중개대상물로 중개보수를 계산해야 한다.
매매금액 1억원 × 요율 0.9% = 중개보수 90만원
100만원으로 합의되었더라도 초과부분은 무효이므로, 중개보수는 90만원이다.

③ 중개대상물의 소재지와 개업공인중개사의 사무소의 소재지가 다른 경우에는 **사무소의 소재지를 관할하는 시 · 도의 조례로 정한 기준**에 따라 중개보수 및 실비를 받아야 한다.
▶ **언제나 내 사무소에 걸려 있는 메뉴판대로**

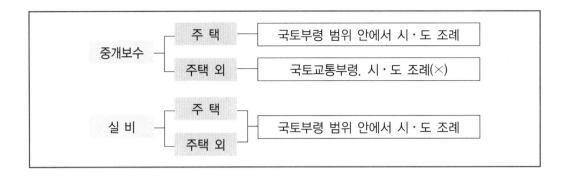

제2절 **실 비**

1. 실비의 범위

① 실비의 한도 등에 관하여 필요한 사항은 **국토교통부령이 정하는 범위 안에서 시·도 조례로 정한다.**

② **국토교통부령의 범위**: 개업공인중개사는 중개의뢰인으로부터 중개대상물의 권리관계 등의 확인에 소요되는 실비 또는 계약금 등의 반환채무이행 보장에 소요되는 실비를 받을 수 있다.

③ 중개보수 외에 별도로 실비를 받을 수 있다.

2. 실비의 청구대상

① 중개대상물의 권리관계 등의 확인에 소요되는 비용은 영수증 등을 첨부하여 **매도·임대** 그 밖의 권리를 **이전**하고자 하는 중개**의뢰인**에게 청구할 수 있다.

② 계약금 등의 반환채무이행 보장에 소요되는 비용은 **매수·임차** 그 밖의 권리를 **취득**하고자 하는 중개**의뢰인**에게 청구할 수 있다.

▪ **실비의 한도**(서울특별시 조례)

구 분	산출내역
중개대상물의 권리관계 등의 확인에 소요되는 실비	가. 제 증명서·발급·열람 수수료 나. 교통비·숙박비 등 여비 다. 제 증명서·공부의 발급·열람 대행비: 건당 1천원
계약금 등의 지급·반환채무 이행 보장에 소요되는 실비	가. 계약금 등의 금융기관 등에의 예치수수료 나. 계약금 등의 지급 또는 반환의 보증을 위한 보험: 공제가입비 다. 제 증명서·발급·열람 수수료 라. 교통비·숙박비 등의 여비

Chapter 07

부동산거래정보망 및 협회

출제 Point 부동산거래정보망에서 1문제, 협회에서 2문제 가량 출제된다.

| 제1절 | **부동산거래정보망** |

1. 거래정보사업자의 지정 등

(1) 거래정보사업자 지정

① 부동산거래정보망이란 **개업공인중개사 상호 간**에 부동산의 매매 등에 관한 정보를 교환하는 체계이며, 개업공인중개사들이 매물을 공유하는 인터넷 통신망을 말한다.

② **국토교통부장관**은 부동산거래정보망을 설치 · 운영할 자를 **지정**할 수 있다(법 제24조).

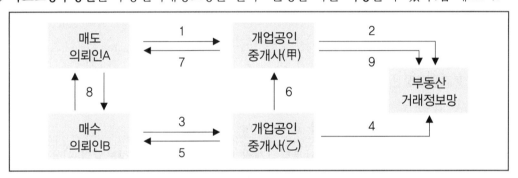

주의 정보망을 통한 공동중개를 하는 경우 참여한 개업공인중개사는 거래계약서 및 확인 · 설명서에 공동으로 서명 및 날인해야 하며, 부동산거래신고도 공동으로 해야 한다.

(2) 거래정보사업자 지정요건

① 「전기통신사업법」의 규정에 의하여 **부가통신사업자로 신고한 자**일 것

② 가입 · 이용신청을 한 **개업공인중개사**의 수가 500명 이상이고 2개 이상의 시 · 도에서 각각 30명 이상의 개업공인중개사가 가입 · 이용신청을 하였을 것

③ **정보처리기사** 1명 이상을 확보할 것

④ **공인중개사** 1명 이상을 확보할 것

⑤ 국토교통부장관이 정하는 용량 및 성능을 갖춘 컴퓨터설비를 확보할 것

주의 법인인 개업공인중개사는 제14조의 업무로 겸업의 제한을 받으므로 거래정보사업자로 지정받을 수 없다.

(3) 거래정보사업자 지정절차

① 부동산거래정보망을 설치 · 운영할 자로 지정받으려는 자는 지정신청서에 다음의 서류를 첨부하여 국토교통부장관에게 제출해야 한다. 이때, 신청인이 법인인 경우 국토교통부장관은 「전자정부법」에 따라 행정정보의 공동이용을 통하여 **법인 등기사항증명서**를 확인하여야 한다.

  ㉠ 「전기통신사업법」에 따라 부가통신사업신고서를 제출하였음을 확인할 수 있는 서류
  ㉡ 500명 이상의 개업공인중개사로부터 받은 부동산거래정보망 가입 · 이용신청서 및 **중개 사무소등록증 사본**
  ㉢ 정보처리기사 1인 이상의 자격증 사본
  ㉣ **공인중개사 1인 이상의 자격증 사본**
  ㉤ 주된 컴퓨터의 용량 및 성능 등을 확인할 수 있는 서류

  > **주의**
  > 1. **공인중개사 자격증 발급 시 · 도 기재하는 신청서(신고서)**
  >   ① 중개사무소 개설등록신청서
  >   ② 분사무소 설치신고서
  >   ③ 소속공인중개사 고용신고서
  > 2. 위 신청서(신고서)에는 공인중개사자격증 사본을 첨부하지 않는다. 등록관청은 자격증을 발급한 시 · 도지사에게 공인중개사 자격확인을 요청해야 한다.

② 국토교통부장관은 지정신청을 받은 날부터 **30일 이내**에 이를 검토하여 지정기준에 적합하다고 인정되는 경우에는 거래정보사업자로 지정하고, 거래정보사업자지정대장에 기재한 후에 **거래정보사업자지정서를 교부**하여야 한다.

③ 거래정보사업자는 **지정받은 날부터 3개월 이내**에 부동산거래정보망의 이용 및 정보제공방법 등에 관한 **운영규정**을 정하여 국토교통부장관의 **승인**을 얻어야 한다. 운영규정을 **변경**하고자 하는 때에도 **승인**을 얻어야 한다.

  > **주의**
  > 1. 지정을 받으려는 자는 미리 운영규정을 정하여 국장의 승인을 얻어야 한다. (×)
  > 2. **운영규정에 정할 내용**
  >   ① 부동산거래정보망에의 등록절차
  >   ② 자료의 제공 및 이용방법에 관한 사항
  >   ③ 가입자에 대한 회비 및 그 징수에 관한 사항
  >   ④ 거래정보사업자 및 가입자의 권리 · 의무에 관한 사항

④ 정당한 사유 없이 지정받은 날부터 **1년 이내**에 부동산거래정보망을 설치 · 운영하지 아니한 경우 국토교통부장관은 지정을 **취소할 수 있다.**

2. 거래정보사업자 및 개업공인중개사의 의무

⑴ **거래정보사업자의 의무**(지정취소 & 1년 이하 징역 또는 1천만원 이하 벌금)

① 거래정보사업자는 **개업공인중개사로부터 공개를 의뢰받은 중개대상물의 정보에 한정**하여 이를 부동산거래정보망에 공개해야 한다.

② 개업공인중개사로부터 **의**뢰받은 내용과 다르게 정보를 공개하거나, 어떠한 방법으로든지 개업공인중개사에 따라 정보가 **차**별적으로 공개되도록 하여서는 아니 된다.

⑵ **개업공인중개사의 의무**(순수 업무정지, 기준기간 ① 6개월 ② 3개월)

① 부동산거래정보망에 중개대상물에 관한 **정**보를 거짓으로 공개하여서는 안 된다.

② 개업공인중개사는 해당 중개대상물의 거래가 완성된 때에는 **지**체 없이 이를 해당 거래정보사업자에게 통보하여야 한다.

3. 거래정보사업자의 지정취소

국토교통부장관은 거래정보사업자가 다음의 어느 하나에 해당하는 때에는 사업자 **지정을 취소할 수 있다.** ▶**지정을 취소해야 한다.** (×)

① **거**짓 그 밖의 부정한 방법으로 지정을 받은 경우
② **운**영규정의 승인을 받지 않거나, 변경승인을 받지 않거나 운영규정에 위반한 경우 500과
③ 개업공인중개사로부터 **의**뢰받지 않은 정보를 공개한 경우, 개업공인중개사로부터 **의**뢰받은 정보와 다르게 공개한 경우, 개업공인중개사에 따라 정보가 **차**별적으로 공개되도록 한 경우 1−1
④ 개인인 거래정보사업자의 사망 또는 법인인 거래정보사업자의 **해**산 등으로 정보망의 계속적인 운영이 불가능한 경우
⑤ 지정을 받은 날로부터 1년 이내에 부동산거래정보망을 설치·운영하지 아니한 경우

┌──────┐
│ 지문 │
└──────┘

1. 국토교통부장관은 ④를 제외한 사유로 거래정보사업자 지정을 취소하고자 하는 경우에는 청문을 실시해야 한다.
2. 법인인 거래정보사업자의 해산으로 사업자 지정을 취소하고자 하는 때에는 청문을 실시해야 한다. ( )
3. 운영규정을 위반한 것을 이유로 사업자 지정을 취소하고자 하는 때에는 청문을 실시해야 한다. ( )

▶정답 **2.** × **3.** ○

거래정보사업자 지정신청서		처리기간
		30일
신청인	**개인, 법인, 외국인**	
전문인력		
주요설비		

신청인(대표자) 제출서류	담당공무원 확인사항
1. 부동산거래정보망 가입·이용신청서 및 그 개업공인중개사의 **등록증 사본** 2. 공인중개사 1명 이상의 **자격증 사본** 3. 정보처리기사 1명 이상의 **자격증 사본** 4. 주된 컴퓨터의 용량 및 성능 등을 알 수 있는 서류 5. 「전기통신사업법」에 따라 부가통신사업신고서를 제출하였음을 확인할 수 있는 서류	법인등기사항 증명서 (법인인 경우에 한정한다)

신청하는 곳	국토교통부	수수료	**없 음**

부동산거래정보망가입·이용신청서			
신청인	개업공인중개사		
거래정보사업자			
구비서류	**중개사무소등록증 사본** 1부		
신청하는 곳	거래정보사업자	수수료	없 음

제2절 | 공인중개사협회

1. 설립 및 구성

(1) 협회의 법적 성격

협회는 법인으로 한다. 이 법에 정해진 것 외에는 「민법」 중 사단법인에 관한 규정을 적용한다.

▶ 상법(×), 재단법인(×), 조합(×)

(2) 설립절차(정관작성 ⇨ 창립총회 ⇨ 설립인가 ⇨ 설립등기)

협회는 회원 300인 이상이 발기인이 되어 정관을 작성하여 창립총회의 의결을 거친 후 국토교통부장관의 인가를 받아 그 주된 사무소의 소재지에서 설립등기를 함으로써 성립한다.

> **주의**
>
> 1. 창립총회: 발기인이 작성하여 서명·날인한 정관에 대하여 회원 600인 이상이 출석한 창립총회에서 출석한 회원 과반수의 동의를 얻어 국토교통부장관의 설립인가를 받아야 한다.
> 2. 창립총회에는 서울특별시에서는 100인 이상, 광역시·도 및 특별자치도에서는 각각 20인 이상의 회원이 참여해야 한다.

(3) 협회의 구성

① 정관이 정하는 바에 따라 시·도에 지부를, 시(구가 설치되지 아니한 시와 특별자치도의 행정시를 말한다)·군·구에 지회를 둘 수 있다. 지부를 설치한 때에는 시·도지사에게 신고해야 하며, 지회를 설치한 때에는 등록관청에 신고해야 한다.

② 협회는 총회의 의결내용을 지체 없이 국토교통부장관에게 보고해야 한다.

> **주의**
>
> 1. 협회는 각 시·도에 지부를 두어야 한다. (×)
> 2. 지부를 설치한 때에는 등록관청에 신고해야 한다. (×)
> 3. 협회는 총회의 의결내용을 10일 이내에 국토교통부장관에게 보고해야 한다. (×)

2. 협회에 대한 지도·감독 등

① 국토교통부장관은 협회와 그 지부 및 지회를 지도·감독하기 위하여 필요한 때에는 그 업무에 관한 사항을 보고하게 하거나 자료의 제출 그 밖에 필요한 명령을 할 수 있으며, 소속 공무원으로 하여금 그 사무소에 출입하여 장부·서류 등을 조사 또는 검사하게 할 수 있다.

② 사무소의 출입·검사 등을 하는 공무원은 국토교통부령으로 정하는 증표(공무원증 및 협회조사·검사증명서)를 지니고 상대방에게 내보여야 한다.

③ **보고**, 자료의 **제출**, 조사 또는 검사를 **거부·방해** 또는 **기피**하거나 그 밖의 **명령**을 이행하지 아니하거나 **거짓**으로 **보고** 또는 자료**제출**을 한 경우 국토교통부장관이 500만원 이하의 과태료를 부과한다.

> **주의**
>
> **[국토교통부장관 – 협회 – 500만원 이하의 과태료]**
> 1. 공제사업 운용실적을 공시하지 아니한 경우
> 2. 보고, 제출, 조사 또는 검사를 거부·방해 또는 기피하거나 그 밖의 **명령**을 이행하지 아니하거나 거짓으로 보고 또는 자료제출을 한 경우
> 3. 국토교통부장관의 임원에 대한 **징계·해임** 요구 또는 시정명령을 이행하지 않은 경우
> 4. 금융감독원장의 공제사업에 관한 조사 또는 **검사**에 불응한 경우
> 5. 국토교통부장관의 공제사업 **개선명령**을 이행하지 않은 경우

3. 협회의 업무

(1) 협회의 고유업무

① 회원의 품위유지를 위한 업무

② 부동산중개제도의 연구·개선에 관한 업무

③ 회원의 자질향상을 위한 지도와 교육 및 연수에 관한 업무

④ 회원의 윤리헌장 제정 및 그 실천에 관한 업무

⑤ **부동산정보제공에 관한 업무**

⑥ 공제사업. 이 경우 공제사업은 **비영리사업으로서 회원 간의 상호부조를 목적**으로 한다.

> **판례**
>
> 협회가 운영하는 공제제도는 개업공인중개사가 그의 불법행위 또는 채무불이행으로 인하여 거래당사자에게 부담하게 되는 **손해배상책임을 보증하는 보증보험적 성격을 가진 제도**라고 보아야 할 것이므로, 그 공제약관에 공제 가입자인 개업공인중개사의 고의로 인한 사고의 경우까지 공제금을 지급하도록 규정되었다고 하여 이것이 공제제도의 본질에 어긋난다거나 고의, 중과실로 인한 보험사고의 경우 보험자의 면책을 규정한 상법의 취지에 어긋난다고 볼 수 없다(94다47261).

(2) 협회가 위탁받을 수 있는 업무

① 시·도지사는 협회에 실무교육, 직무교육, 연수교육에 관한 업무를 위탁할 수 있다.

② 시험시행기관장은 협회에 공인중개사 자격시험 시행에 관한 업무를 위탁할 수 있다.

4. 공제사업

(1) 공제사업 및 공제규정

① 협회는 개업공인중개사의 손해배상책임을 보장하기 위하여 공제사업을 할 수 있다.

② 협회는 공제사업을 하고자 하는 때에는 **공제규정**을 제정하여 국토교통부장관의 **승인**을 얻어야 하며, 공제규정을 **변경**하고자 할 때에도 또한 같다.

③ **공제규정의 내용**

> ㉠ 공제계약의 내용 : 공제료는 공제사고 발생률, 보증보험료 등을 종합적으로 고려하여 결정한 금액으로 한다.
> ㉡ 회계기준 : 공제사업을 손해배상기금과 복지기금으로 구분하여 각 기금별 목적 및 회계원칙에 부합되는 세부기준을 정한다.
> ㉢ 책임준비금의 적립비율 : 공제사고 발생율 및 공제금 지급액 등을 종합적으로 고려하여 결정하되 **공제료 수입액의 100분의 10 이상**으로 적립해야 한다.
> ▶ 협회 총수입액(×)

④ 협회는 공제사업을 다른 회계와 구분하여 별도의 회계로 관리해야 하며, **책임준비금**을 다른 용도로 사용하고자 하는 경우에는 **국토교통부장관의 승인**을 얻어야 한다.

⑤ **운용실적 공시** : 협회는 공제사업 **운용실적**을 매회계년도 종료 후 3**개월** 이내에 일간신문 또는 협회보에 공시하고 협회의 인터넷 홈페이지에 게시해야 한다.
▶ **국토교통부장관 ─ 500만원 이하의 과태료**

(2) 공제사업의 운영 등

① **조사 또는 검사** : **금융감독원의 원장**은 국토교통부장관의 요청이 있는 경우에는 공제사업에 관하여 조사 또는 **검사**를 할 수 있다.
▶ **국토교통부장관 ─ 500만원 이하의 과태료**

② **공제사업 운영의 개선명령(개선조치)** : **국토교통부장관**은 협회의 공제사업 운영이 적정하지 아니하거나 자산상황이 불량하여 중개사고 피해자 및 공제 가입자 등의 권익을 해칠 우려가 있다고 인정되면 다음의 **조치**를 명할 수 있다.

> ㉠ 업무집행방법의 **변경**
> ㉡ 자산예탁기관의 **변경**
> ㉢ 자산의 장부가격의 **변경**
> ㉣ **불건전한** 자산에 대한 적립금의 보유
> ㉤ 가치가 없다고 인정되는 자산의 **손실** 처리

▶ **국토교통부장관 ─ 500만원 이하의 과태료**

③ **재무건전성의 유지**: 협회는 공제금 지급능력과 경영의 건전성을 확보하기 위하여 대통령령으로 정하는 **재무건전성 기준**을 지켜야 한다.

> ㉠ 지급여력비율은 **100분의 100 이상**을 유지할 것
> ▸ 지급여력비율은 지급여력금액을 지급여력기준금액으로 나눈 비율로 한다.
> ▸ 지급여력비율 $= \dfrac{\text{지급여력 금액}}{\text{지급여력기준금액}} = \dfrac{100 \text{ 이상}}{100}$
> ㉡ **국토교통부장관**은 재무건전성 기준에 관하여 필요한 **세부**기준을 정할 수 있다.

④ **임원에 대한 징계·해임 요구 등**: **국토교통부장관**은 협회의 임원이 다음의 어느 하나에 해당하여 공제사업을 건전하게 운영하지 못할 우려가 있는 경우 그 임원에 대한 **징계·해임을 요구**하거나 해당 위반행위를 시정하도록 명할 수 있다.

> ㉠ 국토교통부장관의 **개선명령**을 이행하지 아니한 경우
> ㉡ **공제규정**을 위반하여 업무를 처리한 경우
> ㉢ 재무**건전**성 기준을 지키지 아니한 경우

▸ **국토교통부장관 ─ 500만원 이하의 과태료**

(3) 공제사업 운영위원회

① 공제사업에 관한 다음의 사항을 심의하고 그 업무집행을 감독하기 위하여 **협회**에 운영위원회를 **둔다**.

② 운영위원회의 **위원**은 협회의 임원, 중개업·법률·회계·금융·보험·부동산 분야 전문가, 관계 공무원 등으로 구성하되, 그 수는 **19명** 이내로 한다.

> 1. 국토교통부장관이 소속 공무원 중에서 지명하는 사람 1명
> 2. 협회의 회장
> 3. 협회 이사회가 협회의 임원 중에서 선임하는 사람
> 4. 다음의 어느 하나에 해당하는 사람으로서 협회의 회장이 추천하여 국토교통부장관의 승인을 받아 위촉하는 사람
>   ㉠ 대학 또는 정부출연연구기관에서 부교수 또는 책임연구원 이상으로 재직하고 있거나 재직하였던 사람으로서 부동산 분야 또는 법률·회계·금융·보험 분야를 전공한 사람
>   ㉡ 변호사·공인회계사 또는 공인중개사의 자격이 있는 사람
>   ㉢ 금융감독원 또는 금융기관에서 임원 이상의 직에 있거나 있었던 사람
>   ㉣ 공제조합 관련 업무에 학식과 경험이 풍부한 사람으로서 해당 업무에 5년 이상 종사한 사람
>   ㉤ 「소비자기본법」에 따라 등록한 소비자단체 및 한국소비자원의 임원으로 재직 중인 사람

③ 운영위원회는 **성별을 고려**하여 구성하되, 위원 중 '협회의 회장 및 협회 이사회가 협회 임원 중에서 선임하는 사람'의 수는 전체 위원 수의 3**분의** 1 **미만**으로 한다.

④ '국토부장관이 소속 공무원 중에서 지명하는 사람 1명 및 협회의 회장'을 제외한 위원의 임기는 2년으로 한다. **임기가 제한된 위원은 1회에 한하여 연임**할 수 있다. 보궐위원의 임기는 전임자 임기의 남은 기간으로 한다.

⑤ 운영위원회에는 위원장과 부위원장 각각 1명을 두되, 위원장 및 부위원장은 위원 중에서 각각 **호선**(互選)한다.

⑥ 부위원장은 위원장을 보좌하며, 위원장이 부득이한 사유로 그 직무를 수행할 수 없을 때에는 **부위원장**이 그 직무를 **대행**한다.　▶**위원장이 미리 지명한 위원**(×)

⑦ 운영위원회의 회의는 재적위원 과반수의 출석으로 개의(開議)하고, **출석위원** 과반수의 찬성으로 심의사항을 **의결**한다.　▶**재적위원 과반수 찬성으로 의결한다**(×)

⑧ 운영위원회의 사무를 처리하기 위하여 간사 및 서기를 두되, 간사 및 서기는 공제업무를 담당하는 협회의 직원 중에서 위원장이 임명한다.

⑨ **간사**는 회의 때마다 **회의록**을 **작성**하여 다음 회의에 보고하고 이를 보관하여야 한다.

판례

1. 개업공인중개사와 한국공인중개사협회가 체결한 공제계약이 유효하게 성립하려면 계약 당시 공제사고 발생 여부가 확정되어 있지 않아야 한다(2010다101776).
2. 개업공인중개사가 **장래 공제사고를 일으킬 의도로** 한국공인중개사협회와 공제계약을 체결하고 나아가 실제로 공제사고를 일으킨 경우, 그러한 사정만으로 **공제계약을 무효라고 볼 수는 없다**(2010다92407).
3. 협회가 공제가입자인 개업공인중개사의 사기를 이유로 **공제계약을 취소하거나 이를 무효로 한 경우**라도 거래당사자가 개업공인중개사의 기망행위를 알았다는 등의 사정이 없는 한 이러한 **무효나 취소로 거래당사자에게 대항할 수 없다**(2010다92407).

공인중개사 정책심의위원회			공제사업 운영위원회		
설 치		국토교통부에 둘 수 있다.	설 치		협회에 둔다.
구 성	위원 수	위원장 포함 7명 이상 11명 이내	구 성	위원 수	위원장 포함 19명 이내
				위 원	• 성별 고려 • 협회 관계자인 위원의 수는 전체 위원 수의 1/3 미만
	위원장	국토교통부 제1차관		위원장	위원 중에서 각각 호선
	위 원	국토교통부장관 임명 or 위촉		부위원장	
	간 사	국토교통부 소속 공무원 중에서 위원장이 지명		간사 및 서기	협회의 직원 중에서 위원장이 임명
					간사는 회의록 작성
	임 기	• 2년(공무원은 제외) • 연임규정 없음		임 기	• 2년(공무원 및 협회회장 제외) • 1회에 한하여 연임할 수 있다.
회 의	소 집	위원장 (회의 개최 7일 전까지 통보)	회 의	소 집	위원장
	직무대행	위원장이 미리 지명한 위원		직무대행	부위원장

포상금에서 매년 1문제 출제되며, 행정수수료도 자주 출제된다.

1. 업무위탁

(1) 실무교육, 직무교육 및 연수교육의 업무위탁 － 시·도지사

① 공인중개사협회

②「공공기관의 운영에 관한 법률」에 따른 공기업 또는 준정부기관

③ 부동산 관련학과가 개설된「고등교육법」에 따른 학교

> **주의**
>
> 1. 실무교육 및 연수교육의 실시권자는 시·도지사이며 직무교육의 실시권자는 시·도지사 또는 등록관청이나, **실무교육, 연수교육 및 직무교육 업무의 위탁은 시·도지사만 한다.**
> 2. 등록관청은 직무교육의 업무를 협회에 위탁할 수 있다. (×)
> 3. 등록관청은 직무교육을 실시할 수 있다. (○)

(2) 시험시행의 업무위탁 － 시험시행기관장

① 공인중개사협회

②「공공기관의 운영에 관한 법률」에 따른 공기업 또는 준정부기관

(3) 위탁내용의 고시

시·도지사 또는 시험시행기관장은 위 업무를 위탁한 때에는 위탁받은 기관의 명칭·대표자 및 소재지와 위탁업무의 내용 등을 관보에 고시해야 한다.

(4) 실무, 연수, 직무교육 업무의 위탁기관이 갖출 인력 및 시설 기준

① 교육과목별로 다음에 해당하는 자를 강사로 확보할 것

> • 박사(바로 투입), 전임강사 2년 이상 강의경력, 변호사 2년 이상 경력
> • 7급 이상 공무원 6개월 이상 경력
> • 석사 3년 이상 경력, 공인중개사, 감정평가사, 주택관리사, 건축사 등 3년 이상 경력

② 면적이 $50m^2$ **이상**인 강의실을 **1개소** 이상 확보할 것

(5) 인터넷 표시 · 광고 모니터링 업무의 위탁

국토교통부장관은 다음에 해당하는 기관에 모니터링 업무를 위탁할 수 있다.

① 「공공기관의 운영에 관한 법률」에 따른 **공공기관**

② 「정부출연연구기관 등의 설립 · 운영 및 육성에 관한 법률」에 따른 **정**부출연연구기관

③ 「**민법**」 제32조에 따라 설립된 비영리법인으로서 인터넷 표시 · 광고 모니터링 또는 인터넷 광고 시장 감시와 관련된 업무를 수행하는 법인

④ 그 밖에 인터넷 표시 · 광고 모니터링 업무 수행에 필요한 전문인력과 전담조직을 갖췄다고 국토교통부장관이 **인정**하는 기관 또는 단체

(6) 부동산거래질서교란행위 신고센터 업무의 위탁

국토교통부장관은 부동산거래질서교란행위 신고센터의 업무를 「한국부동산원법」에 따른 한국부동산원에 위탁한다.

2. 포상금 제도

(1) 포상금 지급

① **포상금 지급** : **등록관청**은 포상금을 지급할 수 있다.

② **신고 또는 고발** : 다음에 해당하는 자를 **등록관청**, **수사기관**이나 부동산거래질서교란행위 **신고센터**에 신고 또는 고발한 자에게 지급한다.

> ㉠ 중개사무소의 개설등록을 하지 아니하고 중개업을 한 자(**무등록중개업자**) 3−3
> ㉡ **거짓** 그 밖의 부정한 방법으로 중개사무소의 개설등록을 한 자 3−3
> ㉢ 등록증 또는 자격증을 **양도** · 대여하거나 다른 사람으로부터 **양수** · 대여 받은 자 1−1
> ㉣ 개업공인중개사가 **아닌** 자로서 중개대상물에 대한 표시 · 광고를 한 자 1−1
> ㉤ **금지행위** 가운데 "**꾸단 + 5개**"를 위반한 자 3−3

> [금지행위 가운데 포상금 지급대상인 것]
> 1. 거짓으로 거래가 완료된 것처럼 **꾸**미는 행위
> 2. **단체**를 구성하여 특정 중개대상물에 대하여 중개를 제한하거나 단체 구성원 이외의 자와 공동중개를 제한하는 행위
> 3. **안내문, 온라인** 커뮤니티 등을 이용하여 특정 개업공인중개사 등에 대한 중개의뢰를 제한하거나 제한을 유도하는 행위
> 4. **안내문, 온라인** 커뮤니티 등을 이용하여 중개대상물에 대하여 시세보다 현저하게 높게 표시 · 광고 또는 중개하는 특정 개업공인중개사 등에게만 중개의뢰를 하도록 유도하는 행위

5. **안내문, 온라인** 커뮤니티 등을 이용하여 특정 가격 이하로 중개를 의뢰하지 아니하도록 유도하는 행위

6. 정당한 사유 없이 개업공인중개사 등의 중개대상물에 대한 정당한 표시 · 광고 행위를 **방해**하는 행위

7. 개업공인중개사 등에게 중개대상물을 시세보다 현저하게 높게 표시 · 광고하도록 **강요**하거나 대가를 약속하고 시세보다 현저하게 높게 표시 · 광고하도록 **유도**하는 행위

> **주의**
>
> 1. 등록취소(폐업신고) 후 중개업을 한 자를 신고한 경우에도 포상금을 지급한다. (○)
> 2. 부정한 방법으로 공인중개사 자격을 취득한 자를 고발한 경우 포상금을 지급한다. (×)
> 3. 판매명수 / 관직쌍투 : 신고 또는 고발시 포상금 지급대상(×)

(2) 포상금 지급범위

① 포상금은 1건당 50만원으로 한다.

② 포상금의 지급에 소요되는 비용은 그 **일부**를 **국고**에서 보조할 수 있으며 그 비율은 100분의 50 **이내**로 한다.

(3) 포상금 지급요건

포상금은 위반자가 행정기관에 의하여 발각되기 전에 등록관청이나 수사기관에 신고 또는 고발한 자에 대하여 해당 신고 또는 고발사건에 대하여 검사가 **공소제기 또는 기소유예의 결정을 한 경우에 한하여** 지급한다.

> 🗅 공소제기란 검사가 피의자의 범죄혐의를 인정하여 법원에 형사재판을 신청하는 행위를 말하며, 기소라고도 한다. 기소유예는 검사가 피의자의 범죄혐의는 인정하나, 범인의 성격, 연령, 환경 등을 참작하여 기소하지 않는 것을 말한다.

> **주의**
>
> 1. 검사가 공소제기 결정을 한 경우에 한하여 지급한다. (×)
> 2. 검사가 무혐의처분을 한 경우 : 지급(×)
> 3. 공소제기 후 형사재판에서 무죄판결을 받은 경우 : 지급(○)
> 4. 무죄판결을 받은 경우 : 지급(○)

(4) 포상금 지급절차 및 방법

① 포상금을 지급받고자 하는 자는 포상금지급신청서를 등록관청에 제출해야 한다.

② 포상금지급신청서에 첨부할 서류

> ㉠ 수사기관의 고발확인서(수사기관에 고발한 경우에 한정한다)
> ㉡ 포상금 배분에 관한 합의 각서(2인 이상이 함께 신고 또는 고발한 경우로서 배분액에 관한 합의가 성립된 경우에 한정한다)

③ 신청서를 받은 등록관청은 그 사건에 관한 수사기관의 처분내용을 조회한 후 포상금의 지급을 결정하고, 그 **지급결정일부터 1개월 이내에** 포상금을 지급해야 한다.

> **주의**
> 1. 포상금의 지급결정은 등록관청이 한다. (○)
> 2. 등록관청은 포상금 지급신청서를 접수한 날부터 1개월 이내에 포상금을 지급해야 한다. (×)

④ 등록관청은 하나의 사건에 대하여 2인 이상이 공동으로 신고 또는 고발한 경우에는 균등하게 배분하여 지급한다. 다만, 포상금을 지급받을 자가 배분방법에 관하여 미리 합의하여 포상금의 지급을 신청한 경우에는 그 합의된 방법에 따라 지급한다.

⑤ 등록관청은 하나의 사건에 대하여 2**건** 이상의 신고 또는 고발이 접수된 경우에는 **최초로** 신고 또는 고발한 자에게 포상금을 지급한다.

> **주의**
> 1. 하나의 사건에 대하여 2인 이상이 공동으로 신고 또는 고발한 경우 : 합의가 있으면 합의가 우선하며, 합의가 없는 경우에는 균등하게 지급한다.
> 2. 하나의 사건에 대하여 2건 이상의 신고 또는 고발이 접수된 경우 건수에 따라 균등하게 지급한다. (×)

포상금지급신청서		처리기간
		포상금 지급 결정 후 1개월
신청인		
신고 또는 고발한 범법행위의 내용	신고일자, 신고·고발기관, 범법행위자 범법행위의 유형, 범법행위 장소	
포상금액	※ 신고 또는 고발인이 2인 이상인 경우로서 포상금 배분방법에 관하여 합의한 경우에는 각각 지급 받을 금액을 적는다.	
수령 계좌번호		
	시장·군수·구청장 귀하	
구비서류	1. **수사기관의 고발확인서**(수사기관에 고발한 경우에 한한다) 2. **포상금 배분에 관한 합의 각서**(2인 이상이 함께 신고 또는 고발한 경우로서 배분액에 관한 합의가 성립된 경우에 한한다)	

3. 행정수수료

(1) 지방자치단체 조례로 정하는 수수료

다음에 해당하는 자는 해당 지방자치단체의 조례가 정하는 바에 따라 수수료를 납부해야 한다.

① **시 · 도지사**가 시행하는 공인중개사자격시험에 응시하는 자

② 공인중개사자격증의 재교부를 신청하는 자

③ 중개사무소의 개설등록을 신청하는 자

④ 중개사무소등록증의 재교부를 신청하는 자

⑤ 분사무소설치의 신고를 하는 자

⑥ 분사무소설치신고확인서의 재교부를 신청하는 자

> **주의**
> • 자격시험에 합격하여 처음으로 자격증을 교부받는 자(×)
> • 중개사무소등록증을 교부받는 자(×)
> • 고용신고를 하는 자(×)
> • 휴업 또는 폐업신고를 하는 자(×)

(2) 자격시험 응시수수료

① 공인중개사 자격시험을 **국토교통부장관이 시행하는 경우**에는 국토교통부장관이 결정 · 공고하는 수수료를 납부해야 한다.

② 공인중개사자격시험 또는 자격증 재교부업무를 위탁한 경우에는 해당 업무를 위탁받은 자가 위탁한 자의 승인을 얻어 결정 · 공고하는 수수료를 각각 납부해야 한다.

감독상 명령, 행정처분 및 벌칙

출제 Point   행정처분, 벌칙(행정형벌, 과태료)에서 4~5문제 정도 출제된다.

제1절 감독상의 명령 등

1. 감독관청 및 감독대상자

① **국토교통부장관, 시·도지사 및 등록관청(분사무소 소재지의 시장·군수 또는 구청장을 포함한다)**은 개업공인중개사 또는 **거래정보사업자**에 대하여 그 업무에 관한 사항을 보고하게 하거나 자료의 제출 그 밖에 필요한 명령을 할 수 있다.

② 소속 공무원으로 하여금 중개사무소(**중개사무소 개설등록을 하지 않고 중개업을 하는 자의 사무소를 포함한다**)에 출입하여 장부·서류 등을 조사 또는 검사하게 할 수 있다.

> **│ 주의 │**
>
> 1. 국토교통부장관은 개업공인중개사에 대하여 그 업무에 관한 사항을 보고하게 할 수 있다. (   )
> 2. 시·도지사는 개업공인중개사에 대하여 자료의 제출 그 밖의 필요한 명령을 할 수 없다. (   )
> 3. 분사무소 소재지의 시장·군수 또는 구청장은 소속 공무원으로 하여금 법인인 개업공인중개사의 분사무소에 출입하여 서류 등을 조사하게 할 수 있다. (   )
> 4. 감독관청은 소속 공무원으로 하여금 중개사무소 개설등록을 하지 않고 중개업을 하는 자의 사무소에 출입하여 장부 등을 조사하게 수 있다. (   )
> ▶정답 1. ○ 2. × 3. ○ 4. ○

③ 사무소의 출입·검사 등을 하는 공무원은 국토교통부령으로 정하는 증표(공무원증 및 중개사무소조사·검사증명서)를 지니고 상대방에게 내보여야 한다.

④ 국토교통부장관, 시·도지사 및 등록관청은 불법 중개행위 등에 대한 단속을 함에 있어서 필요한 때에는 공인중개사협회 및 관계 기관에 협조를 요청할 수 있다.

2. 감독의 목적

① 부동산 투기 등 거래동향의 파악을 위하여 필요한 경우

② 이 법 위반행위의 확인

③ 공인중개사의 자격취소·자격정지 등 행정처분을 위하여 필요한 경우

④ 개업공인중개사에 대한 등록취소·업무정지 등 행정처분을 위하여 필요한 경우

3. 감독상 명령 등의 불응시 제재

① **보고**, 자료의 **제출**, 조사 또는 검사를 **거부 · 방해** 또는 **기피**하거나 그 밖의 **명령**을 이행하지 아니하거나 **거짓**으로 **보고** 또는 자료**제출**을 한 경우

② **개업공인중개사** : 등록관청이 6개월의 범위 내에서 업무정지처분을 할 수 있다.

③ **거래정보사업자 및 협회** : 국토교통부장관이 500만원 이하의 과태료를 부과한다.

> **넓혀 보기** 감독상 명령의 정리
>
> 1. 감독관청 및 감독대상자
>   ① 국토교통부장관, 시 · 도지사 및 등록관청 ⇨ 개업공인중개사 및 거래정보사업자
>   ② 국토교통부장관 ⇨ 협회, 지부 및 지회
> 2. 분사무소 소재지 관할 시장 · 군수 또는 구청장도 분사무소에 대한 감독권을 갖는다.
> 3. 감독관청은 공무원으로 하여금 등록하지 않고 중개업을 하는 자의 사무소에 출입하게 하여 조사 또는 검사하게 할 수 있다.
> 4. 불응시 제재
>   ① 개업공인중개사 : 등록관청 - 6개월 범위 내에서 업무정지
>   ② 거래정보사업자 및 협회 : 국토교통부장관 - 500만원 이하 과태료

제2절 | 행정처분

1. 행정처분의 종류

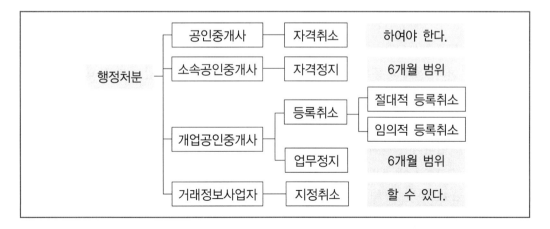

| 주의 |

- 자격취소 및 자격정지: 자격증을 교부한 시·도지사
- 등록취소 및 업무정지: 등록관청
- 지정취소: 국토교통부장관
- 공인중개사인 개업공인중개사: 자격취소, 절등취, 임등취, 업무정지
- 소속공인중개사   : 자격취소,   자격정지

(1) 자격취소

① **시·도지사**는 공인중개사 자격을 **취소하여야 한다.**

② 자격취소의 대상자에는 공인중개사인 개업공인중개사, 소속공인중개사 및 중개업에 종사하지 않는 공인중개사가 모두 포함된다.

(2) 자격정지

① **시·도지사**는 소속공인중개사에 대하여 **6개월의 범위** 안에서 그 자격을 정지할 수 있다.

② 자격정지처분은 소속공인중개사만 대상으로 하며, 개업공인중개사에게 자격정지처분을 할 수 있다고 하면 틀리다.

| 주의 |

1. 시·도지사는 개업공인중개사에게 6개월의 범위 내에서 자격을 정지할 수 있다. (   )
2. 시장·군수 또는 구청장은 소속공인중개사를 대상으로 6개월의 범위 내에서 자격을 정지할 수 있다. (   )

▶정답 1. ✕ 2. ✕

(3) 등록취소

① 등록관청이 개업공인중개사를 대상으로 한다.

② **절대적 등록취소**: 절대적 등록취소 사유에 해당하면 등록관청은 반드시 개설등록을 취소하여야 한다. **절대적 등록취소 사유를 '업무정지처분을 할 수 있다'고 출제되면 틀린 지문이다.**

③ **임의적 등록취소**: 임의적 등록취소 사유에 해당하는 경우 등록관청은 개설등록을 취소할 수 있다. **임의적 등록취소 사유를 '등록을 취소하여야 한다'고 출제되면 틀린 지문이다.**

④ 임의적 등록취소의 경우 등록을 취소할 수 있는 사유이기 때문에, 취소하지 않는 경우에는 업무정지처분을 대신 하게 된다. 따라서 **'등록을 취소할 수 있다'와 '업무정지처분을 할 수 있다'가 모두 옳다.**

(4) 업무정지

① **등록관청**은 개업공인중개사를 대상으로 **6개월의 범위** 내에서 업무의 정지를 명할 수 있다.

② 등록관청이 개업공인중개사만 대상으로 하며, 소속공인중개사에게 업무정지처분을 할 수 있다고 하면 틀리다.

③ **순수 업무정지 사유**는 업무정지처분만 할 수 있으므로 '**등록을 취소할 수 있다**'고 하면 **틀린 지문이다.**

> **| 주의 |**
>
> 1. 절등취 : 등록관청은 거짓으로 중개사무소 개설등록을 한 개업공인중개사에게 업무의 정지를 명할 수 있다. (   )
> 2. 임등취 : 등록관청은 서로 다른 둘 이상의 거래계약서를 작성한 개업공인중개사의 중개사무소 개설등록을 취소하여야 한다. (   )
> 3. 순수 업무정지 : 등록관청은 표준서식인 전속중개계약서에 의하지 아니하고 전속중개계약을 체결한 개업공인중개사의 중개사무소 개설등록을 취소할 수 있다. (   )
>
> ▶정답 1. ✕ 2. ✕ 3. ✕

(5) 중개보조원

① 중개보조원은 **행정처분 대상에 포함되지 않는다.**

② 중개보조원은 과태료 처분 대상에는 포함된다. 중개보조원은 현장안내 등 중개업무를 보조하는 경우 중개의뢰인에게 본인이 중개보조원이라는 사실을 미리 알려야 하며 이를 위반한 경우 등록관청은 중개보조원에게 500만원 이하의 과태료를 부과한다.

③ 중개보조원은 행정형벌(3-3, 1-1) 대상에는 포함된다.

> **| 주의 |**
>
> 1. 지정취소 : 할 수 있다(○) **하여야 한다(✕)**
> 2. 자격취소 : 하여야 한다(○) 할 수 있다(✕)
> 3. 절대적 등록취소 : 등록을 취소하여야 한다(○) **업무정지처분을 할 수 있다(✕)**
> 4. 임의적 등록취소 : **등록을 취소하여야 한다(✕)** 등록을 취소할 수 있다(○)
>   업무정지처분을 할 수 있다(○)
> 5. 순수 업무정지 : **등록을 취소할 수 있다(✕)** 업무정지처분을 할 수 있다(○)

구 분	사전절차	사후절차		
	청 문	5일 통보	7일 반납	사유서
자격취소	○	○	○	○
자격정지	✕	✕	✕	
등록취소	○		○	✕
업무정지	✕		✕	
지정취소	○		✕	

2. 거래정보사업자의 지정취소

(1) **지정취소 사유** ▸암기코드 : 거운의차해1

국토교통부장관은 거래정보사업자가 다음의 어느 하나에 해당하는 경우에는 그 **지정을 취소할 수 있다.** ▸**지정을 취소하여야 한다. (×)**

① **거**짓 그 밖의 부정한 방법으로 지정을 받은 경우
② **운**영규정의 승인을 받지 않거나, 변경승인을 받지 않거나 운영규정에 위반한 경우 500과
③ 개업공인중개사로부터 **의**뢰받지 않은 정보를 공개한 경우, 개업공인중개사로부터 **의**뢰받은 정보와 다르게 공개한 경우, 개업공인중개사에 따라 정보가 **차**별적으로 공개되도록 한 경우 1−1
④ 개인인 거래정보사업자의 사망 또는 법인인 거래정보사업자의 **해**산 등의 사유로 계속적인 운영이 불가능한 경우
⑤ 정당한 사유 없이 지정을 받은 날로부터 1년 이내에 정보망을 설치·운영하지 아니한 경우

(2) **청 문**

① 국토교통부장관은 ④를 제외한 사유로 거래정보사업자 지정을 취소하고자 하는 경우에는 청문을 실시해야 한다.
② 법인인 거래정보사업자의 해산으로 사업자 지정을 취소하고자 하는 때에는 청문을 실시해야 한다. (×)

3. 자격취소

(1) **자격취소사유** ▸암기코드 : 부양지역형금

시·도지사는 공인중개사가 아래 사유를 위반한 경우 자격을 취소하여야 한다.

① **부**정한 방법으로 공인중개사의 자격을 취득한 경우
② 다른 사람에게 자기의 **성명**을 사용하여 중개업무를 하게 하거나 자격증을 **양**도·대여한 경우 1−1
③ 자격정**지**기간 중에 중개업무를 하거나, 자격정**지**기간 중에 다른 개업공인중개사의 소속공인중개사·중개보조원·법인의 사원 또는 임원이 되는 경우
④ 「공인중개사법」을 위반하여 징**역**형을 선고받은 경우(집행유예 포함)
⑤ 공인중개사의 직무와 관련하여 「**형**법」을 위반(범죄단체 조직, 사문서 위조·변조·행사, 사기, 횡령, 배임)하여 **금**고 또는 징역형을 선고받은 경우(집행유예 포함)

■ 공인중개사인 개업공인중개사가 형벌을 받게 되는 경우

사 유	자격취소	절대적 등록취소
「공인중개사법」 위반 징역형 선고(집행유예)	○	○(결격사유)
공인중개사 직무 관련 「형법」위반(범죄단체 조직 등) 금고형 또는 징역형 선고(집행유예)	○	○(결격사유)
위를 제외한 다른 법률 위반 금고형 또는 징역형 선고(집행유예)	×	○(결격사유)
「공인중개사법」 위반 300만원 이상 벌금형 선고	×	○(결격사유)
「공인중개사법」 제외한 다른 법률 위반 벌금형 선고	×	×

▸ 형벌을 받아 자격취소가 되는 경우 : 「공인중개사법」을 위반하여 징역형을 선고(집행유예 포함)받은 경우 및 공인중개사의 직무와 관련하여 「형법」을 위반(범죄단체 조직 등)하여 금고 또는 징역형을 선고(집행유예 포함)받은 경우

▸ 형벌을 받아 절대적 등록취소가 되는 경우 : 모든 법률을 위반하여 금고 또는 징역형을 선고(집행유예 포함)받은 경우, 공인중개사법을 위반하여 300만원 이상의 벌금형을 선고받은 경우

▸ 공인중개사 직무 관련하여 「형법」을 위반(범죄단체 조직 등)하여 <u>300만원 이상의 벌금형</u>을 선고받은 경우는 결격사유가 아니므로 행정처분의 대상이 아니다.

(2) 처분권자

① 공인중개사의 자격취소 및 자격정지처분은 그 자격증을 **교부한 시·도지사**가 행한다.

② 자격증을 교부한 시·도지사와 사무소의 소재지를 관할하는 시·도지사가 서로 다른 경우에는 **사무소의 소재지를 관할하는 시·도지사가 자격취소 또는 자격정지처분에 필요한 절차를 모두 이행한 후** 자격증을 교부한 시·도지사에게 통보해야 한다.

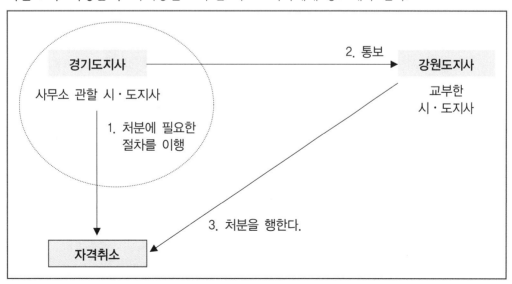

| 주의 |

자격증을 교부한 시·도지사와 사무소 관할 시·도지사가 서로 다른 경우
1. 사무소 관할 시·도지사: 자격취소**처분에 필요한 절차**를 모두 이행한다.
2. 자격증을 교부한 시·도지사: 자격취소**처분을 행한다.**

| 주의 |

1. 자격증을 교부한 시·도지사와 사무소를 관할하는 시·도지사가 서로 다른 경우, 자격취소처분은 사무소 관할 시·도지사가 행한다. ( )
2. 사무소 관할 시·도지사가 자격취소처분에 필요한 절차를 이행해야 한다. ( )
3. 교부한 시·도지사가 자격취소처분에 필요한 절차를 이행해야 한다. ( )
4. 자격증을 교부한 시·도지사가 자격취소처분에 필요한 절차를 모두 이행한 후 사무소 관할 시·도지사에게 통보해야 한다. ( )
5. 사무소 관할 시·도지사가 자격취소처분을 한 후 이를 자격증을 교부한 시·도지사에게 통보해야 한다. ( )

▶정답 1. × 2. ○ 3. × 4. × 5. ×

(3) 자격취소의 절차

① 시·도지사는 **자격을 취소**하고자 하는 경우에는 **청문**을 실시해야 한다.

② 시·도지사는 **자격취소처분**을 한 때에는 5**일** 이내에 이를 국토교통부장관과 다른 시·도지사에게 **통보**해야 한다.

| 주의 |

1. 시·도지사는 자격취소처분을 한 때에는 5일 이내에 이를 국토교통부장관에게 통보해야 한다. ( )
2. 시·도지사는 자격정지처분을 한 때에는 5일 이내에 이를 다른 시·도지사에게 통보해야 한다. ( )
3. 시·도지사는 자격정지처분을 한 사실을 국토교통부장관에게 통보해야 한다. ( )
4. 시·도지사는 자격취소처분을 한 사실을 다른 시·도지사에게 통보해야 한다. ( )
5. 시·도지사는 자격정지처분을 한 사실을 다른 시·도지사에게 통보해야 할 의무가 없다. ( )

▶정답 1. ○ 2. × 3. × 4. ○ 5. ○

③ **자격이 취소**된 자는 자격취소처분을 받은 날부터 7**일** 이내에 자격증을 **교부한** 시·도지사에게 자격증을 반납해야 한다.

| 주의 |

1. 공인중개사의 자격이 정지된 자는 자격정지처분을 받은 날부터 7일 이내에 자격증을 교부한 시·도지사에게 자격증을 반납하여야 한다. ( )
2. 자격이 취소된 개업공인중개사는 취소처분을 받은 날부터 7일 이내에 사무소 관할 시·도지사에게 자격증을 반납해야 한다. ( )

▶정답 1. × 2. ×

④ 분실 등의 사유로 인하여 자격증을 반납할 수 없는 자는 자격증 반납을 대신하여 그 이유를 기재한 사유서를 시·도지사에게 제출해야 한다.

4. 자격정지

(1) 자격정지사유   ▶암기코드 : 금이둘 서서 확인 인

시·도지사는 소속공인중개사가 다음의 어느 하나에 해당하는 경우에는 **6개월의 범위** 안에서 기간을 정하여 그 자격을 정지할 수 있다.

① 법 제33조 제1항의 금지행위를 한 경우(판매명수1-1 / 관직쌍투꾸단3-3)
② 둘 **이상**의 중개사무소에 소속된 경우(**이중소속**) 1-1
③ 거래계약서에 거래금액 등 거래내용을 거짓으로 기재하거나, 서로 다른 **둘** 이상의 거래계약서를 작성한 경우
④ 중개업무를 수행하고도 중개대상물 확인·설명서에 서명 및 날인을 하지 아니한 경우
⑤ 중개업무를 수행하고도 거래계약서에 서명 및 날인을 하지 아니한 경우
⑥ 성실·정확하게 중개대상물의 **확인**·설명을 하지 않은 경우 / 확인·설명시 설명의 근거자료를 제시하지 아니한 경우
⑦ **인장등록**을 하지 아니하거나, 등록하지 않은 인장을 사용한 경우

■ **자격정지 사유를 개업공인중개사가 위반한 경우라면**

위반사유	소속공인중개사	개업공인중개사
금지행위(판매명수/관직쌍투꾸단)	자격정지 6개월	임의적 등록취소
둘 이상의 중개사무소에 소속된 경우	자격정지 6개월	절대적 등록취소
거래계약서 거짓기재, 서로 다른 둘 계약서	자격정지 6개월	임의적 등록취소
확인·설명서 서명 및 날인×	자격정지 3개월	업무정지
거래계약서 서명 및 날인×	자격정지 3개월	업무정지
성실·정확, 확인·설명×, 근거자료 제시×	자격정지 3개월	500 이하 과태료
인장등록×, 등록하지 않은 인장 사용	자격정지 3개월	업무정지

▌**주의**▐

1. 표준서식 전속중개계약서에 의하지 아니하고 전속중개계약을 체결하거나 보존하지 않은 경우
   ⇨ 개공 업무정지(○), 소공 자격정지(×)
2. 중개대상물 확인·설명서 및 거래계약서를 교부하지 않거나 보존하지 않은 경우
   ⇨ 개공 업무정지(○), 소공 자격정지(×)
3. 중개대상물 확인·설명서 및 거래계약서에 서명 및 날인을 하지 않은 경우
   ⇨ 개공 업무정지(○), 소공 자격정지(○)

(2) 자격정지 절차

① **등록관청**은 공인중개사가 **자격정지사유**에 해당하는 사실을 알게 된 때에는 지체 없이 그 사실을 **시·도지사에게 통보**해야 한다.

② 자격정지의 기준은 **국토교통부령**으로 정한다.

  ▶ **국토교통부령 [별표 3]에 따른 자격정지 기준 : 금이둘(6개월), 서서 확인 인(3개월)**

  ▶ **자격정지 및 업무정지의 기준은 국토교통부령으로 정한다.**

  ▶ **과태료의 부과기준은 대통령령으로 정한다.**

③ 시·도지사는 위반행위의 동기·결과 및 횟수 등을 참작하여 자격정지기간의 **2분의 1**의 범위 안에서 가중 또는 경감할 수 있다. 이 경우 가중하여 처분하는 때에도 자격정지기간 은 **6개월을 초과할 수 없다.**

④ 법률에 의하면 모든 자격정지 사유는 6개월의 범위 안에서 처분을 할 수 있도록 하고 있으 며 국토교통부령에 그 자격정지의 기준을 위반사유에 따라 3개월 또는 6개월로 정하고 있 다. 그러므로 **모든 자격정지 사유는 '6개월의 범위 안에서 자격을 정지할 수 있다'고 하면 옳으며** 자격정지의 **기준**을 묻는 경우에는 3개월 또는 6개월로 답하면 된다.

> **◀ 주의 ▶**
>
> ■ 자격정지 기준이 6개월인 경우 3, 4개월 또는 5개월의 자격정지처분이 가능하며, 기준이 3개 월인 경우 2개월 또는 4개월의 자격정지처분이 가능하다.
> 1. 시·도지사는 중개행위에 등록하지 아니한 인장을 사용한 소속공인중개사에 대하여 6개월의 범위에서 자격을 정지할 수 있다. ( )
> 2. 소속공인중개사가 거래계약서에 서명 및 날인을 하지 않은 경우 시·도지사는 위반행위의 동기 등을 고려하여 4개월의 자격정지처분을 할 수도 있다. ( )
> 3. 소속공인중개사가 둘 이상의 중개사무소에 소속된 경우 시·도지사는 위반행위의 동기, 결과 및 횟수 등을 참작하여 3개월의 자격정지처분을 할 수도 있다. ( )
>
> ▶ 정답 1. ○ 2. ○ 3. ○

5. 등록취소

(1) **절대적 등록취소**(중개사무소 개설등록을 취소해야 한다)   ▶ **암기코드 : 해결거양이지최오**

> ① 개인인 개업공인중개사가 사망하거나 개업공인중개사인 법인이 **해산**한 경우
> ② **결**격사유에 해당하게 된 경우
>
> > ▶ 한정후견 또는 성년후견개시의 심판을 받은 경우
> > ▶ 파산선고를 받은 경우
> > ▶ 모든 법률 위반 금고·징역형의 실형선고 받은 경우

> ▶ 모든 법률 위반 금고 · 징역형 집행유예 선고받은 경우
> ▶ 「공인중개사법」을 위반하여 300만원 이상의 벌금형을 선고받은 경우
> ▶ 자격이 취소된 경우
> ▶ 법인의 사원 또는 임원이 결격사유에 해당하고 2개월 이내에 해소하지 않은 경우

③ **거**짓 그 밖의 부정한 방법으로 중개사무소의 개설등록을 한 경우 3-3
④ 다른 사람에게 자기의 **성명** 또는 **상호**를 사용하여 중개업무를 하게 하거나, 중개사무소등록증을 **양**도 또는 대여한 경우 1-1
⑤ **이중**으로 중개사무소의 개설등록을 한 경우 1-1
   다른 개업공인중개사의 소공 · 보조원 · 법인의 사원 · 임원이 된 경우(**이중**소속) 1-1
⑥ 업무정**지**기간 중에 중개업무를 한 경우
   자격정**지**처분을 받은 소공으로 하여금 자격정지기간 중에 중개업무를 하게 한 경우
⑦ **최근** 1년 이내에 이 법에 의하여 2회 이상 업무정지처분을 받고 다시 업무정지처분에 해당하는 행위를 한 경우
⑧ 개업공인중개사 및 소속공인중개사를 합한 수의 5배수를 초과하여 중개보조원을 고용한 경우

(2) **임의적 등록취소**(중개사무소 개설등록을 취소할 수 있다)　　▶ 암기: 미둘금전보휴사법최2-2

① 등록기준에 **미**달하게 된 경우
② 거래계약서에 거래금액 등을 거짓으로 기재하거나, 서로 다른 **둘** 이상의 거래계약서를 작성한 경우
③ 법 제33조 제1항의 **금**지행위를 한 경우(판매명수1-1 / 관직쌍투꾸단3-3)
④ **전속**중개계약을 체결한 개업공인중개사가 중개대상물의 정보를 공개하지 않은 경우
   전속중개계약을 체결한 개공이 의뢰인의 비공개요청에도 불구하고 정보를 공개한 경우
⑤ 손해배상책임을 **보**장하기 위한 조치(**보증**)를 이행하지 아니하고 업무를 개시한 경우
⑥ 부득이한 사유 없이 계속하여 6개월을 초과하여 **휴업**한 경우
⑦ 둘 이상의 중개**사**무소를 둔 경우, 임시 중개시설물을 설치한 경우 1-1
⑧ **법**인인 개업공인중개사가 규정된 업무 이외의 겸업을 한 경우
⑨ **최근** 1년 이내에 3회 이상 업무정지 또는 과태료의 처분을 받고 다시 업무정지 또는 과태료의 처분에 해당하는 행위를 한 경우(절대적 등록취소 사유에 해당하는 경우를 제외한다)
⑩ 개업공인중개사가 조직한 사업자단체 또는 그 구성원인 개업공인중개사가 「독점규제 및 공정거래에 관한 법률」 금지행위를 위반하여 시정조치 또는 과징금을 최근 2년 이내에 2회 이상 받은 경우

"우리 임은 살짝 모지라, 서서서는 업무정지 쎈쎈는 임등취, 금지행위는 임금, 우리 임이랑 전부쳐 먹자(김치전, 빠전), 휴업과 보증은 쎈 것은 임등취 약한 것은 100과, 이중사~~무소 임~시시설물은 임등취, 임겸업, 3방, 이년 이내 이회 이상 임등취"

(3) 거짓 그 밖의 부정한 방법으로

① 거짓 그 밖의 부정한 방법으로 거래정보사업자 지정을 받은 경우 – 국토교통부장관은 사업자 지정을 취소할 수 있다. ▶형벌 3-3(×)

② 부정한 방법으로 공인중개사 자격을 취득한 경우 – 시·도지사는 자격을 취소해야 한다. ▶형벌 3-3(×)

③ 거짓 그 밖의 부정한 방법으로 중개사무소의 개설등록을 한 경우 – 등록관청은 중개사무소 개설등록을 취소해야 한다. & 3년 이하 징역 또는 3천만원 이하 벌금

(4) 셔셔셔는 업무정지 / 쎈셔는 임등취

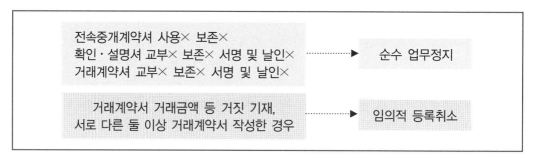

(5) 휴업과 보증은 쎈 것은 임등취 / 약한 것은 100과

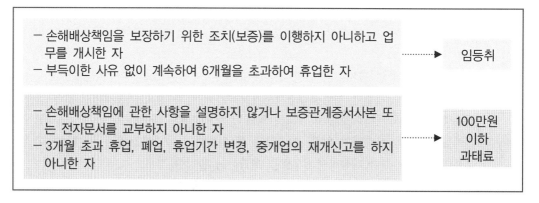

(6) 이중등록, 이중사무소, 이중소속

① 이중으로 중개사무소의 개설등록을 한 경우 – 절대적 등록취소 & 1-1

② 둘 이상의 중개사무소를 둔 경우 & 임시 중개시설물 – 임의적 등록취소 & 1-1

③ 둘 이상의 중개사무소에 소속된 경우(이중소속)
  ▶개업공인중개사 : 절대적 등록취소 & 1-1
  ▶소속공인중개사 : 자격정지 & 1-1
  ▶중개보조원 : 행정처분(×), 1-1

⑺ 최근 1년 이내에

> **[최근 1년 이내에 …]**
> ▶ 과과과 + 업(위반) = 임등취　　과과업 + 업(위반) = 임등취
> 　과과과 + 과(위반) = 임등취　　과과업 + 과(위반) = 임등취
>
> ▶ **과업업 + 업(위반) = 절등취**
> 　과업업 + 과(위반) = 임등취
>
> ▶ 과과, 과업, 업업 + 과(위반) = 순수 업무정지
> 　　　　　　업업 + 업(위반) = 절등취

⑻ 등록취소의 성격

① 절대적 등록취소 사유를 위반한 경우에는 업무정지처분을 할 수 없고, 등록관청은 중개사무소 개설등록을 반드시 취소하여야 한다.

② 임의적 등록취소사유는 "등록을 취소할 수 있다"와 "업무정지처분을 할 수 있다"가 모두 옳다. 그리고 "임의적 등록취소 사유를 최근 1년 이내에 1회 위반한 경우 업무정지처분을 할 수 있다"고 해도 옳다.

> **│ 주의 │**
> 1. 등록관청은 중개사무소등록증을 대여한 개업공인중개사에게 업무정지처분을 할 수 있다. (×)
> 2. 개업공인중개사가 중개의뢰인과 직접거래를 한 경우
>   ① 등록관청은 중개사무소 개설등록을 취소해야 한다. (×)
>   ② 등록관청은 중개사무소 개설등록을 취소할 수 있다. (○)
>   ③ 등록관청은 개업공인중개사에게 업무정지처분을 할 수 있다. (○)
> 3. 서로 다른 둘 이상의 거래계약서를 작성한 경우 업무정지처분을 할 수 있다. (○)
> 4. 법인인 개업공인중개사가 최근 1년 이내에 겸업제한을 위반한 사실이 1회 있는 경우 등록관청은 업무정지처분을 할 수 있다. (○)

③ 등록관청은 사망·해산을 제외한 사유로 중개사무소의 개설**등록**을 **취소**하고자 하는 경우에는 **청문**을 실시해야 한다.

④ 중개사무소의 개설**등록**이 **취소**된 자는 등록취소처분을 받은 날부터 **7일** 이내에 등록관청에 등록증을 **반납**해야 한다.

⑤ 법인인 개업공인중개사의 **해산**을 이유로 중개사무소의 개설등록이 취소된 경우에는 해당 법인의 **대표자이었던 자**가 등록취소처분을 받은 날부터 7일 이내에 등록관청에 등록증을 반납해야 한다.

6. 업무정지

(1) 업무정지 사유 ▶ 암기코드 : 임최결정셔셔셔명령인시

등록관청은 **개업공인중개사**가 다음의 어느 하나에 해당하는 경우에는 **6개월의 범위** 안에서 기간을 정하여 업무의 정지를 명할 수 있다.

> ① **임**의적 등록취소사유를 위반한 경우
> ② **최**근 1년 이내에 이 법에 의하여 2회 이상 업무정지 또는 과태료의 처분을 받고 다시 과태료의 처분에 해당하는 행위를 한 경우(기간의 계산은 위반행위에 대하여 업무정지처분 또는 과태료 부과처분을 받은 날과 그 처분 후 다시 위반행위를 하여 적발된 날을 기준으로 한다)
> ③ **결**격사유에 해당하는 자를 소속공인중개사 또는 중개보조원으로 두었으나 그 사유를 2개월 이내에 해소하지 않은 경우
> ④ 부동산거래정보망에 중개대상물에 관한 **정**보를 거짓으로 공개한 경우(6), 중개대상물의 거래가 완성된 사실을 거래정보사업자에게 **지**체 없이 통보하지 아니한 경우(3)
> ⑤ 표준서식인 전속중개계약**서**를 사용× 보존×
> ⑥ 중개대상물 확인·설명**서** 교부× 보존× 서명 및 날인×
> ⑦ 거래계약**서** 작성·교부× 보존× 서명 및 날인×
> ⑧ 보고, 자료의 제출, 조사 또는 검사를 거부·방해 또는 기피하거나 그 밖의 **명령**을 이행하지 아니하거나 거짓으로 보고 또는 자료제출을 한 경우
> ⑨ **인**장등록을 하지 아니하거나 등록하지 아니한 인장을 사용한 경우
> ⑩ 개업공인중개사가 조직한 사업자단체 또는 그 구성원인 개업공인중개사가 「독점규제 및 공정거래에 관한 법률」의 금지행위를 위반하여 **시**정조치 또는 과징금을 받은 경우
> ※ 그 밖에 이 법 또는 이 법에 의한 명령이나 처분에 위반한 경우(고용 및 고용관계 종료신고를 하지 않은 경우, 개업공인중개사가 예치명의자가 되는 경우의 의무위반)

▶ 업무정지처분 사유를 고르라는 문제는 임의적 등록취소 사유와 업무정지 사유를 모두 골라야 한다.
▶ ②~⑩ : 순수 업무정지 사유이며 업무정지처분만 할 수 있다. 등록을 취소할 수 있다. (×)

(2) 결격사유 비교

① 법인 사원 또는 임원이 결격 2개월 이내에 해소하지 않은 경우 : 절대적 등록취소
② 소공 또는 보조원이 결격 2개월 이내에 해소하지 않은 경우 : 순수 업무정지

(3) 시정조치 또는 과징금

① 시정조치 또는 과징금을 최근 2년 이내 2회 이상 받은 경우 : 임의적 등록취소
② 시정조치 또는 과징금을 받은 경우(2년 이내 1회) : 순수 업무정지

⑷ 업무정지처분의 성격

① 법인인 개업공인중개사에 대하여는 **법인 또는 분사무소별로 업무의 정지를 명할 수 있다.**

② 분사무소에서 업무정지 사유를 위반한 경우 주된 사무소와 분사무소 모두를 대상으로 업무정지처분을 할 수도 있으며, 사유를 위반한 분사무소에 대해서만 업무정지처분을 할 수도 있다.

　▶ 법인인 개업공인중개사에 대하여는 분사무소별로 업무정지처분을 명해야 한다. (×)

③ **업무정지처분**은 그 사유가 발생한 날부터 **3년**이 경과한 때에는 이를 할 수 **없다.**

> **주의**
>
> 1. 업무정지처분은 그 사유가 발생한 날부터 1년이 경과한 때에는 이를 할 수 있다. ( )
> 2. 업무정지처분은 그 사유가 발생한 날부터 2년이 경과한 때에는 이를 할 수 있다. ( )
> 3. 자격정지처분은 그 사유가 발생한 날부터 3년이 경과한 때에는 이를 할 수 없다. ( )
> 4. 등록취소처분은 그 사유가 발생한 날부터 3년이 경과한 때에는 이를 할 수 없다. ( )
>
> 　　　　　　　　　　　　　　　▶ 정답 1. ○　2. ○　3. ×　4. ×

⑸ 업무정지의 기준

① 업무정지의 기준은 국토교통부령 [별표 4]로 정한다.

　▶ **업무정지 처분기준 :** ①~④ 앞부분 6개월, ④ 뒷부분~⑨ 3개월

② 위반행위가 둘 이상인 경우에는 각 업무정지기간을 합산한 기간을 넘지 않는 범위에서 가장 **무거운** 처분기준의 2분의 1의 범위에서 가중한다. 다만, 가중하는 경우에도 총 업무정지기간은 6개월을 넘을 수 없다.

> **주의**
>
> • 1개월, 3개월 ⇨ 4개월　　　　　• 2개월, 2개월 ⇨ 3개월
> • 2개월, 3개월 ⇨ 4.5개월　　　　• 3개월, 3개월 ⇨ 4.5개월

③ 등록관청은 다음의 어느 하나에 해당하는 경우에는 업무정지기간의 2분의 1 범위에서 줄일 수 있다.

　㉠ 위반행위가 사소한 부주의나 오류 등 과실로 인한 것으로 인정되는 경우

　㉡ 위반행위자가 법 위반행위를 시정하거나 해소하기 위하여 노력한 사실이 인정되는 경우

　㉢ 그 밖에 위반행위의 동기와 결과, 위반정도 등을 고려하여 업무정지기간을 줄일 필요가 있다고 인정되는 경우

④ 등록관청은 다음의 어느 하나에 해당하는 경우에는 업무정지기간의 2분의 1 범위에서 그 기간을 늘릴 수 있다. 다만, **6개월을 넘을 수 없다.**

　　㉠ 위반행위의 내용·정도가 중대하여 소비자 등에게 미치는 피해가 크다고 인정되는 경우

　　㉡ 그 밖에 위반행위의 동기와 결과, 위반정도 등을 고려하여 업무정지기간을 늘릴 필요가 있다고 인정되는 경우

⑤ 업무정지기간을 늘리거나 줄이는 경우 업무정지기간 1개월은 30일로 본다.

7. 행정제재처분효과의 승계

(1) **행정처분의 승계**(폐업 전에 받은 업무정지 및 과태료)

① 개업공인중개사가 폐업신고 후 다시 중개사무소의 개설등록을 한 때에는 폐업신고 전의 개업공인중개사의 지위를 승계한다.

　▶**법인인 개업공인중개사가 폐업신고를 한 후 대표자가 공인중개사인 개업공인중개사로 다시 중개사무소 개설등록을 하더라도 대표자가 폐업 전의 법인인 개업공인중개사의 지위를 승계한다.**

② 폐업신고 전의 개업공인중개사에 대하여 행한 업무정지처분 및 과태료처분의 효과는 그 **처분일부터 1년간** 다시 중개사무소의 개설등록을 한 자에게 **승계**된다.

　▶**폐업일부터 1년간(×)**

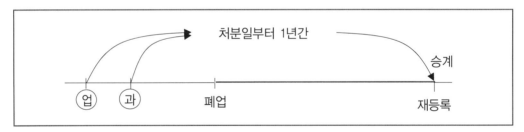

주의

1. 폐업신고 전에 개업공인중개사에게 행한 업무정지처분의 효과는 그 처분일부터 15개월이 된 때 재등록한 개업공인중개사에게 승계된다. (　　)
2. 폐업신고 전에 개업공인중개사에게 행한 과태료처분의 효과는 그 처분일부터 10개월이 된 때 재등록한 개업공인중개사에게 승계된다. (　　)
3. 2024. 2. 8. 3개월의 업무정지처분을 받았으나 2024. 7. 1. 폐업신고를 하였다가 2024. 12. 11. 다시 중개사무소 개설등록을 한 경우, 종전의 업무정지처분의 효과는 승계된다. (　　)

　▶**정답 1. × 2. ○ 3. ○**

(2) 재등록개업공인중개사에 대한 행정처분(폐업 전의 위반사유)

① **폐업기간 3년 이하** : 등록관청은 재등록한 개업공인중개사에 대하여 폐업 전의 위반사유로 등록취소처분을 할 수 있다.

② **폐업기간 3년 초과** : 등록관청은 재등록한 개업공인중개사에 대하여 폐업 전의 위반사유로 등록취소처분을 할 수 **없다**.

③ **폐업기간 1년 이하** : 등록관청은 재등록한 개업공인중개사에 대하여 폐업 전의 위반사유로 업무정지처분을 할 수 있다.

④ **폐업기간 1년 초과** : 등록관청은 재등록한 개업공인중개사에 대하여 폐업 전의 위반사유로 업무정지처분을 할 수 **없다**.

⑤ 재등록개업공인중개사에 대하여 폐업 전의 사유로 행정처분을 하는 경우에는 **폐업기간**과 **폐업의 사유** 등을 고려**하여야 한다**.

▸ 개업공인중개사인 법인의 대표자에 관하여 위 내용을 준용한다.

이 경우 "개업공인중개사"는 "법인의 대표자"로 본다.

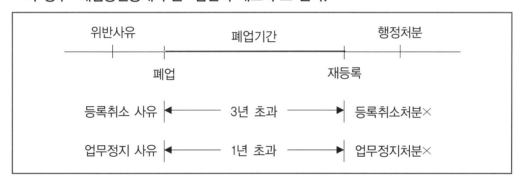

┃ **주의** ┃

1. 2년 6개월간 폐업 후 재등록한 개업공인중개사에 대하여 등록관청은 폐업 전의 위반사유로 등록취소처분을 할 수 없다. (   )
2. 13개월간 폐업 후 재등록한 개업공인중개사에 대하여 등록관청은 폐업 전의 위반사유로 업무정지처분을 할 수 없다. (   )
3. 2022. 7. 5. 다른 사람에게 자기의 상호를 사용하여 중개업무를 하게 한 후, 2022. 9. 5. 폐업신고를 하였다가 2025. 8. 5. 다시 중개사무소의 개설등록을 하였다면, 등록관청은 개설등록을 취소해야 한다. (   )
4. 2024. 8. 1. 국토교통부령으로 정하는 전속중개계약서에 의하지 않고 전속중개계약을 체결한 후, 2024. 9. 1. 폐업신고를 하였다가 2025. 10. 1. 다시 중개사무소의 개설등록을 하였다면, 등록관청은 업무정지처분을 할 수 있다. (   )

▸ 정답 1. ✕   2. ○   3. ○   4. ✕

제3절 **벌 칙**

1. 행정형벌

(1) 3년 이하의 징역 또는 3천만원 이하의 벌금 ▶암기코드 : 무거관직쌍투꾸단 + 5개

① 중개사무소 개설등록을 하지 않고 중개업을 한 자(**무**등록중개업자)
② **거짓** 그 밖의 부정한 방법으로 중개사무소의 개설등록을 한 자
③ 관계 법령에서 양도·알선이 금지된 부동산의 분양·임대 등과 **관**련 있는 증서의 매매·교환을 중개하거나 매매를 업으로 한 행위
④ 중개의뢰인과 **직**접거래 / 거래당사자 **쌍**방대리
⑤ 탈세 등 목적으로 소유권보존등기 또는 이전등기를 하지 아니하고 부동산의 매매를 중개하는 등 **투**기조장행위 / 관계법령에 의하여 전매가 제한된 부동산의 매매를 중개하는 **투**기조장행위
⑥ 부당한 이익을 얻거나 제3자에게 부당한 이익을 얻게 할 목적으로 거짓으로 거래가 완료된 것처럼 **꾸**미는 등 중개대상물의 시세에 부당한 영향을 주거나 줄 우려가 있는 행위
⑦ **단**체를 구성하여 특정 중개대상물에 대하여 중개를 제한하거나 단체 구성원 이외의 자와 공동중개를 제한하는 행위
⑧ **안내문, 온라인** 커뮤니티를 이용하여 특정 개업공인중개사 등에 대한 중개의뢰를 제한하거나 제한을 유도하는 행위
⑨ **안내문, 온라인** 커뮤니티를 이용하여 중개대상물에 대하여 시세보다 현저하게 높게 표시·광고 또는 중개하는 특정 개업공인중개사 등에게만 중개의뢰를 하도록 유도함으로써 다른 개업공인중개사 등을 부당하게 차별하는 행위
⑩ **안내문, 온라인** 커뮤니티를 이용하여 특정 가격 이하로 중개를 의뢰하지 아니하도록 유도하는 행위
⑪ 정당한 사유 없이 개업공인중개사 등의 중개대상물에 대한 정당한 표시·광고 행위를 **방해**하는 행위
⑫ 개업공인중개사 등에게 중개대상물을 시세보다 현저하게 높게 표시·광고하도록 **강요**하거나 대가를 약속하고 시세보다 현저하게 높게 표시·광고하도록 **유도**하는 행위

(2) 1년 이하의 징역 또는 1천만원 이하의 벌금 ▶암기코드 : 양양이사오판매명수의비아아

① 다른 사람에게 자기의 성명을 사용하여 중개업무를 하게 한 자, 자격증을 **양도**한 자, 자격증을 대여한 자 / 다른 사람의 자격증을 양수받은 자, 자격증을 대여받은 자 / 이를 알선한 자
② 다른 사람에게 자기의 성명 또는 상호를 사용하여 중개업무를 하게 한 자, 중개사무소등록증을 다른 사람에게 **양도**한 자, 대여한 자 / 다른 사람의 성명·상호를 사용하여 중개업무를 한 자, 중개사무소등록증을 양수받은 자, 대여받은 자 / 이를 알선한 자
③ **이중**으로 중개사무소의 개설등록을 한 자 / 둘 **이상**의 중개사무소에 소속된 자

④ 둘 이상의 중개**사**무소를 둔 자 / 임시 중개시설물을 설치한 자

⑤ 개업공인중개사 및 소속공인중개사를 합한 수의 5배수를 초과하여 중개보조원을 고용한 경우

⑥ 중개대상물의 거래상의 중요사항에 관하여 거짓된 언행 그 밖의 방법으로 중개의뢰인의 **판**단을 그르치게 하는 행위

⑦ 중개대상물의 **매**매를 업으로 하는 행위

⑧ 중개사무소 개설등록을 하지 않고 중개업을 하는 자인 사실을 알면서 그를 통하여 중개를 의뢰받은 행위 / 중개사무소 개설등록을 하지 않고 중개업을 하는 자인 사실을 알면서 그에게 자기의 **명**의를 이용하게 하는 행위

⑨ 중개보**수** 또는 실비를 초과하여 금품을 받는 행위

⑩ 거래정보사업자가 개업공인중개사로부터 **의**뢰받지 않은 정보를 공개하거나, **의**뢰받은 내용과 다르게 공개하거나 개업공인중개사에 따라 정보를 **차**별적으로 공개되도록 한 경우

⑪ 업무상 **비**밀을 누설한 자

⑫ <u>개업공인중개사가 **아닌** 자로서 "공인중개사사무소", "부동산중개" 또는 유사명칭을 사용한 자 / 개업공인중개사가 **아닌** 자로서 중개업을 하기 위하여 중개대상물에 대한 표시·광고를 한 자</u>

⑬ <u>공인중개사가 **아닌** 자로서 공인중개사 또는 이와 유사한 명칭을 사용한 자</u>

⑶ 행정형벌의 효과

① **공인중개사인 개업공인중개사**：「공인중개사법」을 위반하여 징역형을 선고(집행유예 포함) 받으면 자격이 취소되며 결격사유에 해당하여 절대적 등록취소 사유에도 해당한다. 「공인중개사법」을 위반하여 300만원 이상의 벌금형을 선고받으면 절대적 등록취소 사유에 해당한다.

② **소속공인중개사**：「공인중개사법」을 위반하여 징역형을 선고(집행유예 포함)받으면 자격이 취소된다. 「공인중개사법」을 위반하여 300만원 이상의 벌금형을 선고받으면 벌금형을 선고받은 날부터 3년 동안 결격사유에 해당한다.

③ 중개보조원도 행정형벌 대상자에 포함된다.

④ 징역형과 벌금형은 병과할 수 없으나 행정처분과 행정형벌은 병과할 수 있다.

⑷ 양벌규정

① 소속공인중개사·중개보조원 또는 개업공인중개사인 법인의 사원 또는 임원이 중개업무에 관하여 제48조(3-3) 또는 제49조(1-1)에 해당하는 위반행위를 한 때에는 그 행위자를 벌하는 외에 그 개업공인중개사에 대하여도 해당 조에 규정된 벌금형을 과한다(법 제50조).

② 개업공인중개사가 고용인의 위반행위를 방지하기 위하여 해당 업무에 관하여 상당한 주의와 감독을 게을리하지 아니한 경우에는 양벌규정에 따른 벌금형을 받지 않는다.

③ 개업공인중개사가 양벌규정에 따라 300만원 이상의 벌금형을 선고받더라도 결격사유에는 해당하지 않는다(판례).

2. 과태료

(1) 500만원 이하의 과태료　▶암기코드 : 연수 알 부당 설명 모모 운명 운명징검개

① 시·도지사 – 개업공인중개사 또는 소속공인중개사 : 정당한 사유 없이 **연수**교육을 받지 아니한 자

② 등록관청 – 중개보조원 및 개업공인중개사 : 현장안내 등 중개업무를 보조함에 있어서 중개의뢰인에게 본인이 중개보조원임을 **알**리지 아니한 중개보조원 및 개업공인중개사. 다만, 그 위반행위를 방지하기 위하여 해당 업무에 관하여 상당한 주의와 감독을 게을리하지 아니한 개업공인중개사에게는 과태료를 부과하지 않는다.

③ 등록관청 – 개업공인중개사 : 중개대상물에 대하여 **부당**한 표시·광고를 한 자

> ㉠ **존**재하지 않아서 실제로 거래를 할 수 없는 중개대상물 표시·광고
> ㉡ **존**재하지만 실제로 중개의 대상이 될 수 없는 중개대상물 표시·광고
> ㉢ **존**재하지만 실제로 중개할 의사가 없는 중개대상물 표시·광고
> ㉣ 선택에 중요한 영향을 미칠 수 있는 사실을 **빠**뜨리거나 은폐·축소하는 등의 방법으로 소비자를 속이는 표시·광고
> ㉤ 가격을 사실과 **다**르게 거짓으로 표시·광고하거나 사실을 **과**장되게 하는 표시·광고

④ 등록관청 – 개업공인중개사 : 성실·정확하게 확인·**설명**× 설명의 근거자료를 제시×

⑤ 국장 – 정보통신서비스 제공자 : 정당한 사유 없이 표시·광고 **모**니터링의 관련 자료 제출 요구에 따르지 아니하여 관련 자료를 제출하지 아니한 자

⑥ 국장 – 정보통신서비스 제공자 : 정당한 사유 없이 **모**니터링 결과에 따라 이 법 위반이 의심되는 표시·광고에 대한 확인 또는 추가정보의 게재 등의 요구에 따르지 아니하여 필요한 조치를 하지 아니한 자

⑦ 국장 – 거래정보사업자 : **운**영규정의 승인× 변경승인× 운영규정 위반한 경우

⑧ 국장 – 거래정보사업자 : 보고, 자료의 제출, 조사 또는 검사를 거부·방해 또는 기피하거나 그 밖의 **명**령을 이행하지 아니하거나 거짓으로 보고 또는 자료제출을 한 경우

⑨ 국장 – 협회 : 공제사업 **운**용실적을 공시하지 아니한 경우

⑩ 국장 – 협회 : 보고, 자료의 제출, 조사 또는 검사를 거부·방해 또는 기피하거나 그 밖의 **명**령을 이행하지 아니하거나 거짓으로 보고 또는 자료제출을 한 경우

⑪ 국장 – 협회 : 임원에 대한 **징**계·해임 요구 또는 시정명령을 이행하지 아니한 경우

⑫ 국장 – 협회 : 금융감독원장의 공제사업에 관한 조사 또는 **검**사에 불응한 경우

⑬ 국장 – 협회 : 국토교통부장관의 공제사업 **개**선명령을 이행하지 아니한 경우

⑵ 100만원 이하의 과태료   ▶ 암기코드 : 이보게반반폐 광고문자문자

---

① 등록관청 – 개업공인중개사 : 등록관청 중개사무소의 **이**전신고를 하지 아니한 자

② 등록관청 – 개업공인중개사 : 중개가 완성된 때 손해배상책임에 관한 사항을 설명하지 아니하거나 **보**증관계증서의 사본 또는 관계증서에 관한 전자문서를 교부하지 아니한 자

③ 등록관청 – 개업공인중개사 : 등록증, 자격증, 중개보수 요율표, 보증설정 증명서류, 사업자등록증을 **게**시하지 아니한 자

④ 시·도지사 : 자격취소 후 공인중개사자격증을 **반**납하지 아니하거나 자격증을 반납할 수 없는 사유서를 제출하지 아니한 자 또는 거짓으로 자격증을 반납할 수 없는 사유서를 제출한 자

⑤ 등록관청 : 등록취소 후 중개사무소등록증을 **반**납하지 아니한 자

⑥ 등록관청 – 개업공인중개사 : 3개월 초과 휴업, **폐**업, 휴업기간 변경, 중개업의 재개신고를 하지 아니한 자

⑦ 등록관청 – 개업공인중개사 : 개업공인중개사가 중개대상물에 대한 표시·**광고**를 함에 있어서 중개사무소 및 개업공인중개사에 관한 사항을 표시하지 아니한 자, 중개보조원을 함께 명시한 자 / 인터넷을 이용한 표시·광고를 함에 있어서 중개대상물의 소재지, 면적, 가격 등을 명시하지 아니한 자

⑧ 등록관청 – 개업공인중개사 : 개업공인중개사가 사무소의 명칭에 "공인중개사사무소", "부동산중개"라는 **문자**를 사용하지 않거나 옥외 광고물에 성명을 표기하지 아니하거나 허위로 표기한 경우

⑨ 등록관청 – 개업공인중개사 : 부칙상 개업공인중개사가 사무소의 명칭에 "공인중개사사무소"라는 **문자**를 사용한 경우

▶ 과태료의 부과기준은 대통령령 [별표 2]로 정한다.

▶ **100만원 이하의 과태료 부과기준** : 이보게 자격증(①~④) 30만원, 폐업과 그 친구들(⑥) 20만원, 등 광고 문자 문자(⑤⑦⑧⑨) 50만원

▶ **국토부장관, 시·도지사 또는 등록관청은** 동기·결과 및 횟수 등을 고려하여 2분의 1의 범위에서 늘리거나 줄일 수 있다. 다만, 늘리는 경우에도 각각의 과태료 상한을 초과할 수 없다.

부동산 거래신고
등에 관한 법령

부동산 거래신고

부동산 거래신고, 해제등 신고, 정정신청, 변경신고, 과태료에서 2~3문제 출제된다.

1. 「부동산 거래신고 등에 관한 법률」

「부동산 거래신고 등에 관한 법률」은 과거 「부동산 거래신고에 관한 법률」, 「외국인토지법」
및 「국토의 계획 및 이용에 관한 법률」상 토지거래 허가제도가 통합되어 새롭게 제정된 법률
로서 2017년 1월 20일에 시행된 법률이다. 본 법령은 제1장 부동산 거래신고, 제2장 외국인 등
의 부동산 취득 등에 관한 특례, 제3장 토지거래허가, 제4장 보칙으로 구성되어 있다.

제1장 부동산 거래신고는 내·외국인을 불문하고 부동산 등의 매매계약을 체결한 경우에 실
제 거래가격을 신고관청에 신고해야 하는 제도와 주택의 임대차계약을 신고하는 제도를 담
고 있으며, 제2장 외국인 등의 부동산 취득 등에 관한 특례는 외국인 등이 대한민국 내의
부동산등의 소유권을 취득하는 경우에 이를 신고관청에 신고하는 제도와 외국인 등에 한하여
토지취득허가를 받아야 하는 구역·지역을 다룬다.

제3장 토지거래허가는 투기적인 거래가 성행하거나 지가가 급격히 상승하거나 그러한 우려
가 있는 지역에 대하여 국토교통부장관 또는 시·도지사가 허가구역을 지정하고 그 허가구
역 내에서 소유권 또는 지상권을 유상으로 취득하려는 계약을 체결하는 경우, 계약을 체결하
기 전에 허가를 받아야 취득할 수 있으며 허가를 받아 취득한 토지를 허가받은 목적대로 이
용해야 할 의무를 담고 있는 제도이다.

2. 제정목적

이 법은 부동산 거래 등의 신고 및 허가에 관한 사항을 정하여 건전하고 투명한 부동산 거래
질서를 확립하고 국민경제에 이바지함을 목적으로 한다(법률 제1조).

🏠 법령의 구성

「부동산 거래신고 등에 관한 법률」 ⇨	부동산 거래신고 주택 임대차 계약의 신고
	외국인 등의 부동산 등 취득에 관한 특례
	토지거래허가구역

3. 거래당사자 및 임대차계약당사자

① **거래당사자**: 부동산 거래신고는 매매계약에 대해서만 하게 되므로, 거래당사자는 부동산 등의 매수인과 매도인을 말하며, 외국인 등을 포함한다. 외국인 등의 범위는 제2장 외국인 등의 부동산 등 취득에 관한 특례에서 다룬다.

② **임대차계약당사자**: 부동산 등의 임대인과 임차인을 말하며, 외국인 등을 포함한다.

4. 부동산 거래신고 제도의 탄생

🔺 「**부동산등기 특별조치법**」

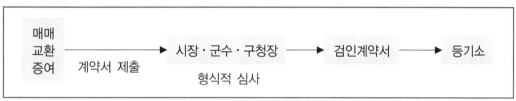

🔺 **부동산 거래신고**

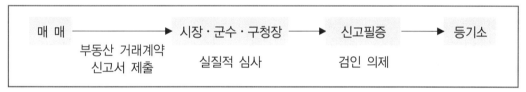

부동산 거래신고 제도는 2006년 1월 1일부터 시행되었으며, 토지, 건축물, 주택·상가·택지의 공급계약, 분양권 및 입주권의 매매계약에 대한 실제 거래가격을 부동산 등이 소재하는 시장·군수 또는 구청장에게 신고하도록 함으로써 실제 거래가격을 기준으로 세금을 납부하고 이를 공개함으로써 투명한 부동산거래질서를 확립하기 위해 도입한 제도이다.

처음 부동산 거래신고 제도가 도입될 당시(2006년 1월 1일)에는 토지 또는 건축물의 매매계약만 신고하였으나, 주택의 투기방지를 위해 2007년 1월 1일부터 「주택법」상의 아파트 분양권 및 「도시 및 주거환경정비법」상의 재건축 아파트 입주권의 매매계약도 신고대상에 포함되어 시행되어 오다가, 2017년 1월 20일부터는 부동산의 공급계약 및 상가·택지의 분양권의 매매계약도 실거래가 신고의무 대상에 포함되었다.

제2절 | **부동산 거래신고**

1. 부동산 거래신고

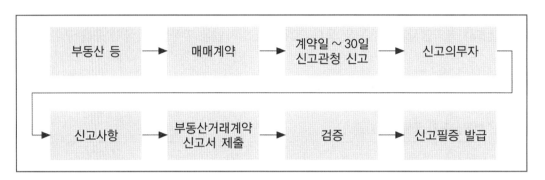

(1) **부동산 등**(부동산 또는 부동산을 취득할 수 있는 권리)

① 부동산 : 토지의 매매계약, 건축물(미등기 건물, 무허가 건물 포함)의 매매계약
② 부동산을 취득할 수 있는 권리

    1. **주택**법
    2. **도시** 및 주거환경정비법
    3. **건축물**의 분양에 관한 법률
    4. **택**지개발촉진법
    5. **도시**개발법
    6. **공공주택** 특별법
    7. **산업**입지 및 개발에 관한 법률
    8. **빈집** 및 소규모주택 정비에 관한 특례법

    ㉠ 부동산에 대한 공급계약
    ㉡ 공급계약을 통하여 **부동산을
    공급받는 자로 선정된 지위**
    의 매매계약

㉢ 「도시 및 주거환경정비법」에 따른 관리처분계획의 인가로 취득한 **입주자로 선정된 지위**의 매매계약
㉣ 「빈집 및 소규모주택 정비에 관한 특례법」에 따른 사업시행계획의 인가로 취득한 **입주자로 선정된 지위**의 매매계약

▶ 입목 · 광업재단 · 공장재단(×)
▶ 공인중개사법령상 중개대상물의 매매계약은 모두 부동산 거래신고를 해야 한다. (×)
▶ 「택지개발촉진법」에 따라 공급된 토지의 임대차계약(×)
▶ 「건축법」에 따른 부동산의 공급계약(×)
▶ 「건축법」에 따라 공급된 건축물의 매매계약(○)

(2) 신고대상계약 : 매매계약으로 한정됨

> **주의**
>
> 1. 교환(×) 증여(×) 대물변제(×) 저당권(×) 경매(×) 상가 · 토지의 임대차(×)
> 2. 일정한 조건을 갖춘 주택 임대차 : 부동산 거래신고(×) 주택 임대차 계약의 신고(○)
> 3. 토지거래계약의 허가를 받은 경우에도 부동산 거래신고를 해야 한다.
> 4. 농지 매매에 관하여 농지취득자격증명을 받은 경우라도 부동산거래신고를 해야 한다.

(3) 신고기한 및 신고관청

① **신고기한** : 거래**계약의 체결일부터** 30일 이내

② **신고관청** : **부동산 등의** 소재지를 관할하는 시장(구가 설치되지 아니한 시의 시장, **특별자치시장**, 특별자치도 행정시장) · 군수 또는 구청장

> **주의**
>
> ※ 「공인중개사법」상 등록관청 : 중개사무소 소재지 관할 시장 · 군수 또는 구청장
> 1. 부동산 등 소재지를 관할하는 특별자치시장은 부동산 거래의 신고관청이 된다. ( )
> 2. 개업공인중개사는 중개사무소 소재지를 관할하는 시장 · 군수 또는 구청장에게 부동산 거래 신고를 해야 한다. ( )
>
> ▶정답 1. ○ 2. ×

(4) 신고의무자

① **거래당사자 간 직거래인 경우**

㉠ 공동신고 : 거래당사자는 부동산 등에 관한 매매계약을 체결한 때에는 실제 매매가격 등을 계약체결일부터 30일 이내에 신고관청에 공동으로 신고해야 한다.

㉡ 일방이 국가 등인 경우 : 거래당사자 중 일방이 **국가, 공공기관, 지방자치단체, 지방직영기업, 지방공사, 지방공단**인 경우에는 국가 등이 신고를 해야 한다. 다른 상대방은 신고 의무가 없다.

> ▶ 「공공기관의 운영에 관한 법률」에 따라 지정 · 고시된 공공기관
> ▶ 「지방공기업법」에 따른 지방직영기업, 지방공사 및 지방공단

㉢ 신고거부 단독신고 : 거래당사자 중 일방이 신고를 거부하는 경우에는 **국토교통부령으로 정하는 바에 따라** 단독으로 신고할 수 있다.

② **개업공인중개사가 중개한 경우**

㉠ 개업공인중개사가 「공인중개사법」에 따라 거래계약서를 작성 · 교부한 경우에는 **개업공인중개사가 신고해야 한다.**

㉡ 공동중개를 한 경우에는 해당 개업공인중개사가 **공동**으로 **신고해야 한다.**

ⓒ 개업공인중개사 중 일방이 신고를 거부한 경우에는 국토교통부령으로 정하는 바에 따라 단독으로 신고할 수 있다.

> **주의**
>
> 1. 국가와 개인이 직접 매매계약을 체결한 경우, 거래당사자는 공동으로 부동산 거래신고를 해야 한다. (   )
> 2. 「지방공기업법」에 따른 지방공사와 개인이 직접 주택의 매매계약을 체결한 경우, 지방공사가 단독으로 부동산 거래신고를 해야 한다. (   )
> 3. 지방자치단체가 개업공인중개사의 중개로 토지의 매매계약을 체결한 경우, 개업공인중개사가 부동산 거래신고를 해야 한다. (   )
> 4. 개업공인중개사가 거래계약서를 작성한 경우에는 개업공인중개사와 거래당사자가 공동으로 부동산 거래신고를 해야 한다. (   )
> 5. 개업공인중개사가 거래계약서를 작성한 경우, 거래당사자는 부동산 거래신고 의무가 없다. (   )
>
> ▶정답 1. ✕ 2. ○ 3. ○ 4. ✕ 5. ○

2. 신고사항

(1) **공통신고사항**(부동산거래계약 신고서에 작성할 사항)

① 거래당사자의 인적사항

② 매수인이 국내에 주소 또는 거소(잔금 지급일부터 60일을 초과하여 거주하는 장소)를 두지 않을 경우 또는 매수인이 외국인인 경우로서 외국인 등록을 하거나 국내거소신고를 한 경우에는 그 체류기간 만료일이 잔금 지급일부터 60일 이내인 경우에는 **위탁관리인**의 인적사항

③ 개업공인중개사가 거래계약서를 작성 · 교부한 경우

> ㉠ 개업공인중개사의 인적사항
> ㉡ 중개사무소의 **상호 · 전화번호** 및 **소재지**

④ 계약 체결일 · 중도금 지급일 및 잔금 지급일

⑤ 계약의 **조건**이나 **기한**이 있는 경우에는 그 조건 또는 기한

⑥ 거래대상 부동산 등의 **종류**

⑦ 거래대상 부동산 등의 **소재지** · 지번 · **지목** 및 **면**적

⑧ 실제 거래가격

> **주의**
>
> • 권리관계(✕)   • 공법상의 제한사항(✕)

(2) 법인이 주택(모든 주택)의 거래계약을 체결하는 경우 추가 신고사항

1) 법인의 현황에 관한 다음의 사항 – 매도법인 및 매수법인이 모두 신고해야 할 사항

① 법인의 등기 현황

② 법인과 거래상대방 간의 관계가 다음의 어느 하나에 해당하는지 여부

　㉠ 거래상대방이 개인인 경우: 그 개인이 해당 법인의 임원이거나 법인의 임원과 친족관계가 있는 경우

　㉡ 거래상대방이 법인인 경우: 매도법인과 매수법인의 임원 중 같은 사람이 있거나 매도법인과 매수법인의 임원 간 친족관계가 있는 경우

> • 거래당사자 중 **국가 등이 포함**되어 있거나 공급계약 및 분양권의 거래계약인 경우는 **법인의 현황에 관한 사항을 신고하지 않아도** 된다.
> • 법인 주택거래계약 신고서(= 법인신고서)에 작성할 사항이다.

2) 주택의 매수법인만 추가로 신고해야 할 사항

① 거래대상인 주택의 **취득목적**

② 임대 등 거래대상 주택의 **이용계획**

③ 거래대상 주택의 취득에 필요한 **자금의 조달계획 및 지급방식**. 이 경우 투기과열지구에 소재하는 주택의 거래계약을 체결한 경우에는 자금의 조달계획을 증명하는 서류를 첨부해야 한다.

> • 매도인이 국가 등인 경우에도 주택의 매수법인은 2)를 신고해야 한다.
> • 주택취득자금 조달 및 입주계획서에 작성할 사항이다.

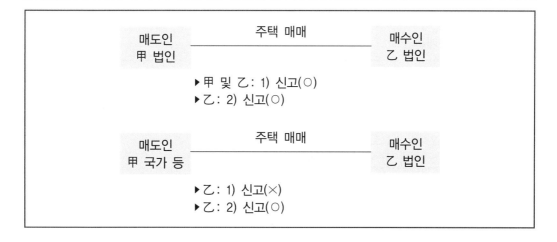

(3) 법인 외의 자(자연인)가 주택을 매수하는 경우 추가 신고사항

법인 외의 자가 **비규제지역**에서 실제 거래가격이 6억원 **이상**인 주택을 매수하거나 **투기과열지구 또는 조정대상지역**에 소재하는 **주택**을 매수하는 경우에는 아래의 내용을 추가로 신고해야 한다.

① 거래대상 주택의 취득에 필요한 **자금의 조달계획 및 지급방식**. 이 경우 <u>투기과열지구</u>에 소재하는 주택의 거래계약을 체결한 경우 매수자는 <u>자금의 조달계획을 증명하는 서류를 첨부</u>해야 한다.

② 거래대상 주택에 **매수자 본인이 입주할지 여부, 입주 예정 시기** 등 주택의 **이용계획**

> • 매도인이 국가 등인 경우에도 주택의 매수인은 아래 내용을 신고해야 한다.
> • 주택취득자금 조달 및 입주계획서에 작성할 사항이다.

```
            매도인    6억 이상, 투기, 조정 주택 매매    매수인
            甲 국가 등                                  乙 자연인

                ▶ 乙: 자금조달계획 및 지급방식,
                      입주 여부·입주예정시기 등 이용계획 신고
```

(4) 토지를 매수하는 경우 추가 신고사항

수도권 등(수도권, 광역시, 세종시)에 소재하는 1억원 **이상**의 토지(**지분** 매수의 경우 **모든 가격**의 토지)를 매수하거나 **수도권 등 외의 지역**에 소재하는 6억원 **이상** 토지(**지분**으로 매수하는 경우에도 6억원 **이상**의 토지)를 취득하는 경우에는 아래 내용을 추가로 신고해야 한다.

① 토지의 취득에 필요한 자금의 조달계획

② 토지의 이용계획

> • 매도인이 국가 등인 경우에도 매수인은 신고해야 한다.
> • 1회의 계약으로 매수하는 토지가 둘 이상인 경우에는 각각의 토지 가격을 모두 합산할 것
> • 신고 대상 토지거래계약 체결일부터 역산하여 1년 이내에 매수한 다른 토지(서로 맞닿은 토지)가 있는 경우에는 그 토지 가격을 거래가격에 합산할 것
> • 토지취득자금 조달 및 토지이용계획서에 작성할 사항이다.
> • 토지거래허가구역 내의 허가대상 토지 및 사용승인을 받은 건축물이 소재하는 토지는 추가 신고대상에서 제외한다.

3. 부동산 거래신고 방법

(1) 방문신고

국토교통부령 별지 제1호 서식인 부동산거래계약 신고서를 작성하여 신고관청에 직접 제출하는 방법이다.

(2) 전자문서에 의한 신고

부동산거래 관리시스템(https://rtms.molit.go.kr)을 이용하여 신고하는 방법이며 인터넷으로 신고서를 작성하여 제출하는 방법이다. 신분확인과 서명 또는 날인은 전자인증의 방법으로 한다.

(3) 부동산거래 전자계약시스템

법 제25조에 따라 구축된 부동산거래 전자계약시스템(https://irts.molit.go.kr)을 통하여 부동산 거래계약을 체결한 경우에는 부동산 거래계약이 체결된 때에 부동산 거래계약 신고서를 제출한 것으로 본다.

4. 부동산 거래신고 절차

(1) 거래당사자 직거래 : 부동산 거래계약 신고서 제출

① **공동신고** : 거래당사자는 부동산거래계약 신고서에 **공동으로 서명 또는 날인**하여 신고관청에 제출해야 한다. ▶ **신고서를 공동으로 제출해야 한다.** (×)

② **국가 등 단독신고** : 단독으로 부동산 거래계약을 신고하려는 **국가 등은** 부동산거래계약 신고서에 **단독으로 서명 또는 날인**하여 신고관청에 제출해야 한다.

③ **신고거부 단독신고** : 부동산거래계약 신고서에 단독으로 서명 또는 날인한 후 **다음의 서류를 첨부**하여 신고관청에 제출해야 한다. 신고관청은 단독신고 사유인지 여부를 확인해야 한다.

㉠ 거래계약서 사본	㉡ 단독신고사유서

주의

1. 공동신고 및 국가 등의 단독신고를 하는 때에는 부동산거래계약 신고서만 제출한다.
2. 거래당사자가 공동신고를 하는 경우, 거래당사자는 부동산거래계약 신고서에 공동으로 서명 또는 날인을 한 후 거래계약서 사본을 첨부하여 제출해야 한다. (×)

④ 신고하려는 사람은 주민등록증, 운전면허증, 여권 등 본인의 신분을 증명할 수 있는 증명서 (신분증명서)를 신고관청에 보여줘야 한다.

⑤ **신고서 제출의 대행 : 공동신고, 국가 등의 단독신고 및 일방 신고거부로 인한 단독신고** 모두 거래당사자의 위임을 받은 사람은 신고서의 제출을 대행할 수 있다. 제출을 대행하는 사람은 신분증명서를 신고관청에 보여주고, 다음의 서류를 함께 제출해야 한다.

> ㉠ 위임인이 자연인인 경우 : 서명 또는 날인한 위임장 및 신분증명서 사본
> ㉡ 위임인이 법인인 경우 : 법인인감을 날인한 위임장

(2) 개업공인중개사 중개 : 부동산 거래계약 신고서 제출

① 부동산거래신고를 하려는 **개업공인중개사**는 부동산거래계약 신고서에 **서명 또는 날인**하여 신고관청에 제출해야 한다.

② 공동으로 중개한 경우에는 해당 개업공인중개사가 공동으로 서명 또는 날인해야 한다.

③ 개업공인중개사 일방이 공동신고를 거부하여 단독으로 신고하려는 개업공인중개사는 신고서에 단독으로 서명 또는 날인한 후 **다음의 서류를 첨부**하여 신고관청에 제출해야 한다. 이 경우 신고관청은 단독신고 사유에 해당하는지 여부를 확인해야 한다.

> ㉠ 거래계약서 사본   ㉡ 단독신고사유서

④ 신고하려는 개업공인중개사는 신분증명서를 신고관청에 보여줘야 한다.

⑤ 개업공인중개사의 위임을 받은 **소속공인중개사**는 부동산거래계약 신고서의 제출을 대행할 수 있다. 이 경우 소속공인중개사는 신분증명서를 신고관청에 보여줘야 한다.

주의

1. 개업공인중개사가 제출하는 부동산거래계약 신고서에는 개업공인중개사와 거래당사자가 공동으로 서명 또는 날인해야 한다. (×)
2. 소속공인중개사가 신고서 제출을 대행하는 경우 : 위임장 제출(×)
3. 중개보조원은 신고서 제출을 대행할 수 없다.

(3) 법인 주택 거래계약 신고서(법인 신고서) 제출

법인이 주택의 거래계약을 체결(일방이 국가 등인 경우는 제외)하고 **법인의 현황에 관한 사항(법인의 등기현황 및 상대방 간의 관계)**을 신고해야 하는 경우에는 부동산거래계약 신고서를 제출할 때 별지 서식의 **법인 주택 거래계약 신고서**를 신고관청에 함께 제출해야 한다.

(4) 주택취득자금 조달 및 입주계획서 제출

① 법인이 주택을 취득하는 경우 및 자연인이 비규제지역 6억원 이상, 투기과열지구 또는 조정대상지역에 소재하는 주택을 취득하는 경우에는 부동산거래계약 신고서를 제출할 때 **매수인이 단독으로 서명 또는 날인**한 별지 서식의 주택취득자금 조달 및 입주계획서를 신고관청에 함께 제출해야 한다.

② 투기과열지구에 소재하는 주택의 거래계약을 체결한 경우 매수인은 **자금의 조달계획을 증명하는** 서류로서 국토교통부령으로 정하는 서류를 **첨부**해야 한다.

(5) 토지취득자금 조달 및 토지이용계획서 제출

수도권 · 광역시 · 세종시의 1억원 이상 토지(지분은 모든 가격의 토지) 및 수광세 외의 지역에서 6억원 이상의 토지(지분도 6억원 이상)를 취득하는 경우에는 부동산거래계약 신고서를 제출할 때 **매수인이 단독으로 서명 또는 날인**한 별지 서식의 토지취득자금 조달 및 토지이용계획서를 신고관청에 함께 제출해야 한다.

(6) 분리 제출, 제공

① 법인 또는 매수인이 법인신고서, 주택취득자금 조달 및 입주계획서 또는 토지취득자금 조달 및 토지이용계획서(이하 "법인신고서 등"이라고 한다)를 부동산거래계약 신고서와 **분리**하여 **제출**하기를 **희망**하는 경우 법인 또는 매수인은 거래계약의 체결일부터 30**일** 이내에 별도로 제출할 수 있다.

② 부동산거래계약을 신고하려는 자 중 법인 또는 매수인 외의 자가 법인신고서 등을 제출하는 경우 법인 또는 매수인은 부동산거래계약을 신고하려는 자에게 거래계약의 체결일부터 25**일** 이내에 법인신고서 등을 **제공**하여야 하며, 이 기간 내에 제공하지 아니한 경우에는 매수인이 별도로 법인신고서 등을 제출해야 한다.

(7) 외국인 추가 제출서류

매수인이 「출입국관리법」에 따른 외국인 등록을 하였거나 「재외동포의 출입국과 법적 지위에 관한 법률」에 따른 국내거소신고를 한 경우에는 부동산 거래계약 신고서를 제출할 때 「출입국관리법 시행규칙」 별지 서식의 외국인 등록 사실증명 또는 「재외동포의 출입국과 법적 지위에 관한 법률 시행규칙」 별지 서식의 국내거소신고 사실증명을 신고관청에 함께 제출해야 한다.

부동산거래계약 신고서

① 매도인	성명(법인명)		주민등록번호(법인·외국인등록번호)		국 적
	주소(법인소재지)			거래지분 비율 (분의)	
	전화번호		휴대전화번호		

② 매수인	성명(법인명)		주민등록번호(법인·외국인등록번호)		국 적
	주소(법인소재지)			거래지분 비율 (분의)	
	전화번호		휴대전화번호		
	③ 법인신고서 등	[ ] 제출　　　[ ] 매수인 별도제출　　　[ ] 해당 없음			
	외국인의 부동산 등 매수용도	[ ] 주거용(아파트)　[ ] 주거용(단독주택)　[ ] 주거용(그 밖의 주택) [ ] 레저용　　　　　[ ] 상업용　　　　　[ ] 공업용　　　　　[ ] 그 밖의 용도			
	위탁관리인 (국내에 주소 또는 거소가 없는 경우)	성 명	주민등록번호		
		전화번호	주 소		

개업 공인중개사	성명(법인명)		주민등록번호(법인·외국인등록번호)	
	전화번호		휴대전화번호	
	상 호		등록번호	
	사무소 소재지			

거래대상	종 류	④ [ ] 토지　[ ] 건축물 (　　　　)　[ ] 토지 및 건축물 (　　　　　　)			
		⑤ [ ] 공급계약 [ ] 전매 [ ] 분양권 [ ] 입주권	[ ] 준공 전 [ ] 준공 후 [ ] 임대주택 분양전환		
	⑥ 소재지/지목/ 면적	소재지			
		지 목	토지면적　　　100 m²	토지 거래지분 (100 분의 30)	
		대지권비율 (분의)	건축물면적　　　200 m²	건축물 거래지분 (200 분의 90)	
	⑦ 계약대상 면적	토 지　　　30 m²	건축물　　　90 m²		
	⑧ 물건별 거래가격			원	
		공급계약 또는 전매	분양가격 　　　　원	발코니 확장 등 선택비용 　　　　　　　　　원	추가지급액 　　　　원

⑨ 총 실제 거래가격 (전체)	합 계 원	계약금	원	계약 체결일	
		중도금	원	중도금 지급일	
		잔 금	원	잔금 지급일	

⑩ 종전 부동산	소재지/지목 /면적	소재지			
		지 목	토지면적　　　m²	토지 거래지분 (분의)	
		대지권비율 (분의)	건축물면적　　　m²	건축물 거래지분 (분의)	
	계약대상 면적	토 지　　　m²	건축물　　　m²		
	거래금액	합 계　　　원	추가지급액　　　원	권리가격　　　원	
		계약금　　　원	중도금　　　원	잔 금　　　원	

⑪ 계약의 조건 및 참고사항	

「부동산 거래신고 등에 관한 법률」 제3조 제1항부터 제4항 및 같은 법 시행규칙 제2조 제1항부터 제4항까지의 규정에 따라 위와 같이 부동산거래계약 내용을 신고합니다.

　　　　　　　　　　　　　　　　　　　　　　　　　　　　　　　　년　　　월　　　일

신고인	매도인 :　　　　　　　　(서명 또는 인) 매수인 :　　　　　　　　(서명 또는 인) 개업공인중개사 :　　　　(서명 또는 인) (개업공인중개사 중개시)

시장·군수·구청장　귀하

⑧ 시행규칙 별지 제1호 서식의 부동산거래계약 신고서 작성방법

① · ② 거래당사자가 다수인 경우 매도인 또는 매수인의 **주소란**에 각자의 거래 지분 비율을 표시하고, 거래당사자가 **외국인**인 경우 거래당사자의 **국적**을 반드시 적어야 하며, **외국인**이 부동산 등을 매수하는 경우 **매수용도란**에 표시한다.

③ "법인신고서 등"란은 법인 주택 거래계약 신고서, 주택취득자금 조달 및 입주계획서, 자금조달계획을 증명하는 서류 및 토지취득자금 조달 및 토지이용계획서를 이 신고서와 함께 제출하는지 또는 별도로 제출하는지를 √표시하고, 그 밖의 경우에는 해당 없음에 √표시한다.

④ 부동산 매매의 경우 "종류"란에는 토지, 건축물 또는 토지 및 건축물(복합부동산의 경우)에 √표시를 하고, 부동산이 "건축물" 또는 "토지 및 건축물"인 경우에는 건축물의 종류를 "아파트, 연립, 다세대, 단독, 다가구, 오피스텔, 근린생활시설, 사무소, 공장 등" **「건축법 시행령」[별표 1]에 따른 용도별 건축물의 종류**를 적는다.

⑤ **공급계약**은 시행사 또는 건축주등이 최초로 부동산을 공급(분양)하는 계약을 말하며, 준공 전과 준공 후 계약 여부에 따라 표시하고, "임대주택 분양전환"은 **법인인 임대주택사업자**가 임대기한이 완료되어 분양전환하는 주택인 경우에 표시한다. **전매**는 부동산을 취득할 수 있는 권리의 매매로서, "분양권" 또는 "입주권"에 표시한다.

⑥ 소재지는 지번(아파트 등 집합건축물의 경우에는 동·호수)까지, 지목/면적은 토지대장상의 지목·면적, 건축물대장상의 건축물 면적(집합건축물의 경우 호수별 전용면적, 그 밖의 건축물의 경우 연면적), 등기사항증명서상의 대지권 비율, 각 거래대상의 토지와 건축물에 대한 거래 지분을 정확하게 적는다.

⑦ 계약대상 면적에는 실제 거래면적을 계산하여 적되, 건축물 면적은 **집합건축물의 경우 전용면적**을 적고, **집합건축물 외의 건축물의 경우 연면적**을 적는다.

⑧ **물건별 거래가격란에는 각각의 부동산별 거래가격**을 적는다. 최초 공급계약(분양) 또는 전매계약(분양권, 입주권)의 경우 **분양가격, 발코니 확장 등 선택비용 및 추가지급액**(프리미엄 등 공급가액을 초과 또는 미달하는 금액)을 각각 적는다.

⑨ 총 실제 거래가격란에는 전체 거래가격(둘 이상의 부동산을 함께 거래하는 경우 각각의 부동산별 거래가격의 합계 금액)을 적고, 계약금/중도금/잔금 및 그 지급일을 적는다.

⑩ 종전 부동산란은 **입주권** 매매의 경우에만 작성한다.

⑪ 계약의 조건 및 참고사항란은 부동산 거래계약 내용에 계약조건이나 기한을 붙인 경우, 거래와 관련한 참고내용이 있을 경우에 적는다.

　　※ 거래대상의 종류가 **공급계약(분양)** 또는 **전매계약(분양권, 입주권)인 경우** ⑧ 물건별 거래가격 및 ⑨ 총 실제거래가격에 **부가가치세를 포함**한 금액을 적고, 그 외의 거래대상의 경우 부가가치세를 제외한 금액을 적는다.

　　※ "거래계약의 체결일"이란 거래**당사자**가 구체적으로 **특정**되고, 거래**목적물** 및 **거래대금** 등 거래계약의 중요 부분에 대하여 거래당사자가 **합의한 날**을 말한다. 이 경우 <u>합의와 더불어 계약금의 전부 또는 일부를 지급한 경우에는 그 지급일을 거래계약의 체결일로 보되</u>, **합의한 날이 계약금의 전부 또는 일부를 지급한 날보다 앞서는 것이 서면 등을 통해 인정되는 경우에는 합의한 날을 거래계약의 체결일로 본다.**

5. 신고필증 발급 등

(1) 검증체계 구축

① **국토교통부장관**은 공정하고 투명한 부동산거래질서를 확립하기 위하여 부동산거래가격 검증체계를 **구축·운영**해야 한다.

② 신고관청은 신고를 받은 경우 부동산거래가격 검증체계를 활용하여 그 적정성을 검증해야 한다.

③ **신고관청**은 검증 결과를 해당 부동산의 소재지를 관할하는 **세무관서의 장에게 통보**해야 하며, 통보받은 세무관서의 장은 해당 신고 내용을 국세 또는 지방세 부과를 위한 과세자료로 활용할 수 있다.

④ 국토교통부장관은 부동산거래가격 검증체계의 구축·운영을 위하여 신고내용의 조사결과 및 신고가격의 적정성 검증결과 등에 관한 자료를 제출할 것을 신고관청에 요구할 수 있다.

(2) 신고필증 발급

① 신고관청은 그 신고 내용을 확인한 후 신고인에게 신고필증을 **지체 없이** 발급해야 한다.

② 신고관청은 법인신고서등을 제출해야 하는 경우에는 법인신고서등을 포함한 부동산거래계약 신고서가 제출된 때에 신고필증을 발급한다.

③ 부동산 등의 매수인은 **신고인이 신고필증을 발급받은 때**에 「부동산 등기 특별조치법」에 따른 **검인을 받은 것으로 본다.**

제3절 | 부동산거래계약 해제등 신고

1. 해제등 신고 의무자(법률)

① **거래당사자**는 부동산 거래신고를 한 후 해당 거래계약이 **해제, 무효 또는 취소**된 경우 해제등이 확정된 날부터 30일 이내에 해당 신고관청에 **공동으로 신고해야 한다.** 다만, 거래당사자 중 일방이 신고를 거부하는 경우에는 국토교통부령으로 정하는 바에 따라 단독으로 신고할 수 있다.

② **개업공인중개사**가 부동산 거래신고를 한 경우에는 개업공인중개사가 **해제등 신고를 할 수 있다.** 해제등 신고의무는 거래당사자에게 있으며 개업공인중개사는 해제등 신고 의무가 없고 해제등 신고를 할 수 있다.

> **주의**
>
> 1. 매도인이 매매계약을 취소하면 매도인이 단독으로 취소를 신고해야 한다. (   )
> 2. 개업공인중개사가 부동산 거래신고를 한 계약이 해제된 경우에는 개업공인중개사가 해제를 신고해야 한다. (   )
>
> ▶정답 1. ✕ 2. ✕

2. 해제등 확인서 교부 등

① 부동산거래계약 해제등을 신고받은 신고관청은 그 내용을 확인한 후 별지 제4호 서식의 부동산거래계약 해제등 확인서를 신고인에게 지체 없이 발급하여야 한다.

② 부동산거래계약시스템을 통하여 부동산 거래계약 해제등을 한 경우에는 부동산 거래계약 해제등이 이루어진 때에 부동산거래계약 해제등 신고서를 제출한 것으로 본다.

제4절 신고내용의 조사 등

1. 신고내용의 조사

(1) 신고관청의 조사

① 신고관청은 다음의 신고 받은 내용이 누락되어 있거나 정확하지 아니하다고 판단하는 경우에는 신고인에게 신고 내용을 보완하게 할 수 있다.

② 신고관청은 다음의 신고 받은 내용의 사실 여부를 확인하기 위하여 소속 공무원으로 하여금 거래당사자 또는 개업공인중개사에게 거래계약서, 거래대금 지급을 증명할 수 있는 자료 등 관련 자료의 제출을 요구하는 등 필요한 조치를 취할 수 있다.

> ○ 부동산 거래신고, 부동산 거래의 해제등 신고
> ○ 외국인 등의 부동산 취득·보유 신고

(2) 공동조사

국토교통부장관은 부동산 거래신고, 부동산 거래의 해제등 신고 또는 외국인 등의 부동산 취득·보유 신고 받은 내용의 확인을 위하여 필요한 때에는 **신고내용조사를 직접 또는 신고관청과 공동으로 실시할 수 있다.**

(3) 거래대금 지급증명자료 제출요구

'국토교통부장관 또는 신고관청'(조사기관)은 신고 내용의 조사 또는 공동조사를 위하여 거래당사자 또는 개업공인중개사에게 다음의 자료를 제출하도록 요구할 수 있다.

> ○ 거래계약서 사본
> ○ 입금표 또는 통장 사본, 매수인이 거래대금의 지급을 위하여 다음의 행위를 하였음을 증명할 수 있는 자료(대출, 정기예금 등의 만기수령 또는 해약, 주식·채권 등의 처분)
> ○ 매도인이 거래대금을 예금 외의 다른 용도로 지출한 경우 이를 증명할 수 있는 자료

(4) 조사 결과 보고

① 신고관청은 신고내용의 조사 결과를 특별시장, 광역시장, 특별자치시장, 도지사, 특별자치도지사에게 보고해야 하며, 시·도지사는 이를 국토교통부령으로 정하는 바에 따라 국토교통부장관에게 보고해야 한다.

② **시·도지사**는 신고관청이 보고한 내용을 취합하여 **매월 1회 국토교통부장관에게 보고**(전자문서에 의한 보고 또는 부동산정보체계에 입력하는 것을 포함)해야 한다.

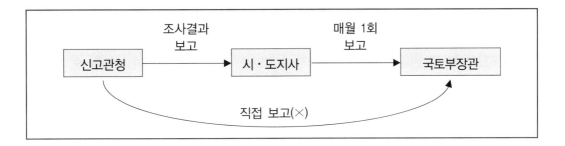

2. 업무의 위탁

국토교통부장관은 다음의 업무를 「한국부동산원법」에 따른 **한국부동산원**에 위탁한다.

① 부동산거래가격 검증체계의 **구축 · 운영**

② 부동산정보체계의 **구축 · 운영**

③ 신고 내용의 **조사 업무 중 다음의 업무**

> ㉠ 조사 대상자의 선정
> ㉡ 제출한 자료 중 누락되었거나 정확하지 않은 자료 및 신고한 내용의 사실 여부를 확인하기 위한 자료의 제출 요구 및 접수
> ㉢ 제출받은 자료의 적정성 검토

제5절 **정정신청 및 변경신고**

1. 부동산 거래계약의 정정신청 ▶ 전주상사 비대 종류 지지면

① 부동산 거래계약 신고 내용 중 다음의 어느 하나에 해당하는 사항이 **잘못 기재된 경우**에는 신고관청에 신고 내용의 정정을 신청할 수 있다.

> 1. 거래당사자의 **주소 · 전**화번호 또는 휴대전화번호
> 2. 개업공인중개사의 전화번호 · **상호** 또는 **사무소** 소재지
> 3. 거래 지분 **비율, 대**지권비율
> 4. 거래대상 건축물의 **종류**
> 5. 거래대상 부동산 등의 **지목**, 거래 **지분, 면**적

    ▶ **성명**(×)　**주민등록번호**(×)　**법인명**(×)　**법인등록번호**(×)

    ▶ **소재지 · 지번**(×)　**거래가격**(×)

    ▶ **정정신청 및 변경신고** : 거래당사자 위임받은 사람 또는 소공이 대행할 수 있다.

② 정정신청을 하려는 거래당사자 또는 개업공인중개사는 발급받은 신고필증에 정정 사항을 표시하고 해당 정정 부분에 서명 또는 날인을 하여 신고관청에 제출해야 한다.

③ 거래당사자의 **주소 · 전화번호 또는 휴대전화번호**를 정정하는 경우에는 해당 거래당사자 일방이 **단독**으로 서명 또는 날인하여 정정을 신청할 수 있다.

④ 정정신청을 받은 신고관청은 정정사항을 확인한 후 지체 없이 해당 내용을 정정하고 부동산거래 신고필증을 재발급하여야 한다.

2. 부동산 거래계약의 변경신고　▶ 비지면 조가중잔 제외 위

① 거래당사자 또는 개업공인중개사는 부동산 거래계약 신고 내용 중 다음에 해당하는 사항이 **변경된 경우**에는 등기신청 전에 신고관청에 신고 내용의 변경을 신고할 수 있다.

> 1. 거래 지분 **비율**
> 2. 거래 **지분**
> 3. 거래대상 부동산 등의 **면적**
> 4. 계약의 **조건** 또는 기한
> 5. 거래**가격**
> 6. **중도금 · 잔금** 및 지급일
> 7. 공동매수의 경우 일부 매수인의 변경(매수인 중 일부가 **제외**되는 경우만 해당한다)
> 8. 부동산 등이 다수인 경우 일부 부동산 등의 변경(일부가 **제외**되는 경우만 해당한다)
>   ▶ **매수인 또는 부동산 등이 추가되거나 교체되는 경우**(×)
> 9. **위탁관리인**의 성명, 주민등록번호, 주소 및 전화번호(휴대전화번호를 포함한다)

② 변경신고를 하는 거래당사자 또는 개업공인중개사는 별지 제5호 서식의 부동산거래계약 변경 신고서에 서명 또는 날인하여 신고관청에 제출해야 한다.

③ 부동산 등의 **면적 변경이 없는 상태**에서 **거래가격이 변경된 경우**에는 변경 신고서에 거래 계약서 사본 등 그 사실을 증명할 수 있는 서류를 첨부해야 한다.

④ 공급계약(전매)인 경우 거래가격 중 **분양가격 및 선택품목**은 거래당사자 일방이 단독으로 변경신고를 할 수 있으며 거래계약서 사본 등 이를 증명할 수 있는 서류를 첨부해야 한다.

⑤ 변경신고를 받은 신고관청은 변경사항을 확인한 후 지체 없이 해당 내용을 변경하고 부동산거래 신고필증을 재발급해야 한다.

제6절 | 주택 임대차 계약의 신고

1. 주택 임대차 계약의 신고

(1) 신고대상 및 신고대상지역

① 주택(「주택임대차보호법」에 따른 주택을 말하며, **주택을 취득할 수 있는 권리를 포함**한다)에 대하여 **보증금이 6천만원을 초과하거나 월 차임이 30만원을 초과**하는 임대차 계약을 체결한 경우

> **주의**
> - 사실상 주거용으로 사용하는 경우는 모두 신고대상에 포함된다.
> - 보증금 6천만원, 월차임 30만원 : 신고(×)
> - 보증금 7천만원, 월차임 20만원 : 신고(○)
> - 보증금 5천만원, 월차임 40만원 : 신고(○)

② 계약을 갱신하는 경우로서 보증금 및 차임의 증감 없이 **임대차기간만 연장하는 계약은 신고대상에서 제외**된다.

③ 주택 임대차 계약의 신고는 특별자치시·특별자치도·시·군(**광역시 및 경기도의 관할구역에 있는 군으로 한정**한다)·구(자치구를 말한다)에 적용한다.

> **주의**
> - 특별시·광역시·특별자치시·특별자치도·시·군(광역시 및 경기도의 군으로 한정함)
> - 인천광역시 강화군(○), 충청남도 청양군(×)

(2) 신고의무자

① **거래당사자 공동신고(원칙)** : 임대차계약**당사자**는 보증금 또는 차임 등을 임대차 계약의 체결일부터 30일 이내에 주택 소재지를 관할하는 신고관청에 **공동**으로 **신고하여야** 한다.

② **거래당사자 일방이 국가 등인 경우** : **국가 등이 임대차 계약의 신고를 하여야 한다.**

③ **일방의 신고거부** : 임대차계약당사자 중 일방이 신고를 거부하는 경우에는 국토교통부령으로 정하는 바에 따라 단독으로 신고할 수 있다.

> **주의**
> - 개업공인중개사는 임대차 신고의무가 없다.

⑶ 신고필증 발급 등

① 신고관청은 그 신고 내용을 확인한 후 신고인에게 신고필증을 지체 없이 발급하여야 한다.

② 신고관청은 신고접수 및 신고필증 발급에 따른 사무에 대한 해당 권한의 일부를 그 지방자치단체의 조례로 정하는 바에 따라 읍·면·동장 또는 출장소장에게 위임할 수 있다.

2. 주택 임대차 계약의 변경 및 해제 신고

⑴ 변경 및 해제 신고

① 임대차계약당사자는 주택 임대차 계약을 신고한 후 해당 임대차 계약의 **보증금, 차임 등 임대차 가격이 변경**되거나 임대차 계약이 **해제**된 때에는 변경 또는 해제가 확정된 날부터 30일 이내에 해당 신고관청에 공동으로 신고하여야 한다.

② 일방이 국가 등인 경우에는 **국가 등이 신고**하여야 한다.

③ 임대차계약당사자 중 일방이 신고를 거부하는 경우에는 국토교통부령으로 정하는 바에 따라 단독으로 신고할 수 있다.

⑵ 신고필증 발급 등

① 신고관청은 그 신고 내용을 확인한 후 신고인에게 신고필증을 지체 없이 발급하여야 한다.

② 신고관청은 변경 및 해제 신고에 따른 사무에 대한 해당 권한의 일부를 그 지방자치단체의 조례로 정하는 바에 따라 읍·면·동장 또는 출장소장에게 위임할 수 있다.

3. 다른 법률에 따른 신고 등의 의제

① 임차인이 「주민등록법」에 따라 **전입신고를 하는 경우** 이 법에 따른 주택 임대차 계약의 신고를 한 것으로 본다.

② 「공공주택 특별법」에 따른 공공주택사업자 및 「민간임대주택에 관한 특별법」에 따른 임대사업자는 관련 법령에 따른 주택 임대차 계약의 신고 또는 변경신고를 하는 경우 이 법에 따른 주택 임대차 계약의 신고 또는 변경신고를 한 것으로 본다.

③ **임대차계약서가 제출된** 주택 임대차 계약의 신고 및 변경신고의 접수를 완료한 때에는 「주택임대차보호법」에 따른 **확정일자를 부여한 것으로 본다.** 이 경우 신고관청은 「주택임대차보호법」에 따라 확정일자부를 작성하거나 「주택임대차보호법」의 확정일자부여기관에 신고 사실을 통보하여야 한다.

4. 신고사항 및 신고절차(국토교통부령)

(1) 주택 임대차 계약의 신고를 해야 할 사항

① 임대차계약당사자의 인적사항

- ㉠ 자연인인 경우 : 성명, 주소, 주민등록번호(외국인은 외국인 등록번호) 및 연락처
- ㉡ 법인인 경우 : 법인명, 사무소 소재지, 법인등록번호 및 연락처
- ㉢ 법인 아닌 단체인 경우 : 단체명, 소재지, 고유번호 및 연락처

② 임대차 목적물(주택을 취득할 수 있는 권리에 관한 계약인 경우에는 그 권리의 대상인 주택을 발한다)의 소재시, 종류, 임내 면적 등 임대자 목적물 현황

③ 보증금 또는 월 차임

④ 계약 체결일 및 계약 기간

⑤ 「주택임대차보호법」에 따른 계약갱신요구권의 행사 여부(계약을 갱신한 경우만)

⑥ **해당 주택 임대차 계약을 중개한 개업공인중개사의 사무소 명칭, 사무소 소재지, 대표자 성명, 등록번호, 전화번호 및 소속공인중개사 성명**
  - ▶ 권리관계(×), 공법상 제한(×)

(2) 주택 임대차 계약의 신고절차

① **공동신고** : 임대차계약당사자는 별지 서식의 주택 임대차 계약 신고서(임대차 신고서)에 공동으로 서명 또는 날인해 신고관청에 제출해야 한다.

② **공동신고 간주** : 임대차계약당사자 **일방이 임대차 신고서에 단독으로 서명 또는 날인**한 후 다음의 **서류 등을 첨부해 신고관청에 제출**한 경우에는 임대차계약당사자가 공동으로 **임대차 신고서를 제출한 것으로 본다.**
  - ㉠ 계약서를 작성한 경우 : 주택 **임대차 계약서**
  - ㉡ 계약서를 작성하지 않은 경우 : 입금증, 통장사본 등 임대차 계약 체결 사실을 입증할 수 있는 서류 등
  - ㉢ 계약갱신요구권을 행사한 경우 : 이를 확인할 수 있는 서류 등

③ 임대차계약당사자 일방 또는 임대차계약당사자의 위임을 받은 사람이 (1)의 신고사항이 모두 적혀 있고 임대차계약당사자의 서명이나 날인이 되어 있는 **주택 임대차 계약서를 신고관청에 제출**하면 임대차계약**당사자가 공동으로 임대차 신고서를 제출한 것으로 본다.**

④ **국가 등의 신고** : 국가 등이 주택 임대차 계약을 신고하려는 경우에는 임대차 신고서에 **단독으로 서명 또는 날인**해 신고관청에 제출해야 한다.

⑤ **일방의 거부**: 일방이 신고를 거부해 단독으로 주택 임대차 계약을 신고하려는 자는 임대 차 신고서에 서명 또는 날인한 후 ②의 서류 등과 단독신고사유서를 첨부해 신고관청에 제출해야 한다. 이 경우 신고관청은 단독신고 사유에 해당하는지를 확인해야 한다.

⑥ 신고하려는 자는 신분증명서를 신고관청에 보여줘야 한다.

⑦ **신고필증 발급**: 신고를 받은 신고관청은 신고 사항의 누락 여부 등을 확인한 후 지체 없이 별지 서식의 주택 임대차 계약 신고필증(임대차 신고필증)을 내줘야 한다.

⑧ **전자계약**: 부동산거래계약시스템을 통해 주택 임대차 계약을 체결한 경우에는 임대차계 약당사자가 공동으로 임대차 신고서를 제출한 것으로 본다.

(3) 주택 임대차 계약 신고 내용의 정정

임대차계약당사자는 주택 임대차 계약의 신고 사항 또는 주택 임대차 계약 변경 신고의 내용 이 잘못 적힌 경우에는 신고관청에 신고 내용의 정정을 신청할 수 있다.

(4) 주택 임대차 계약 신고서 등의 제출 대행

임대차계약당사자의 위임을 받은 사람은 임대차 신고서, 임대차 변경 신고서 및 임대차 해제 신고서의 작성·제출 및 정정신청을 대행할 수 있다.

(5) 다른 법률에 따른 신고 등의 의제 절차

주택 임대차 계약의 임차인은 「주민등록법」에 따른 전입신고를 하는 경우로서 주택 임대차 계약의 신고를 한 것으로 보는 경우 주택 임대차 계약서 또는 임대차 신고서(주택 임대차 계약서를 작성하지 않은 경우로 한정한다)를 제출해야 한다.

제**7**절 **부동산 거래신고 및 임대차 신고 의무 위반시 제재**

1. 형 벌

부당하게 재물이나 재산상 이득을 취득하거나 제3자로 하여금 이를 취득하게 할 목적으로 다음의 사유를 위반한 자는 **3년 이하의 징역** 또는 **3천만원 이하의 벌금**에 처한다.

① 매매계약을 체결하지 아니하였음에도 **불**구하고 거짓으로 부동산 거래신고를 한 자

② 부동산 거래신고 후 해당 계약이 해제등이 되지 아니하였음에도 **불**구하고 거짓으로 해제 등의 신고를 한 자

2. 과태료 사유

(1) 3,000만원 이하의 과태료(불불자)

① 매매계약을 체결하지 아니하였음에도 **불**구하고 거짓으로 부동산 거래신고를 한 자(형벌을 받은 경우는 제외한다)

② 부동산 거래신고 후 해당 계약이 해제등이 되지 아니하였음에도 **불**구하고 거짓으로 해제 등의 신고를 한 자(형벌을 받은 경우는 제외한다)

③ 거래대금 지급을 증명할 수 있는 **자**료를 제출하지 아니하거나 거짓으로 제출한 자 또는 그 밖의 필요한 조치를 이행하지 아니한 자

(2) 500만원 이하의 과태료(아아조외요)

① 부동산 거래신고를 하지 **아**니한 자(공동신고를 거부한 자 포함)

② 거래당사자로서 부동산 거래의 해제등 신고를 하지 **아**니한 자(공동신고를 거부한 자 포함)

③ 거짓으로 부동산 거래신고 또는 해제등 신고를 하는 행위를 **조**장하거나 방**조**한 자

④ 거래대금지급증명자료 **외**의 자료를 제출하지 아니하거나 거짓으로 제출한 자

⑤ 개업공인중개사로 하여금 부동산 거래신고를 하지 **아**니하게 하거나 거짓된 내용을 신고하도록 **요**구한 자

(3) 취득가액의 100분의 10 이하의 과태료

① 신고의무자로서 부동산 거래신고를 **거짓**으로 한 자

② 매매계약 체결 후 신고의무자가 아닌 자로서 **거짓**된 내용의 부동산 거래신고를 한 자

> **주의**
>
> 1. 거래당사자가 거짓신고를 요구하여 개업공인중개사가 거짓으로 신고한 경우
>   ① 거래당사자 : 500만원 이하 과태료
>   ② 개업공인중개사 : 취득가액의 10% 이하 과태료
> 2. 중개거래임에도 개공이 거짓신고를 조장 · 방조하여 거래당사자가 거짓으로 신고한 경우
>   ① 개업공인중개사 : 500만원 이하 과태료
>   ② 거래당사자 : 취득가액의 10% 이하 과태료

(4) 100만원 이하의 과태료

주택 임대차 계약의 **신고** 또는 **변경 · 해제** 신고를 하지 아니하거나(공동신고를 거부한 자를 포함한다) 그 신고를 거짓으로 한 자

(5) 과태료 부과권자

① 과태료는 대통령령으로 정하는 바에 따라 신고관청이 부과·징수한다.

② 개업공인중개사에게 과태료를 부과한 신고관청은 부과일부터 **10일 이내**에 해당 개업공인중개사의 중개사무소(법인의 경우에는 주된 중개사무소를 말한다)를 관할하는 시장·군수 또는 구청장에 과태료 부과 사실을 통보해야 한다.

3. 자진 신고자에 대한 감면 등

(1) 자진 신고에 따른 과태료 감면 등의 사유

신고관청은 다음의 위반사실을 자진신고한 자에 대하여 과태료를 감경 또는 면제할 수 있다.

---

① 부동산 거래신고를 하지 아니한 자

② 거래당사자로서 부동산 거래의 해제등 신고를 하지 아니한 자

③ 거래당사자로서 개업공인중개사로 하여금 부동산거래신고를 하지 아니하게 하거나 거짓된 내용을 신고하도록 요구한 자

④ 부동산거래신고(해제등 신고)에 대하여 거짓신고를 조장하거나 방조한 자

⑤ 신고의무자로서 부동산 거래신고를 거짓으로 한 자

⑥ 매매계약 체결 후 신고의무자가 아닌 자로서 거짓된 내용의 부동산거래신고를 한 자

⑦ 주택 임대차 계약의 신고, 변경, 해제 신고를 하지 아니하거나 거짓으로 한 자

▶ 자진신고 감면사유 아닌 것(외삼천)

1. 매매계약을 체결X 불구하고 거짓으로 부동산 거래신고를 한 자(3천만원 이하)

2. 계약이 해제등 되지X 불구하고 거짓으로 해제등의 신고를 한 자(3천만원 이하)

3. 거래대금 지급을 증명할 수 있는 **자료**를 제출하지 아니하거나 거짓으로 제출한 자(3천만원 이하)

4. 거래대금 지급증명자료 **외**의 자료를 제출하지 아니하거나 거짓으로 제출한 자(5백만원 이하)

(2) 자진신고자에 대한 감경 또는 면제의 기준

① 조사기관(국장 또는 신고관청)의 <u>조사가 시작되기 전</u>에 자진신고한 자 : 과태료 **면제**

- 신고관청에 단독으로 신고한 최초의 자일 것(거래당사자 일방이 여러 명인 경우 그 일부 또는 전부가 공동으로 신고한 경우를 포함한다)
- 위반사실 입증에 필요한 자료를 제공하는 등 조사가 끝날 때까지 성실하게 협조하였을 것

② __조사가 시작된 후__ 자진신고한 자 : 과태료의 100분의 50 __감경__

> • 조사기관에 단독(거래당사자 일방이 공동으로 신고한 경우 포함)으로 신고한 최초의 자일 것
> • 위반사실 입증에 필요한 자료를 제공하는 등 조사가 끝날 때까지 성실하게 협조하였을 것
> • 신고관청이 허위신고 사실 입증에 필요한 증거를 충분히 확보하지 못한 상태에서 조사에 협조하였을 것

▶ 조사가 시작된 시점은 신고관청이 거래당사자 또는 개업공인중개사 등에게 자료 제출 등을 요구하는 서면을 발송한 때로 한다.

⑶ 감경 또는 면제가 적용되지 않는 경우

① 자진 신고하려는 부동산 등 거래계약과 관련하여 「국세기본법」 또는 「지방세법」 등 관련 법령을 위반한 사실 등이 관계기관으로부터 조사기관에 통보된 경우

② 자진 신고한 날부터 과거 1년 이내에 자진 신고를 하여 __3회 이상__ 해당 신고관청에서 과태료의 감경 또는 면제를 받은 경우

Chapter 02

외국인 등의 부동산 취득에 관한 특례

출제 Point 외국인 등, 신고, 허가에서 1문제 정도 출제된다.

1. 적용범위와 대상

(1) 적용범위

① 외국인 등이 부동산 등의 매매계약을 체결한 경우 계약체결일부터 30일 이내에 부동산 거래신고를 해야 한다.

② 외국인 등이 일정한 조건을 갖춘 주택의 임대차 계약을 체결한 경우 계약체결일부터 30일 이내에 주택 임대차 계약의 신고를 해야 한다.

③ **외국인 등 부동산 취득·보유신고 대상**: 교환, 증여, 상속, 경매, 확정판결, 환매권 행사, 법인의 합병, 건축물의 신축·증축·개축·재축, 외국인 등으로 변경

④ 전세권, 저당권, 상가나 토지의 임대차 등은 동법이 적용되지 않는다.

(2) 외국인 등 – 개인, 법인, 단체

① 대한민국 국적을 보유하고 있지 아니한 개인

② 외국의 법령에 의하여 설립된 법인 또는 단체

③ 대한민국법령에 따라 설립된 법인 또는 단체인 경우라도

> ㉠ 사원 또는 구성원의 2분의 1 이상이 ①로 구성된 법인 또는 단체
> ㉡ 업무를 집행하는 사원이나 이사 등 임원의 2분의 1 이상이 ①로 구성된 법인 또는 단체
> ㉢ ① 또는 ②가 자본금 또는 의결권의 2분의 1 이상을 가지고 있는 법인 또는 단체

④ 외국 정부

⑤ 대통령령으로 정하는 국제기구

> ㉠ 국제연합과 그 산하기구·전문기구
> ㉡ 정부 간 기구
> ㉢ 준정부 간 기구
> ㉣ 비정부 간 국제기구

2. 외국인 등의 부동산 취득·보유 신고

(1) 계약(교환, 증여)에 의한 부동산 등의 취득신고

① 외국인 등이 대한민국 안의 부동산 등을 취득하는 교환계약 또는 증여계약을 체결하였을 때에는 **계약체결일부터 60일 이내**에 신고관청에 신고해야 한다.

▶ **취득일부터(×)**

> **│주의│**
>
> [외국인 등의 부동산 등 취득신고]
> • **매매계약** : 계약체결일부터 **30일 이내**에 신고
> • **교환계약, 증여계약** : 계약체결일부터 **60일 이내**에 신고

② 부동산 등의 매매계약을 체결하고 부동산 거래신고를 한 때에는 외국인 등의 부동산 등 취득신고는 하지 않아도 된다.

③ 교환 또는 증여계약을 체결하고 신고를 하지 않거나 거짓으로 신고한 경우 : 300만원 이하의 과태료

(2) 계약 외의 원인으로 인한 부동산 등의 취득신고(상경ㅎㅎㅎㅊ)

① **계약 외의 원인** : **상**속, **경**매, **확**정판결, 「공익사업을 위한 토지 등의 취득 및 보상에 관한 법률」 및 그 밖의 법률에 따른 **환**매권의 행사, 법인의 **합**병, 건축물의 신**축**·증**축**·개**축**·재**축**

② 외국인 등이 계약 외의 원인으로 대한민국 안의 부동산 등을 취득한 때에는 부동산 등을 취득한 날부터 **6개월 이내**에 신고관청에 신고해야 한다.

③ 신고를 하지 않거나 거짓으로 신고한 경우 : 100만원 이하의 과태료

(3) 계속보유신고

① 대한민국 안의 부동산 등을 가지고 있는 대한민국국민이나 대한민국의 법령에 따라 설립된 법인 또는 단체가 외국인으로 변경된 후 해당 부동산 등을 **계속 보유**하고자 하는 때에는 외국인으로 변경된 날부터 **6개월 이내**에 신고관청에 신고해야 한다.

② 신고를 하지 않거나 거짓으로 신고한 경우 : 100만원 이하의 과태료

> **│주의│**
>
> • 교환, 증여 : 계약일 60일 300과
> • 상경ㅎㅎㅎㅊ : 6개월 100과
> • 외국인 등으로 변경 : 6개월 100과

3. 외국인 등의 토지취득 허가

(1) 허가대상 구역 · 지역

① 외국인 등이 취득하려는 토지가 다음의 구역 · 지역 등에 있으면 토지를 취득하는 **계약을 체결하기 전**에 **신고관청**으로부터 토지취득의 허가를 받아야 한다.

> ㉠ 「군사기지 및 군사시설 보호법」에 따른 **군사시설 보호구역**, 그 밖에 국방목적을 위하여 외국인 등의 토지취득을 특별히 제한할 필요가 있는 다음의 지역
>
> > ※ 국방부장관 또는 국가정보원장의 요청이 있는 경우에 국토교통부장관이 관계 중앙 행정기관의 장과 협의한 후 중앙도시계획위원회의 심의를 거쳐 고시하는 아래의 지역
> > 1. 섬 지역
> > 2. 「국방 · 군사시설 사업에 관한 법률」에 따른 군부대주둔지와 그 인근지역
> > 3. 「통합방위법」에 따른 국가중요시설과 그 인근지역
>
> ㉡ 「자연유산의 보존 및 활용에 관한 법률」따라 지정된 **천연**기념물등과 이를 위한 보호물 또는 보호구역
> ㉢ 「문화유산의 보존 및 활용에 관한 법률」에 따른 지정**문화**유산과 이를 위한 보호물 또는 보호구역
> ㉣ 「자연환경보전법」에 따른 **생태** · 경관보전지역
> ㉤ 「야생생물 보호 및 관리에 관한 법률」에 따른 **야생생물** 특별보호구역

② 국토교통부장관 또는 시 · 도지사가 지정한 허가구역에서 토지거래계약의 허가를 받은 경우에는 **외국인 등의 토지취득허가를 받지 않아도 된다.**

(2) 허가 또는 불허가 처분

① 신고관청은 관계 행정기관의 장과 협의를 거쳐 외국인 등이 허가대상 구역 · 지역 등의 토지를 취득하는 것이 해당 구역 · 지역 등의 지정목적 달성에 지장을 주지 아니한다고 **인정**하는 경우에는 **허가를 해야 한다.**

② 신고관청은 허가신청서를 받은 날부터 **다음의 구분에 따른 기간 안에 허가 또는 불허가 처분을 해야 한다.** 다만, 군사시설 보호구역 내의 토지에 대하여 부득이한 사유로 해당 기간 안에 허가 또는 불허가 처분을 할 수 없는 경우에는 30일의 범위에서 그 기간을 연장할 수 있으며, 기간을 연장하는 경우에는 연장 사유와 처리예정일을 지체 없이 신청인에게 알려야 한다.

㉠ **군사시설 보호구역**: 30일 + 30일 범위에서 연장 가능
㉡ 천연, 문화, 생태, 야생생물: 15일

(3) 무허가 계약의 효력 및 벌칙

① 허가를 받지 않고 체결한 토지취득계약은 그 효력이 발생하지 아니한다(**무효**).

② 허가를 받지 아니하고 토지취득계약을 체결하거나 부정한 방법으로 허가를 받아 토지취득 계약을 체결한 외국인은 **2년 이하의 징역 또는 2천만원 이하의 벌금**에 처한다.

> ┃ **주의** ┃
>
> 1. 계약(교환, 증여)으로 인한 취득**신고**
>   - 계약체결일부터 60일 이내 신고
>   - 신고하지 않거나 거짓신고를 한 경우에도 계약은 무효 아님
>   - 신고하지 않거나 거짓신고를 한 경우 과태료 부과
> 2. 계약으로 인한 토지취득**허가**
>   - 계약체결 전에 허가신청
>   - 허가받지 않은 계약은 무효
>   - 허가받지 않고 계약하거나 부정한 방법으로 허가받은 경우 2년 이하 징역 또는 2천만원 이하 벌금

4. 신고 및 허가의 절차

(1) 신고 또는 허가신청서

① 부동산 등 취득 · 계속보유 신고 또는 토지 취득 허가 신청을 하려는 외국인 등은 별지 제6호 서식의 신고서 또는 허가신청서에 서명 또는 날인한 후 다음의 서류를 첨부하여 신고관청 에 제출해야 한다.

② **부동산 등의 취득신고를 하는 경우**

> ㉠ 증여의 경우 : 증여계약서(**교환계약서 제출×**)
> ㉡ 상속의 경우 : 상속인임을 증명할 수 있는 서류
> ㉢ 경매의 경우 : 경락결정서
> ㉣ 법원의 확정판결의 경우 : 확정판결문
> ㉤ 환매권 행사의 경우 : 환매임을 증명할 수 있는 서류
> ㉥ 법인의 합병의 경우 : 합병사실을 증명할 수 있는 서류

③ **부동산 등 계속보유 신고를 하는 경우** : 대한민국국민이나 대한민국의 법령에 따라 설립된 법인 또는 단체가 외국인 등으로 변경되었음을 증명할 수 있는 서류

④ **토지 취득 허가를 신청하는 경우 : 토지 거래계약 당사자 간의 합의서**

⑤ 신고 또는 허가신청을 받은 신고관청은 「전자정부법」에 따라 행정정보의 공동이용을 통하 여 건축물대장, 토지등기사항증명서 및 건물등기사항증명서를 확인해야 한다.

(2) 신고서, 허가신청서 작성 및 제출의 대행

외국인 등의 위임을 받은 사람은 외국인 부동산 등 취득·계속보유 신고서 또는 외국인 토지 취득 허가신청서의 **작성 및 제출을 대행**할 수 있다.

5. 부동산 등 취득신고 등의 관리

① 신고관청은 외국인 등의 부동산 등의 부동산 거래신고, 취득신고(계약, 계약 외), 계속보유 신고 및 허가내용을 매 분기 종료일부터 1개월 이내에 특별시장·광역시장·도지사 또는 특별자치도지사에게 제출(전자문서에 의한 제출을 포함)해야 한다. 다만, **특별자치시장은 매 분기 종료일부터 1개월 이내에 직접 국토교통부장관에게 제출해야 한다.**

② 신고내용을 제출받은 특별시장·광역시장·도지사 또는 특별자치도지사는 제출받은 날부터 1개월 이내에 그 내용을 국토교통부장관에게 제출해야 한다.

6. 「부동산 거래신고 등에 관한 법률」상의 과태료

(1) 3,000만원 이하의 과태료(불불자)

① 매매계약을 체결하지 아니하였음에도 **불**구하고 거짓으로 부동산 거래신고를 한 자(형벌을 받은 경우는 제외한다)

② 부동산 거래신고 후 해당 계약이 해제등이 되지 아니하였음에도 **불**구하고 거짓으로 해제등의 신고를 한 자(형벌을 받은 경우는 제외한다)

③ 거래대금 지급을 증명할 수 있는 **자**료를 제출하지 아니하거나 거짓으로 제출한 자 또는 그 밖의 필요한 조치를 이행하지 아니한 자

(2) 500만원 이하의 과태료(아아조외요)

① 부동산 거래신고를 하지 **아**니한 자(공동신고를 거부한 자 포함)

② 거래당사자로서 부동산 거래의 해제등 신고를 하지 **아**니한 자(공동신고를 거부한 자 포함)

③ 거짓으로 부동산 거래신고 또는 해제등 신고를 하는 행위를 **조**장하거나 방**조**한 자

④ 거래대금지급증명자료 **외**의 자료를 제출하지 아니하거나 거짓으로 제출한 자

⑤ 개업공인중개사로 하여금 부동산 거래신고를 하지 **아**니하게 하거나 거짓된 내용을 신고하도록 **요**구한 자

(3) 취득가액의 100분의 10 이하의 과태료

① 신고의무자로서 부동산 거래신고를 **거짓**으로 한 자

② 매매계약 체결 후 신고의무자가 아닌 자로서 **거짓**된 내용의 부동산 거래신고를 한 자

(4) 300만원 이하의 과태료

외국인 등으로서 계약(교환, 증여)에 따른 신고를 하지 않거나 거짓으로 신고한 자

(5) 100만원 이하의 과태료

① 외국인 등으로서 계약 외에 따른 신고를 하지 않거나 거짓으로 신고한 자

② 외국인 등으로서 계속보유에 따른 신고를 하지 않거나 거짓으로 신고한 자

③ 주택 임대차 계약의 신고 또는 변경·해제 신고를 하지 아니하거나(공동신고를 거부한 자를 포함한다) 그 신고를 거짓으로 한 자

(6) 자진 신고에 따른 과태료 감면 등의 사유

신고관청은 다음의 위반사실을 자진 신고한 자에 대하여 과태료를 감경 또는 면제할 수 있다.

---

① 부동산 거래신고를 하지 아니한 자
② 거래당사자로서 부동산 거래의 해제등 신고를 하지 아니한 자
③ 거래당사자로서 개업공인중개사로 하여금 부동산 거래신고를 하지 아니하게 하거나 거짓된 내용을 신고하도록 요구한 자
④ 거짓으로 부동산 거래신고(해제등 신고)를 하도록 조장하거나 방조한 자
⑤ 신고의무자로서 부동산 거래신고를 거짓으로 한 자
⑥ 신고의무자가 아닌 자로서 거짓된 내용의 부동산 거래신고를 한 자
⑦ 주택 임대차 계약의 신고, 변경, 해제 신고를 하지 아니하거나 거짓으로 한 자
⑧ 외국인 등으로서 계약(교환, 증여)에 따른 신고를 하지 않거나 거짓으로 신고한 자
⑨ 외국인 등으로서 계약 외에 따른 신고를 하지 않거나 거짓으로 신고한 자
⑩ 외국인 등으로서 계속보유에 따른 신고를 하지 않거나 거짓으로 신고한 자

▶ 자진 신고 감면사유 아닌 것(외삼천)

1. 매매계약을 체결X 불구하고 거짓으로 부동산 거래신고를 한 자(3천만원 이하)

2. 계약이 해제등 되지X 불구하고 거짓으로 해제등의 신고를 한 자(3천만원 이하)

3. 거래대금 지급을 증명할 수 있는 자료를 제출하지 아니하거나 거짓으로 제출한 자(3천만원 이하)

4. 거래대금 지급증명자료 외의 자료를 제출하지 아니하거나 거짓으로 제출한 자(5백만원 이하)

Chapter 03 토지거래허가

출제 Point 허가구역 지정권자, 지정절차, 허가절차, 허가기준, 허가기준면적, 토지이용의무, 이행강제금, 선매제도 등에서 2~3문제 출제될 것으로 예상된다.

제1절 토지거래허가구역의 지정

1. 허가구역의 지정

(1) 허가구역의 지정

① **국토교통부장관 또는 시·도지사**는 5년 이내의 기간을 정하여 토지거래 허가구역으로 지정할 수 있다.

② 국토교통부장관 또는 시·도지사는 대통령령으로 정하는 바에 따라 허가**대상자**(외국인 등을 포함한다), 허가대상 **용도**와 **지목** 등을 특정하여 허가구역을 지정할 수 있다.

> ㉠ 허가대상자: 지가변동률 및 거래량 등을 고려할 때 투기우려가 있다고 인정되는 자
> ㉡ 허가대상 용도: 나대지 또는 건축물의 용도로 사용되는 부지 중 투기우려가 있다고 인정되는 토지의 용도
> ㉢ 허가대상 지목: 투기우려가 있다고 인정되는 지목

(2) 지정기간

허가구역의 지정기간은 5년 이내로 한다.

(3) 지정권자

① 허가구역이 **둘 이상의 시·도**의 관할 구역에 걸쳐 있는 경우: **국토교통부장관**이 지정

② 허가구역이 동일한 시·도 안의 일부지역인 경우: 시·도지사가 지정(원칙)

③ 다만, 동일한 시·도 안의 일부지역이더라도 다음의 내용을 모두 충족하는 경우에는 국토교통부장관이 지정할 수 있다.

> ㉠ 국가 또는 공공기관이 관련 법령에 따른 개발사업을 시행하는 경우일 것
> ㉡ 해당지역의 지가변동률 등이 인근지역 또는 전국평균에 비해 급격히 상승하거나 상승할 우려가 있는 지역인 경우일 것

2. 지정대상 지역

① 광역도시계획 · 도시 · 군기본계획 · 도시 · 군관리계획 등 토지이용계획이 새로이 **수립**되거나 **변경**되는 지역

② 법령의 제정 · 개정 또는 폐지나 그에 의한 고시 · 공고로 인하여 토지이용에 대한 행위제한이 **완화**되거나 **해제**되는 지역

③ 법령에 의한 개발사업이 **진행 중**이거나 **예정**되어 있는 지역과 그 **인근지역**

⇨ 위 세 가지 원인으로 인하여 토지의 투기적인 거래가 성행하거나 지가(地價)가 급격히 상승하는 지역과 그러한 우려가 있는 지역인 경우 허가구역으로 지정한다.

④ 그 밖에 국토교통부장관 또는 시 · 도지사가 투기우려가 있다고 **인정**하는 지역 또는 관계 행정기관의 장이 특별히 투기가 성행할 우려가 있다고 인정하여 국토교통부장관 또는 시 · 도지사에게 **요청**하는 지역

3. 허가구역의 지정절차

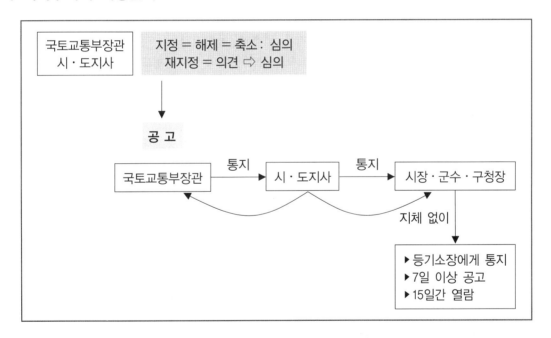

(1) 지정절차

1) 의견청취 및 심의(지정 = 해제 = 축소 : 심의 / 재지정 : 의견 ⇨ 심의)

① **지정** : **국토교통부장관**은 허가구역으로 지정(= 해제 = 축소)하려면 **중앙도시계획위원회**의 **심의**를 거쳐야 한다. **시 · 도지사**는 허가구역으로 지정(= 해제 = 축소)하려면 **시 · 도 도시계획위원회**의 **심의**를 거쳐야 한다.

② **재지정**: 지정기간이 끝나는 허가구역을 계속하여 다시 허가구역으로 지정하는 경우, 국토교통부장관은 중앙도시계획위원회 심의 전에 미리 시·도지사 및 시장·군수 또는 구청장의 의견을 들어야 한다. 시·도지사가 재지정하는 경우 시·도도시계획위원회의 심의 전에 미리 시장·군수 또는 구청장의 의견을 들어야 한다.

> **주의**
>
> 1. 국토교통부장관은 허가구역으로 지정하려면 중앙도시계획위원회 심의 전에 시·도지사 및 시장·군수 또는 구청장의 의견을 들어야 한다. (   )
> 2. 국토교통부장관은 지정사유가 없어졌다고 인정되는 경우 중앙도시계획위원회의 심의를 거치지 않고 허가구역의 지정을 해제할 수 있다. (   )
>
> ▶정답 1. ×   2. ×

2) 공고, 통지, 열람(지정 = 재지정 = 해제 = 축소)

① 국토교통부장관 또는 시·도지사는 허가구역을 지정한 때에는 지체 없이 다음의 사항을 공고해야 한다.

> ㉠ 허가구역의 **지정기간**
> ㉡ 허가**대상자**, 허가대상 **용도**와 **지목**
> ㉢ 허가구역의 토지 소재지, 지번, 지목, 면적 및 **용도지역**
> ㉣ 허가구역에 대한 축척 5만분의 1 또는 2만5천분의 1의 **지형도**
> ㉤ **허가 면제 대상 토지면적**

② 국토교통부장관은 허가구역의 지정·공고내용을 시·도지사를 거쳐 시장·군수 또는 구청장에게 통지해야 한다. 시·도지사는 허가구역의 지정·공고내용을 국토교통부장관, 시장·군수 또는 구청장에게 통지해야 한다.

③ 허가구역의 지정·공고내용의 통지를 받은 **시장·군수 또는 구청장**은 지체 없이 그 공고내용을 그 허가구역을 관할하는 **등기소의 장에게 통지**해야 하며, 지체 없이 그 사실을 **7일 이상 공고**하고 **15일**간 일반이 **열람**할 수 있도록 해야 한다.

> **주의**
>
> 1. 시·도지사는 허가구역을 지정·공고한 때에는 지체 없이 그 공고내용을 허가구역을 관할하는 등기소장에게 통지해야 한다. (   )
> 2. 허가구역의 지정·공고 내용을 통지받은 시장·군수 또는 구청장은 지체 없이 그 사실을 15일간 공고해야 한다. (   )
> 3. 허가구역의 지정에 이의가 있는 자는 그 지정이 공고된 날부터 1개월 이내에 시장·군수 또는 구청장에게 이의를 신청할 수 있다. (   )
>
> ▶정답 1. ×   2. ×   3. ×

⑵ **허가구역지정에 따른 효과**

① **지정**: 허가구역의 지정은 **국토교통부장관 또는 시 · 도지사가** 허가구역의 지정을 **공고한** 날부터 5일 후에 그 효력이 발생한다.

② **재지정, 축소지정, 해제**: 공고일로부터 즉시 효력이 발생한다.

⑶ **지정의 해제 · 축소**

① 국토교통부장관 또는 시 · 도지사는 허가구역의 지정 사유가 없어졌다고 **인정**되거나 관계 시 · 도지사, 시장 · 군수 또는 구청장으로부터 받은 허가구역의 지정 해제 또는 축소 요청 이 이유 있다고 **인정**되면 지체 없이 허가구역의 지정을 해제하거나 지정된 허가구역의 일 부를 축소**하여야 한다.**

② **지정해제 및 축소의 절차는 지정절차와 같다.** 국토교통부장관 또는 시 · 도지사는 해제 또 는 축소를 하는 경우에도 도시계획위원회의 심의를 거쳐야 하며, 이를 지체 없이 공고하고 통지하여야 한다. 해제 또는 축소 공고내용을 통지받은 시장 · 군수 또는 구청장은 지체 없 이 그 공고내용을 그 허가구역을 관할하는 등기소의 장에게 통지해야 하며, 지체 없이 그 사실을 7일 이상 공고하고 15일간 일반이 열람할 수 있도록 하여야 한다.

제2절　**토지거래계약의 허가**

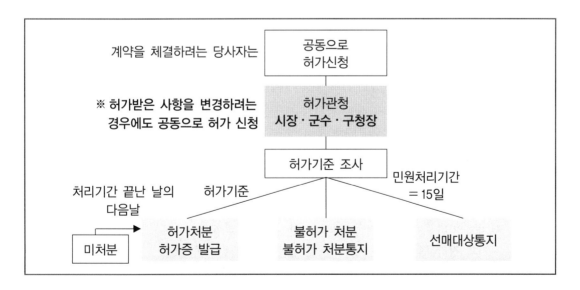

1. 토지거래 계약에 관한 허가(법 제11조)

(1) 허가관청 : 시장 · 군수 또는 구청장

(2) 공동허가신청

허가구역에 있는 토지에 관한 **소유권 · 지상권**을 이전하거나 설정(**대가**를 받고 이전하거나 설정하는 경우만 해당한다)하는 계약(**예약**을 포함한다)을 체결하려는 당사자는 **공동으로 시장 · 군수 또는 구청장의 허가**를 받아야 한다.

허가받은 사항을 **변경**하려는 경우에도 **공동**으로 허가를 받아야 한다.

구 분	허가대상	허가대상 아닌 것
소유권(유상)	매매, 교환, 부담부 증여	무상 증여×, 임대차×, 사용대차×, 경매×
지상권(유상)	지상권 설정(이전)계약	지역권×, 전세권×, 저당권×
예 약	소유권(지상권) 보전가등기	

> **주의**
>
> [A도 B군에 소재(녹지지역)하는 甲 소유 토지(250m²)를 乙이 취득하려는 경우]
> 1. 매매계약을 체결하려는 甲과 乙은 공동으로 A도지사의 허가를 받아야 한다. (   )
> 2. 甲이 대가를 받지 않고 乙에게 지상권을 설정하려면 甲과 乙은 공동으로 B군수의 허가를 받아야 한다. (   )
> 3. 개업공인중개사가 허가대상 토지에 대하여 「공인중개사법」에 따라 매매계약서를 작성한 경우 개업공인중개사가 토지거래계약의 허가를 신청해야 한다. (   )
> ▶정답 1. × 2. × 3. ×

(3) 허가신청서 기재사항 및 첨부서류

① 허가를 받으려는 자는 그 허가신청서에 계약내용과 그 **토지의 이용계획, 취득자금 조달계획** 등을 적어 시장 · 군수 또는 구청장에게 제출해야 한다.

② 토지거래계약을 체결하고자 하는 당사자는 공동으로 다음의 사항을 기재한 허가신청서에 국토교통부령이 정하는 서류를 첨부하여 그 토지를 관할하는 시장 · 군수 또는 구청장에게 제출해야 한다.

> [허가신청서 기재사항]
> ㉠ 당사자의 성명 및 주소(법인인 경우에는 명칭 및 소재지와 대표자의 성명 및 주소)
> ㉡ 토지의 지번 · 지목 · 면적 · 이용현황 및 권리설정현황
> ㉢ 토지의 정착물인 건축물 · 공작물 및 입목 등에 관한 사항
> ㉣ 이전 또는 설정하려는 권리의 종류
> ㉤ 계약예정금액
> ㉥ 토지의 이용에 관한 계획
> ㉦ 토지취득에 필요한 자금조달계획

③ 허가신청서 첨부서류

> ㉠ 토지이용계획, 취득자금 조달계획 등이 기재된 **토지이용계획서**(농지법상 농지취득자격
> 증명을 발급받아야 하는 농지의 경우에는 **농업경영계획서**를 말한다)
> ㉡ 별지 제11호 서식의 **토지취득자금조달계획서**

④ 시장·군수 또는 구청장에게 제출한 취득자금 조달계획이 변경된 경우에는 취득토지에 대한 등기일까지 시장·군수 또는 구청장에게 그 변경 사항을 제출할 수 있다.

▌주의▐

[토지취득자금 조달 및 토지이용계획서를 제출하는 경우]
1. 토지거래허가구역에서 허가대상 토지에 대해 토지거래계약의 허가를 신청하는 때
2. 토지거래허가구역 외의 지역에서는 수도권 등(수·광·세)에서는 1억 이상(지분은 모든 가격), 수도권 등 외의 지역에서는 6억 이상(지분도 6억 이상) 토지를 취득하는 경우로서 부동산 거래신고를 하는 때

⑷ 조사 및 허가·불허가 처분

① 시장·군수 또는 구청장은 허가신청서를 받으면 「민원 처리에 관한 법률」에 따른 처리기간에 허가 또는 불허가의 처분을 하고, 그 신청인에게 허가증을 발급하거나 불허가처분 사유를 서면으로 알려야 한다.

② 시장·군수 또는 구청장은 허가신청을 받은 토지가 선매협의(先買協議) 절차가 진행 중인 경우에는 「민원 처리에 관한 법률」에 따른 처리기간 내에 그 사실을 신청인에게 알려야 한다(법률).

③ 허가신청서를 받은 허가관청은 지체 없이 필요한 조사를 하고 신청서를 받은 날부터 **15일 이내에** 허가·변경허가 또는 불허가 처분을 해야 한다(대통령령).

④ 허가관청은 허가증을 발급한 경우에는 해당 토지의 소재지·지번·지목 및 이용목적을 해당 기관의 인터넷 홈페이지에 게재하여야 한다.

⑸ 토지거래계약의 허가 의제

「민원처리에 관한 법률」에 따른 처리기간에 허가증의 발급 또는 불허가처분사유의 통지가 없거나 선매협의사실의 통지가 없는 경우에는 그 기간이 **끝난 날의 다음날**에 **허가**가 있는 것으로 본다. 이 경우 시장·군수 또는 구청장은 지체 없이 신청인에게 허가증을 발급해야 한다.

⑹ 무허가계약의 효력

허가를 받지 아니하고 체결한 토지거래계약은 그 **효력이 발생하지 아니한다.**

2. 허가 기준면적 등

(1) 허가를 요하지 아니하는 경우

① 경제 및 지가의 동향과 거래단위면적 등을 종합적으로 고려하여 다음에 정하는 용도별 **면적 이하의 토지**에 대한 토지거래계약에 관하여는 **허가가 필요하지 않다.**

구 분		기준면적
도시지역 (용도지역)	주거지역	60m² 이하
	상업지역	150m² 이하
	공업지역	150m² 이하
	녹지지역	200m² 이하
	미지정지역	60m² 이하
도시지역 외의 지역	기 타	250m² 이하
	농 지	500m² 이하
	임 야	1,000m² 이하

▶ 국토부장관 또는 시·도지사가 해당 기준면적의 **10% 이상 300% 이하**의 범위에서 따로 정하여 공고한 경우에는 그에 따른다.

② 토지거래계약을 체결하려는 당사자 또는 그 계약의 대상이 되는 토지가 **허가대상자, 허가대상 용도와 지목을 특정하여 공고된 사항에 해당하지 아니하는 경우**에는 허가가 필요하지 않다.

(2) **면적산정의 특례**

① **일단의 토지의 계속적 거래**: 일단(一團)의 토지이용을 위하여 토지거래계약을 체결한 날부터 **1년 이내에** 일단의 토지 일부에 대하여 토지거래계약을 체결한 경우에는 그 일단의 토지 **전체**에 대한 거래로 본다.

▶ 일단의 토지: 동일인의 소유로서 서로 인접하여 하나의 용도에 이용될 수 있는 토지

② **토지의 분할 거래**: 허가구역 지정 당시 기준면적을 초과하는 토지를 허가구역 지정 후에 공공목적이 아닌 사유로 분할하여 기준면적 이하가 된 경우, 분할된 해당 토지에 대한 **분할 후 최초의 토지거래계약**은 기준면적을 초과하는 토지거래계약으로 본다.

> ㉠ 지정 당시 기준면적을 초과하는 토지에 대해 허가구역 지정 후 해당 토지를 공유지분으로 거래하는 경우에도 **각각 지분의 최초 계약**은 기준면적을 초과하는 계약으로 본다.
> ㉡ 다만, 도시·군계획사업의 시행 등 공공목적으로 분할되어 그 면적이 허가가 필요 없는 토지의 면적 이하가 된 경우에는 허가를 받지 않아도 된다.

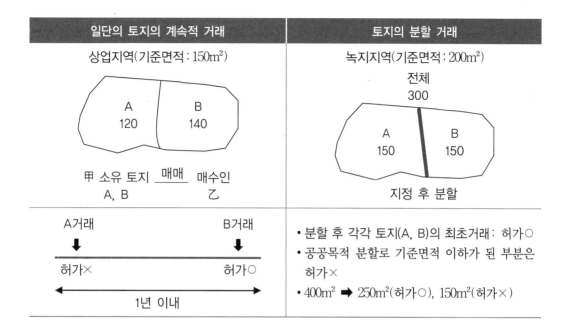

3. 토지거래 허가기준

(1) 토지이용목적의 실수요성

시장ㆍ군수 또는 구청장은 허가신청이 다음의 실수요성 어느 하나에 해당하는 경우에는 **허가하여야 한다**.

① **자기**의 **거주용 주택용지**로 이용하려는 경우

② 허가구역을 포함한 지역의 주민을 위한 **복지**시설 또는 **편익**시설로서 관할 시장ㆍ군수 또는 구청장이 확인한 시설의 설치에 이용하려는 경우

③ 허가구역에 거주하는 농업인ㆍ임업인ㆍ어업인 또는 아래에 해당하는 자가 그 허가구역에서 농업ㆍ축산업ㆍ임업 또는 어업을 경영하기 위하여 필요한 경우

> ㉠ 농업인 등으로서 그가 **거주**하는 특별시ㆍ광역시(광역시의 관할구역 안에 있는 군을 제외)ㆍ특별자치시ㆍ특별자치도ㆍ시 또는 군(광역시의 관할구역 안에 있는 군을 포함한다)**에 소재**하는 토지를 취득하고자 하는 사람
>
> ㉡ 농업인 등으로서 본인이 거주하는 주소지로부터 30km **이내**에 소재하는 토지를 취득하려는 사람
>
> ㉢ 아래 ⓐ, ⓑ 어느 하나에 해당하는 자로서 **협의양도**하거나 **수용**된 날부터 **3년 이내**에 협의양도 또는 수용된 농지를 **대체**하기 위하여 **농지**를 **취득**하려는 경우에는 그가 거주하는 주소지로부터의 거리가 80km 안에 소재하는 농지를 취득하려는 사람. 이때 새로 취득하는 농지의 가액(공시지가 기준)은 **종전의 토지가액 이하**이어야 한다.

ⓐ 「공익사업을 위한 토지 등의 취득 및 보상에 관한 법률」, 그 밖의 법령에 따라 공익사업용으로 농지를 협의양도하거나 농지가 수용된 사람(실제 경작자로 한정한다)

ⓑ 농지를 임차 또는 사용차하여 경작하던 자로서 「공익사업을 위한 토지 등의 취득 및 보상에 관한 법률」에 따른 농업의 손실에 대한 보상을 받은 사람

> **| 주의 |**
>
> • 본인이 거주하는 관할구역 내의 농지취득은 허가○
> • 관할구역 외에 소재하는 농지라도 30km 이내의 취득은 허가○
> • 협의양도 또는 수용되어 대체농지를 취득하는 경우에는 3년 이내, 종전의 토지가격 이하로 80km 이내의 농지취득 허가○

④ 「공익사업을 위한 토지 등의 취득 및 보상에 관한 법률」이나 그 밖의 법률에 따라 토지를 수용하거나 사용할 수 있는 사업을 시행하는 자가 그 **사업**을 **시행**하기 위하여 필요한 경우

⑤ 허가구역을 포함한 지역의 건전한 발전을 위하여 필요하고 관계 법률에 따라 지정된 지역·지구·구역 등의 지정목적에 적합하다고 인정되는 **사업**을 **시행**하는 자나 시행하려는 자가 그 사업에 이용하려는 경우

⑥ 허가구역의 지정 당시 그 구역이 속한 특별시·광역시·특별자치시·시(특별자치도 행정시 포함)·군 또는 인접한 특별시·광역시·특별자치시·시·군에서 **사업**을 **시행**하고 있는 자가 그 사업에 이용하려는 것인 경우나 그 자의 사업과 밀접한 관련이 있는 사업을 하는 자가 그 사업에 이용하려는 경우

⑦ 허가구역이 속한 특별시·광역시·특별자치시·시 또는 군에 거주하고 있는 자의 일상생활과 통상적인 경제활동에 필요한 것 등으로서 다음에 용도에 이용하려는 경우

> ㉠ **농지 외의 토지**를 공익사업용으로 협의양도하거나 수용된 자가 그 협의양도 또는 수용된 날부터 3년 이내에 **그 허가구역 안**에서 협의양도 또는 수용된 토지에 대체되는 토지를 취득하려는 경우. 이 경우 새로 취득하는 토지의 가액(공시지가를 기준으로 하는 가액을 말한다)은 **종전의 토지가액 이하**이어야 한다.
> ㉡ 관계 법령에 의하여 개발·이용행위가 제한 또는 금지된 토지에 대하여 **현상보존**의 목적으로 토지의 취득을 하고자 하는 경우
> ㉢ 「민간임대주택에 관한 특별법」의 임대사업자 등 관계 법률에 따라 임대사업을 할 수 있는 자가 임대사업을 위하여 건축물과 그에 딸린 토지를 취득하는 경우

(2) **토지이용목적의 적합성**(아래의 경우를 제외하고는 허가하여야 한다)

토지거래계약을 체결하려는 자의 토지이용목적이 다음의 어느 하나에 해당되는 경우

① 도시·군계획이나 그 밖에 토지의 이용 및 관리에 관한 계획에 맞지 아니한 경우

② 생태계의 보전과 주민의 건전한 생활환경 보호에 중대한 위해를 끼칠 우려가 있는 경우

(3) **면적의 적정성**(아래의 경우를 제외하고는 허가하여야 한다)

　　취득 면적이 그 토지의 이용목적으로 보아 적합하지 아니하다고 인정되는 경우

4. 토지 이용에 관한 의무

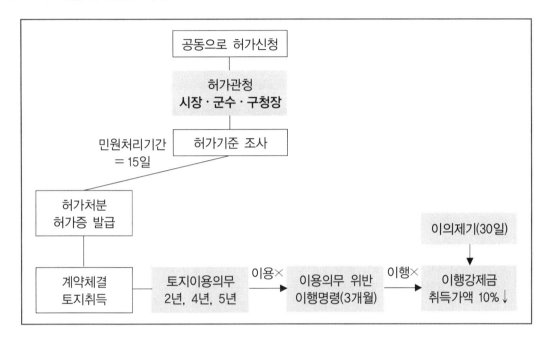

(1) **토지이용 의무기간이 적용되는 경우**

토지거래계약을 허가받은 자는 <u>대통령령이 정하는 사유</u>가 있는 경우 외에는 **5년의 범위**에서 다음에 정하는 기간 동안 그 토지를 허가받은 목적대로 이용해야 한다.

1. 자기 거주용 **주택**용지로 이용하는 목적으로 허가를 받은 경우 토지취득일부터 2년
2. **복지**시설 또는 **편익**시설 설치를 목적으로 허가받은 경우 토지의 취득일부터 2년
3. 농업인이 **농업**을 영위하기 위한 목적으로 허가를 받은 경우 토지의 취득일부터 2년
4. **축산업·임업** 또는 **어업**을 목적으로 허가를 받은 경우 토지의 취득일부터 2년
5. 토지를 공익사업용으로 협의양도하거나 수용된 자가 **대체**토지를 취득하기 위하여 허가를 받은 경우에는 토지의 취득일부터 2년
6. 수용·사용할 수 있는 **사업의 시행**, 지역의 건전한 발전 등을 위한 사업의 시행, 구역 지정 당시에 사업을 시행하던 자가 그 사업에 이용하는 목적으로 허가를 받은 경우에는 토지의 취득일부터 4년. 분양을 목적으로 허가받고 개발에 착수한 후 토지 취득일부터 4년 이내에 분양을 완료한 경우에는 분양을 완료한 때에 4년이 지난 것으로 본다.
7. 개발·이용행위가 제한 또는 금지된 토지로서 **현상보존**의 목적으로 토지를 취득하기 위하여 허가를 받은 경우에는 토지의 취득일부터 5년

(2) **토지이용 의무의 예외**(허가받은 목적대로 이용하지 아니할 수 있는 예외사유)

1. 관계 법령에 의하여 용도지역 등 토지의 이용 및 관리에 관한 계획이 변경됨으로써 법령에 따른 행위제한으로 인하여 그 이용목적대로 이용할 수 없게 된 경우
2. 허가기준에 적합하게 당초의 **이용목적**을 **변경**하는 경우로서 **허가관청의 승인**을 얻은 경우
   ▶ 허가관청은 토지 이용목적의 변경승인 신청을 받은 때에는 신청일부터 15일 이내에 승인 여부를 결정하여 신청인에게 서면으로 통지(전자문서에 의한 통지를 포함한다)하여야 한다.
3. 공익사업의 시행 등 토지거래계약 허가를 받은 자에게 책임 없는 사유로 허가받은 목적대로 이용하는 것이 불가능한 경우
4. 「해외이주법」에 따라 이주하는 경우
5. 「병역법」 또는 「대체역의 편입 및 복무 등에 관한 법률」에 따라 복무하는 경우
6. 자연재해로 인하여 허가받은 목적대로 이행하는 것이 불가능한 경우
7. 다음의 건축물을 취득하여 실제로 이용하는 자가 해당 건축물의 **일부**를 **임대**하는 경우
   가. 「건축법 시행령」 [별표 1] 제1호의 단독주택[다중주택 및 공관(公館) 제외]: **다가구주택**
   나. 「건축법 시행령」 [별표 1] 제2호의 공동주택(기숙사 제외): **아파트, 다세대주택, 연립주택**
   다. 「건축법 시행령」 [별표 1] 제3호의 **제1종 근린생활시설**
   라. 「건축법 시행령」 [별표 1] 제4호의 **제2종 근린생활시설**
8. 「산업집적활성화 및 공장설립에 관한 법률」에 따른 **공장**을 취득하여 실제로 이용하는 자가 해당 공장의 **일부**를 **임대**하는 경우

(3) **토지이용에 관한 조사**

① 시장·군수 또는 구청장은 토지거래계약을 허가받은 자가 허가받은 목적대로 이용하고 있는지를 국토교통부령으로 정하는 바에 따라 조사해야 한다.

② **국토부령**: 허가관청은 **매년 1회 이상** 토지의 개발 및 이용 등의 실태를 조사해야 한다.

(4) **이용의무 이행명령**

① **이행명령**: 시장·군수 또는 구청장은 토지의 이용의무를 이행하지 아니한 자에 대하여는 상당한 기간을 정하여 토지의 이용의무를 이행하도록 명할 수 있다.

② 이행명령은 문서로 하여야 하며, **이행기간은 3개월 이내**로 정하여야 한다.

③ 「농지법」을 위반하여 이행강제금을 부과받은 경우에는 **이용의무의 이행을 명하지 아니할 수 있다.**

⑸ 이행강제금

① **부과범위**: 시장 · 군수 또는 구청장은 이행명령이 정하여진 기간에 이행되지 아니한 경우에는 토지 **취득가액의 100분의 10의 범위**에서 이행강제금을 부과한다.

> 1. 당초의 목적대로 이용하지 아니하고 **방치**한 경우: 취득가액의 100분의 10
> 2. 직접 이용하지 아니하고 **임대**한 경우: 취득가액의 100분의 7
> 3. 허가관청의 승인 없이 이용목적을 **변경**하여 이용하는 경우: 취득가액의 100분의 5
> 4. 1.부터 3.까지에 해당하지 않는 경우(**기타**): 취득가액의 100분의 7

  ▸ **취득가액은 실제 거래가격으로 한다.** 다만, 실제 거래가격이 확인되지 아니하는 경우에는 취득 당시를 기준으로 가장 최근에 발표된 개별공시지가를 기준으로 산정한다.

② 허가관청은 이행강제금을 부과하기 전에 이행기간 내에 이행명령을 이행하지 아니하면 이행강제금을 부과 · 징수한다는 뜻을 미리 문서로 계고(戒告)해야 한다.

③ **부과횟수**: 허가관청은 **최초의 이행명령이 있었던 날을 기준**으로 하여 1년에 **한 번씩** 그 이행명령이 이행될 때까지 반복하여 이행강제금을 부과 · 징수할 수 있다.

  ▸ **최초의 의무이행 위반이 있었던 날을 기준으로(×)**

④ **부과정지**: 허가관청은 **이용 의무기간이 지난 후**에는 이행강제금을 부과할 수 없다.

⑤ **중지 · 징수**: 허가관청은 이행명령을 받은 자가 그 명령을 이행하는 경우에는 새로운 이행강제금의 부과를 즉시 중지하되, **명령을 이행하기 전에 이미 부과된 이행강제금은 징수해야 한다.**

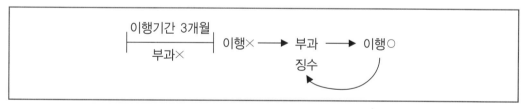

⑥ **이의제기**: 이행강제금의 부과처분에 불복하는 자는 **허가관청**에 이의를 제기할 수 있다. 이행강제금 부과처분을 받은 자가 이의를 제기하려는 경우에는 부과처분을 고지 받은 날부터 **30일 이내**에 이의를 제기해야 한다.

⑦ 이행강제금 부과처분을 받은 자가 이행강제금을 납부기한 내에 납부하지 아니한 경우에는 국세 체납처분의 예 또는 「지방세외수입금의 징수 등에 관한 법률」에 따라 징수한다.

5. 이의신청 및 매수청구

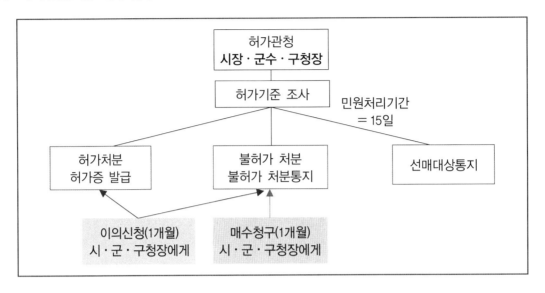

(1) 이의신청

① 허가 또는 불허가 처분에 대하여 이의가 있는 자는 그 처분을 받은 날부터 **1개월** 이내에 **시장·군수 또는 구청장**에게 이의를 신청할 수 있다.

② 이의신청을 받은 시장·군수 또는 구청장은 시·군·구 도시계획위원회의 심의를 거쳐 그 결과를 이의신청인에게 알려야 한다.

(2) 매수청구

① 허가신청에 대하여 불허가의 처분을 받은 자는 그 통지를 받은 날부터 **1개월** 이내에 **시장·군수 또는 구청장**에게 해당 토지에 관한 권리의 매수를 청구할 수 있다.

② 매수 청구를 받은 시장·군수 또는 구청장은 국가, 지방자치단체, 한국토지주택공사, 그 밖에 대통령령으로 정하는 공공기관 또는 공공단체 중에서 매수할 자를 지정한다.

③ 매수할 자로 하여금 예산의 범위에서 **공시지가**를 기준으로 하여 해당 토지를 매수하게 하여야 한다. 다만, 토지거래계약 허가신청서에 적힌 가격이 공시지가보다 낮은 경우에는 허가신청서에 적힌 가격으로 매수할 수 있다.

④ 토지의 매수청구를 하려는 자는 토지매수청구서(전자문서 가능)를 허가관청에 제출하여야 한다.

제3절 │ 국가 등의 토지거래계약에 관한 특례 등

1. 허가 의제

(1) 국가 등이 하는 토지거래계약

토지거래허가 신청 당사자의 한쪽 또는 양쪽이 국가, 지방자치단체, 한국토지주택공사, 공공기관 또는 공공단체인 경우에는 그 기관의 장이 시장 · 군수 또는 구청장과 협의할 수 있고, 그 협의가 성립된 때에는 그 토지거래계약에 관한 허가를 받은 것으로 본다.

(2) 국유재산의 취득 · 처분

「국유재산법」에 따른 총괄청 또는 중앙관서의 장 등이 국유재산종합계획에 따라 국유재산을 취득 또는 처분하는 경우로서 허가기준에 적합하게 취득하거나 처분한 후 허가관청에 그 내용을 통보한 때에는 시장 · 군수 또는 구청장과 협의가 성립된 것으로 본다.

2. 토지거래계약 허가면제

다음의 경우에는 토지거래계약의 허가에 대한 규정을 적용하지 아니한다.

1. 「공익사업을 위한 토지 등의 취득 및 보상에 관한 법률」에 따른 토지의 수용
2. 「공익사업을 위한 토지 등의 취득 및 보상에 관한 법률」에 따라 토지를 협의취득 · 사용, 환매하는 경우
3. 「민사집행법」에 따른 경매
4. 한국자산관리공사에 매각이 의뢰되어 3회 이상 공매하였으나 유찰된 토지를 매각하는 경우
5. 법 제9조(군사 천연 문화 생태 으르렁)에 따라 외국인 등이 토지취득의 허가를 받은 경우
6. 「국유재산법」에 따른 국유재산종합계획에 따라 국유재산을 일반경쟁입찰로 처분하는 경우
7. 「공유재산 및 물품 관리법」에 따라 공유재산을 일반경쟁입찰로 처분하는 경우
8. 「주택법」에 따른 사업계획승인을 받아 조성한 대지를 공급 또는 주택을 공급하는 경우
9. 「도시 및 주거환경정비법」에 따른 관리처분계획에 따라 분양 또는 보류지 매각하는 경우
10. 「건축물의 분양에 관한 법률」에 따라 건축물을 분양하는 경우
11. 「택지개발촉진법」에 따라 택지를 공급하는 경우
12. 「도시개발법」에 따른 공급계획에 따라 토지를 공급하는 경우, 환지 예정지로 지정된 종전 토지를 처분하는 경우, 환지처분을 하는 경우 또는 체비지 등을 매각하는 경우
13. 「산업입지 및 개발에 관한 법률」에 따른 산업단지개발사업 또는 준산업단지를 개발하기 위한 사업으로 조성된 토지를 사업시행자가 분양하는 경우
14. 「빈집 및 소규모주택 정비에 관한 특례법」에 따른 사업시행계획에 따라 분양하거나 보류지 등을 매각하는 경우

15. 「산업집적활성화 및 공장설립에 관한 법률」에 따라 지식산업센터를 **분양**하는 경우
16. 「**농어촌**정비법」에 따른 환지계획에 따라 환지처분을 하는 경우 또는 농지 등의 교환·분할·합병을 하는 경우
17. 「**농어촌**정비법」에 따른 사업시행자가 농어촌정비사업을 시행하기 위하여 농지를 매입하는 경우
18. 「한국**농어촌**공사 및 농지관리기금법」에 따라 한국농어촌공사가 농지의 매매·교환 및 분할을 하는 경우
19. 국세 및 지방세의 **체납처분** 또는 **강제집행**을 하는 경우
20. 법령에 따라 조세·부담금 등을 토지로 **물납**하는 경우

3. 다른 법률에 따른 인가·허가 등의 의제

(1) 농지취득자격증명의 의제

① 농지에 대하여 토지거래계약 허가를 받은 경우에는 「농지법」에 따른 **농지취득자격증명을 받은 것으로 본다.**

② 이 경우 시장·군수 또는 구청장은 「농업·농촌 및 식품산업 기본법」에 따른 농촌의 농지(도시지역의 경우에는 녹지지역으로 한정)에 대하여 토지거래계약을 허가하는 경우에는 농지취득자격증명의 발급요건에 적합한지를 확인하여야 하며, 허가한 내용을 농림축산식품부장관에게 통보해야 한다.

(2) 검인의 의제

토지거래계약에 관한 허가증을 발급받은 경우에는 「부동산등기 특별조치법」에 따른 **검인을 받은 것으로 본다.**

(3) 부동산 거래신고

토지거래계약의 허가를 받더라도 **부동산 거래신고는 해야 한다.**

제**4**절 선매제도

1. 선매대상과 사유

시장·군수 또는 구청장은 다음의 토지에 대한 토지거래계약 **허가신청이 있는 경우** 국가, 지방자치단체, 한국토지주택공사, 공공기관 또는 공공단체가 그 **매수를 원하는 경우**에는 이들 중에서 해당 토지를 매수할 자(선매자)를 지정하여 그 토지를 협의 매수하게 할 수 있다.

> ① 공익사업용 토지
> ② 토지거래계약 허가를 받아 취득한 토지를 그 이용목적대로 **이용하고 있지 아니한** 토지

2. 선매절차

① **선매대상 통지 : 시장·군수 또는 구청장**은 허가신청을 받은 토지가 선매협의 절차가 진행 중인 경우에는 「민원 처리에 관한 법률」에 따른 처리기간 내에 그 사실을 신청인에게 알려야 한다.

② **선매자 지정 : 시장·군수 또는 구청장**은 선매대상 토지에 대한 허가신청이 있는 날부터 **1개월** 이내에 **선매자를 지정**하여 토지 소유자에게 알려야 한다.

③ **선매협의 개시 : 선매자**로 지정된 자는 지정 통지를 받은 날부터 15일 이내에 매수가격 등 선매조건을 기재한 서면을 토지소유자에게 통지하여 선매협의를 **해야 한다.**

④ **선매협의 완료 : 선매자**는 지정 통지를 받은 날부터 **1개월 이내**에 그 토지 소유자와 선매협의를 **끝내야 한다.**

⑤ **선매협의조서 제출 : 선매자**는 지정 통지를 받은 날부터 **1개월 이내**에 선매협의조서를 허가관청에 **제출해야 한다.**

⑥ **협의 불성립시 조치 :** 허가관청은 선매협의가 이루어지지 아니한 경우에는 **지체 없이 허가 또는 불허가의 여부를 결정하여 통보**해야 한다.

3. 선매가격

선매자가 토지를 매수할 때의 가격은 「감정평가 및 감정평가사에 관한 법률」에 따라 감정평가법인 등이 감정평가한 **감정가격**을 기준으로 하되, 토지거래계약 허가신청서에 적힌 가격이 감정가격보다 낮은 경우에는 허가신청서에 적힌 가격으로 할 수 있다.

🔌 선매절차

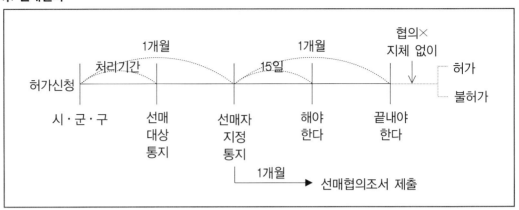

제5절 | 제재처분 등

1. 토지거래계약 허가위반자에 대한 벌칙

허가 또는 **변경허가**를 받지 아니하고 토지거래계약을 체결하거나, 속임수나 그 밖의 **부정한 방법**으로 토지거래계약 허가를 받은 자는 2년 이하의 징역 또는 계약 체결 당시의 개별공시지가에 따른 해당 토지가격의 100분의 30에 해당하는 금액 이하의 벌금에 처한다.

2. 제재처분

(1) 제재처분

국토교통부장관, 시·도지사, 시장·군수 또는 구청장은 다음의 어느 하나에 해당하는 자에게 **허가 취소** 또는 그 밖에 필요한 **처분**을 하거나 **조치**를 명할 수 있다.

> ① 토지거래계약에 관한 허가 또는 변경허가를 받지 아니하고 계약 또는 그 변경계약을 체결한 자
> ② 부정한 방법으로 토지거래계약에 관한 허가를 받은 자
> ③ 토지거래계약에 관한 허가를 받은 자가 그 토지를 허가받은 목적대로 이용하지 아니한 자

▶ ①② 2년 이하 징역 또는 공시지가 30% 이하 벌금 ③ 이행강제금

(2) 청 문

국토교통부장관, 시 · 도지사, 시장 · 군수 또는 구청장은 토지거래계약 **허가의 취소** 처분을 하려면 **청문**을 해야 한다.

(3) 벌 칙

허가 취소, 처분 또는 **조치**명령을 위반한 자는 <u>1년 이하의 징역 또는 1천만원 이하의 벌금</u>에 처한다.

> **┃주의┃**
>
> **[허가받은 목적대로 토지를 이용하고 있지 아니한 자에 대하여 취할 수 있는 조치]**
> 1. 이행명령(이행기간 3개월 이내)
> 2. 이행강제금(취득가액의 100분의 10 이내)
> 3. 허가취소, 처분, 조치
> 4. 선매대상
> 5. 신고시 포상금 지급대상

3. 권리 · 의무의 승계 등

① 이 법상 토지거래허가와 관련하여 토지의 소유권자, 지상권자 등에게 발생되거나 부과된 권리 · 의무는 그 토지 또는 건축물에 관한 소유권이나 그 밖의 **권리의 변동과 동시에 그 승계인에게 이전한다.**

② 이 법 또는 이 법에 따른 명령에 의한 처분, 그 절차 및 그 밖의 행위는 그 행위와 관련된 토지 또는 건축물에 대하여 소유권이나 그 밖의 권리를 가진 자의 **승계인에 대하여 효력을 가진다.**

제6절 │ 지가동향조사

1. 의의(법 제19조)

국토교통부장관이나 시 · 도지사는 토지거래허가 제도를 실시하거나 그 밖에 토지정책을 수행하기 위한 자료를 수집하기 위하여 대통령령으로 정하는 바에 따라 지가의 동향과 토지거래의 상황을 조사하여야 하며, 관계 행정기관이나 그 밖의 필요한 기관에 이에 필요한 자료를 제출하도록 요청할 수 있다. 이 경우 자료제출을 요청받은 기관은 특별한 사유가 없으면 요청에 따라야 한다.

2. 지가동향조사

① **국토교통부장관**은 **연 1회 이상** 전국의 지가변동률을 조사해야 한다.

② 국토교통부장관은 필요한 경우에는 「한국부동산원법」에 따른 **한국부동산원의 원장**으로 하여금 **매월 1회 이상** 지가동향, 토지거래상황 및 그 밖에 필요한 자료를 제출하게 할 수 있다. 이 경우 실비의 범위에서 그 소요 비용을 지원해야 한다.

③ 시·도지사는 관할구역의 지가동향 및 토지거래상황을 국토교통부령으로 정하는 바에 따라 조사해야 하며, 그 결과 허가구역을 지정·축소하거나 해제할 필요가 있다고 인정하는 경우에는 국토교통부장관에게 그 구역의 지정·축소 또는 해제를 요청할 수 있다.

> [국토교통부령 제20조(지가동향조사 등의 방법)]
> 시·도지사는 다음의 순서대로 지가동향 및 토지거래상황을 조사해야 한다.
> 1. 개황조사: 관할구역 안의 토지거래상황을 파악하기 위하여 분기별로 1회 이상 개괄적으로 실시하는 조사
> 2. 지역별조사: 제1호의 개황조사를 실시한 결과 등에 따라 법 제10조 제1항에 따른 토지거래계약에 관한 허가구역(이하 "허가구역"이라 한다)의 지정요건을 충족시킬 수 있는 개연성이 높다고 인정되는 지역에 대하여 지가동향 및 토지거래상황을 파악하기 위하여 매월 1회 이상 실시하는 조사
> 3. 특별집중조사: 제2호의 지역별조사를 실시한 결과 허가구역의 지정요건을 충족시킬 수 있는 개연성이 특히 높다고 인정되는 지역에 대하여 지가동향 및 토지거래상황을 파악하기 위하여 실시하는 조사

보칙 및 벌칙

출제 Point 포상금 제도 및 부동산 거래신고 등에 관한 법령에서 규정하고 있는 벌칙을 모아 정리한 부분으로서 1~2문제 출제될 것으로 예상된다.

제1절 | **포상금**

1. 포상금

(1) 포상금 지급사유(십 삼천ㅍ 집 토지 토지)

시장·군수 또는 구청장은 다음에 해당하는 자를 관계 행정기관이나 수사기관에 신고하거나 고발한 자에게 예산의 범위에서 포상금을 지급할 수 있다.

> ① 부동산 등의 실제 거래가격을 거짓으로 신고한 자 - 10% 이하 과태료
> ② 신고의무자가 아닌 자로서 부동산 등의 실제 거래가격을 거짓으로 신고한 자 - 10% 이하 과태료
> ③ 부동산 등의 매매계약을 체결하지 아니하였음에도 불구하고 거짓으로 부동산 거래신고를 한 자 - 3,000만 이하 과태료
> ④ 부동산 거래신고 후 해당 계약이 해제등이 되지 아니하였음에도 불구하고 거짓으로 해제등의 신고를 한 자 - 3,000만 이하 과태료
> ⑤ 주택 임대차 계약의 보증금·차임 등 계약금액을 거짓으로 신고한 자 - 1백만원 이하 과태료
> ⑥ 토지거래허가 또는 변경허가를 받지 아니하고 토지거래계약을 체결한 자 또는 거짓 그 밖의 부정한 방법으로 토지거래계약허가를 받은 자 - 2년 이하 징역 또는 30% 이하 벌금
> ⑦ 토지거래허가를 받아 취득한 토지에 대하여 허가받은 목적대로 이용하지 아니한 자 - 이행명령 및 이행강제금

▶ 거짓 신고를 요구한 자(500과), 거짓 신고를 조장하거나 방조한 자(500과) : 포상금×

▶ 500만원 이하 과태료(아아조외요) 및 외국인 등 과태료(300과, 100과) : 포상금×

(2) 포상금 지급요건

① 시장·군수 또는 구청장은 신고관청(허가관청) 또는 수사기관이 적발하기 전에 신고 또는 고발한 경우로서 다음에 해당하는 경우 포상금을 지급해야 한다.

> ㉠ 위 ①②③④⑤를 신고하고 증거자료를 제출한 경우: 해당 과태료가 부과된 경우
> ㉡ 위 ⑥을 신고하거나 고발한 경우: 공소제기 또는 기소유예 결정이 있는 경우
> ㉢ 위 ⑦을 신고한 경우: 시장·군수 또는 구청장의 **이행명령**이 있는 경우

② 다음에 해당하는 경우에는 포상금을 지급하지 아니할 수 있다.

> ㉠ 공무원이 직무와 관련하여 발견한 사실을 신고하거나 고발한 경우
> ㉡ 해당 위반행위를 하거나 위반행위에 관여한 자가 신고하거나 고발한 경우
> ㉢ 익명이나 가명으로 신고 또는 고발하여 신고인 또는 고발인을 확인할 수 없는 경우

2. 포상금액 및 지급절차

(1) 비 용

포상금의 지급에 드는 비용은 **시·군이나 구의 재원**으로 충당한다.

(2) 지급금액

포상금은 신고 또는 고발 건별로 다음의 구분에 따라 지급한다.

> ① 부동산 등의 실제 거래가격을 거짓으로 신고한 자
> ② 신고의무자가 아닌 자로서 부동산 등의 실제 거래가격을 거짓으로 신고한 자
> ③ 부동산 등의 매매계약을 체결하지 아니하였음에도 불구하고 거짓으로 부동산 거래신고를 한 자
> ④ 부동산 거래신고 후 해당 계약이 해제등이 되지 아니하였음에도 불구하고 거짓으로 해제등의 신고를 한 자
> ⑤ 주택 임대차 계약의 보증금·차임 등 계약금액을 거짓으로 신고한 자

⇨ 부과되는 과태료의 100분의 20에 해당하는 금액을 지급한다. 다만, ① 또는 ②를 신고한 경우 지급한도액은 1천만원으로 한다.

> ⑥ 토지거래허가 또는 변경허가를 받지 아니하고 계약을 체결한 자 또는 부정한 방법으로 허가받은 자
> ⑦ 토지거래허가를 받아 취득한 토지에 대하여 허가받은 목적대로 이용하지 아니한 자

⇨ 50만원. 같은 목적을 위하여 취득한 일단의 토지에 대한 신고 또는 고발은 1건으로 본다.

⑶ **포상금 지급절차**

① 위반자를 신고하려는 자는 국토교통부령으로 정하는 **위반행위 신고서** 및 증거자료를 신고관청 또는 허가관청에 **제출**해야 한다.

② 수사기관은 신고 또는 고발 사건을 접수하여 수사를 종료하거나 공소제기 또는 기소유예의 결정을 하였을 때에는 지체 없이 허가관청에 통보해야 한다.

③ 신고서를 제출받거나 수사기관의 통보를 받은 **신고관청 또는 허가관청은 포상금 지급 여부를 결정하고 이를 신고인 또는 고발인에게 알려야 한다.**

④ 포상금 지급 결정을 통보받은 **신고인 또는 고발인**은 국토교통부령으로 정하는 **포상금 지급신청서를 작성하여 신고관청 또는 허가관청에 제출해야 한다.**

⑤ 신고관청 또는 허가관청은 포상금 **지급신청서가 접수된 날부터 2개월 이내**에 포상금을 지급해야 한다.

⑷ **지급방법**(국토교통부령)

① 신고관청 또는 허가관청은 하나의 위반행위에 대하여 2**명 이상이 공동**으로 신고 또는 고발한 경우에는 포상금을 **균등하게 배분**하여 지급한다. 다만, 포상금을 지급받을 사람이 배분방법에 관하여 미리 합의하여 포상금의 지급을 신청한 경우에는 그 합의된 방법에 따라 지급한다.

② 신고관청 또는 허가관청은 하나의 위반행위에 대하여 2**명 이상이 각각** 신고 또는 고발한 경우에는 **최초로** 신고 또는 고발한 사람에게 포상금을 지급한다.

③ 신고관청 또는 허가관청은 자체조사 등에 따라 포상금 지급대상 위반행위를 알게 된 때에는 지체 없이 그 내용을 **부동산정보체계에 기록**하여야 한다.

제2절 부동산 정보관리 등

1. 부동산 정보관리

(1) 부동산 정보체계의 구축 · 운영

① 국토교통부장관은 효율적인 정보의 관리 및 국민편의 증진을 위하여 다음의 부동산거래 및 주택 임대차의 계약 · 신고 · 허가 · 관리 등의 업무와 관련된 정보체계를 구축 · 운영할 수 있다.

> ㉠ 부동산거래 **신고** 정보
> ㉡ 주택 임대차 계약 **신고**, 변경 및 해제 신고 정보
> ㉢ 외국인 등의 부동산 취득 · 보유 **신고** 자료 및 관련 정보
> ㉣ 토지거래계약의 **허가** 관련 정보
> ㉤ **검증**체계 관련 정보
> ㉥ 「부동산등기 특별조치법」에 따른 **검인** 관련 정보
> ㉦ 부동산 거래**계약** 등 부동산거래 관련 정보

② 국토교통부장관은 정보체계에 구축되어 있는 정보를 수요자에게 제공할 수 있다. 이 경우 정보체계 운영을 위하여 불가피한 사유가 있거나 개인정보의 보호를 위하여 필요하다고 인정할 때에는 제공하는 정보의 종류와 내용을 제한할 수 있다.

2. 업무위탁

국토교통부장관은 다음의 업무를 대통령령으로 정하는 바에 따라 부동산시장 관련 전문성이 있는 공공기관에 위탁할 수 있다(법률). **국토교통부장관**은 다음의 업무를 「한국부동산원법」에 따른 **한국부동산원에 위탁**한다(대통령령).

> ① 부동산거래가격 검증체계의 **구축 · 운영**
> ② 부동산정보체계의 **구축 · 운영**
> ③ 신고 내용의 **조사** 업무 중 다음의 업무
>   ㉠ 조사 대상자의 선정
>   ㉡ 제출한 자료 중 누락되었거나 정확하지 않은 자료 및 신고한 내용의 사실 여부를 확인하기 위한 자료의 제출 요구 및 접수
>   ㉢ 제출받은 자료의 적정성 검토

3. 업무의 전자적 처리

(1) 전자문서에 의한 신고서 또는 신청서

다음에 해당하는 신고 또는 신청은 전자문서를 제출하는 방법으로 할 수 있다. 전자문서로 제출하는 경우에는 「전자서명법」에 따른 인증서(서명자의 실지명의를 확인할 수 있는 것으로 한정한다)를 통한 본인확인의 방법으로 서명 또는 날인할 수 있다.

> 1. 부동산거래계약 신고서 및 법인신고서 등
> 2. 부동산거래계약 정정신청을 하는 경우 부동산거래계약 신고필증
> 3. 부동산거래계약 변경 신고서
> 4. 부동산거래계약의 해제등 신고서
> 5. 주택 임대차 신고서 및 주택 임대차 계약서
> 6. 주택 임대차 변경 신고서 및 임대차 해제 신고서
> 7. 정정 사항을 표시한 주택 임대차 신고필증
> 8. 주택 임대차 신고서, 임대차 변경 신고서, 임대차 해제 신고서, 임대차 정정신청을 위한 신고필증의 작성·제출을 전자문서로 하는 경우에도 당사자의 위임을 받은 사람이 대행할 수 있다.
> 9. 외국인 등의 부동산 등 취득·계속보유 신고서 또는 외국인 토지취득 허가신청서(첨부해야 하는 서류를 포함한다)
> 10. 토지거래계약 허가신청서(첨부서류 포함) 또는 토지거래계약 변경허가신청서(첨부서류 포함)
> 11. 토지거래허가 또는 불허가처분에 대한 이의신청서
> 12. 토지거래 불허가처분에 대한 토지매수청구서
> 13. 취득토지의 이용목적 변경승인신청서

▶ 전자문서로 할 수 없는 경우

  2. 거래당사자의 주소·전화번호 또는 휴대전화번호를 정정하기 위해 일방이 단독으로 서명 또는 날인하여 정정을 신청하는 경우는 전자문서로 제출할 수 없다.
  3. 면적은 변경이 없는 상태에서 거래가격이 변경되어 변경신고서를 제출하는 경우는 변경신고서에 거래계약서 사본 등을 첨부해야 하므로 전자문서로 제출할 수 없다.

(2) 외국인 등 취득신고 및 허가신청 첨부서류

외국인 등이 첨부서류를 전자문서로 제출하기 곤란한 경우에는 신고일 또는 신청일부터 14일 이내에 우편 또는 팩스로 제출할 수 있다. 이 경우 신고관청 또는 허가관청은 별지 제7호 서식의 신고확인증 또는 허가증을 신고인에게 송부해야 한다.

제3절 | 벌 칙

1. 3년 이하의 징역 또는 3천만원 이하의 벌금

부당하게 재물이나 재산상 이득을 취득하거나 제3자로 하여금 이를 취득하게 할 목적으로 다음의 사유를 위반한 자

① 매매계약을 체결하지 아니하였음에도 **불**구하고 거짓으로 부동산 거래신고를 한 자

② 부동산 거래신고 후 해당 계약이 해제등이 되지 아니하였음에도 **불**구하고 거짓으로 해제 등의 신고를 한 자

> **주의**
>
> 1. 3년 이하의 징역 또는 3천만원 이하의 벌금 사유(○)
> 2. 3천만원 이하의 과태료를 부과(○) 단, 형벌을 받은 경우에는 제외
> 3. 자진신고에 따른 과태료 감경 또는 면제 사유(×)
> 4. 신고 또는 고발한 경우 포상금 지급사유(○)

2. 2년 이하의 징역 또는 2천만원 이하의 벌금

외국인 등으로서 허가를 받지 아니하고 토지취득계약을 체결하거나 부정한 방법으로 허가를 받아 토지취득계약을 체결한 자

3. 2년 이하의 징역 또는 계약 체결 당시의 개별공시지가에 따른 해당 토지가격의 100분의 30에 해당하는 금액 이하의 벌금

토지거래 허가구역에서 허가 또는 변경허가를 받지 아니하고 토지거래계약을 체결하거나, 속임수나 그 밖의 부정한 방법으로 토지거래계약 허가를 받은 자

4. 1년 이하의 징역 또는 1천만원 이하의 벌금

국토교통부장관, 시·도지사, 시장·군수 또는 구청장의 허가 취소, 처분 또는 조치명령을 위반한 자

제4절 | 토지거래허가 관련 판례

1. 유동적 무효

① 허가받을 것을 전제로 하여 체결된 계약은 허가를 받을 때까지 유동적 무효의 상태에 있다. 허가를 받게 되면 그 계약은 **소급해서 유효**가 되므로 허가를 받은 후에 새로이 계약을 체결할 필요는 없다(90다12243). 그러나 불허가처분을 받게 된 때에는 무효로 확정된다.

② 허가 없이 순차로 매매한 후, 최종 매수인이 **중간생략등기**의 합의하에 자신과 최초 매도인을 매매 당사자로 하는 토지거래허가를 받아 경료한 소유권이전등기의 효력은 **무효**이다(97다33218).

③ **허가규정을 위반한** 자가 스스로 계약이 **무효임을 주장**하는 것이 신의성실의 원칙에 반하는 것은 아니다(97다33218).

④ 당사자 쌍방이 허가신청협력의무의 **이행거절을 명백히 표시**한 경우 계약은 **확정적으로 무효**가 된다(97다36996).

⑤ 계약이 유동적 무효인 상태에서 그 토지에 대한 토지거래 허가구역 지정이 해제되거나 허가구역 지정기간이 만료되었음에도 허가구역 재지정을 하지 아니한 경우, 그 토지거래계약은 **확정적으로 유효**이다(98다40459).

⑥ 토지거래 허가구역 내의 토지와 건물을 일괄 매매한 경우 토지에 대한 계약허가가 없어서 무효가 될 경우 특단의 사정이 없는 한 **건물에 관하여도 매매가 무효**가 된다(92다16836).

2. 채권적 효력

① 허가를 받을 것을 전제로 한 거래계약은 허가받기 전의 상태에서는 거래계약의 채권적 효력도 전혀 발생하지 않으므로 권리의 이전 또는 설정에 관한 어떠한 내용의 **이행청구도 할 수 없다**(90다12243). 그러므로 관할관청의 허가가 있기 전에는 매수인은 그 계약내용에 따른 **대금의 지급의무가 없다**.

② 거래계약의 당사자로서는 허가받기 전의 상태에서 상대방의 거래계약상 **채무불이행**을 이유로 거래**계약을 해제**하거나 그로 인한 **손해배상을 청구할 수 없다**(97다4357).

3. 허가신청절차에 대한 협력

① 허가를 전제로 한 거래계약을 체결한 당사자는 그 계약이 효력 있는 것으로 완성될 수 있도록 서로 협력할 의무가 있다. 따라서 이러한 의무에 위배하여 허가신청절차에 협력하지 않은 당사자에 대하여 상대방은 협력의무의 이행을 **소송으로 구할 이익이 있다**(90다12243).

② 계약을 체결할 당시 당사자 사이에 당사자 일방이 토지거래허가를 받기 위한 협력 자체를 이행하지 아니하거나 허가신청에 이르기 전에 매매계약을 철회하는 경우 상대방에게 일정한 **손해액을 배상하기로 하는 약정을 유효하게 할 수 있다**(96다49933).

③ 유동적 무효의 상태에서 상대방이 **협력의무**를 이행하지 않는다 하여 거래계약 자체를 **해제할 수는 없다**(98다40459).

④ 협력의무 불이행을 이유로 **손해배상을 청구할 수 있다**.

4. 계약금에 의한 계약 해제

특별한 사정이 없는 한 토지거래허가를 받지 않아 유동적 무효상태에 있는 매매계약에서도 매도인이 **계약금의 배액을 상환하고 계약을 해제함으로써 적법하게 해제된다**(97다9369).

5. 부당이득 반환

① **유동적 무효상태**에서는 **계약금** 등을 부당이득을 이유로 **반환청구할 수 없다**(91다21435).

② 매매계약이 확정적 무효가 되는 경우 매수인은 계약금을 부당이득으로 반환을 구할 수 있다 (2007다76603).

MEMO

중개실무

중개실무 일반

출제 Point 부동산 전자계약과 중개실무에서 출제되는 민법 및 공법 관련 내용을 담고 있으며 1문제 가량 출제된다.

제1절 부동산 전자계약

부동산거래 전자계약시스템(IRTS)은 부동산 거래계약서를 정보통신기술과 접목하여 공인인증 및 전자서명을 통해 작성할 수 있도록 한 시스템을 말한다. 종이와 인감 없이도 온라인 서명으로 부동산 전자계약 체결, 부동산 거래신고 및 확정일자 부여의 자동화, 거래계약서 및 확인·설명서 등 계약서류를 공인된 문서보관센터에 보관하는 전자적 방식(공인인증 등)의 부동산 거래계약서 작성 및 체결 시스템이다.

1. 부동산 전자계약의 의의

(1) 법적 근거(부동산 거래신고 등에 관한 법령)

① **부동산정보체계의 구축·운영**: **국토교통부장관**은 효율적인 정보의 관리 및 국민편의 증진을 위하여 부동산거래 및 주택 임대차의 계약·신고·허가·관리 등의 업무와 관련된 정보체계를 **구축·운영**할 수 있다(법 제25조).

② 위 법 제25조에 따라 구축된 부동산 거래계약 관련 정보시스템(부동산거래 전자계약시스템)을 통하여 부동산 거래계약을 체결한 경우에는 부동산 거래계약이 체결된 때에 거래당사자 공동신고, 국가 등의 신고, 개업공인중개사에 의한 부동산거래계약 신고서를 제출한 것으로 본다(규칙 제2조 제10항).

(2) 부동산 전자계약의 개념

① 전자계약은 종이계약서를 대신하여 온라인으로 거래계약서를 작성하고 전자서명을 하여 계약을 체결하는 것을 말한다.

② 전자계약의 절차는 기존의 부동산 거래절차와 같다. 종이로 작성하던 계약서를 컴퓨터로 작성하고 태블릿PC, 스마트폰 등을 사용하여 전자서명을 하는 차이만 있다.

2. 주택임대차계약증서상의 확정일자 부여 및 임대차 정보제공에 관한 규칙

(1) 전자계약증서의 확정일자 부여 신청 방법

① 정보처리시스템을 이용하여 주택임대차계약을 체결한 경우 해당 주택의 임차인은 정보처리시스템을 통하여 전자계약증서에 확정일자 부여를 신청할 수 있다.

② 전자계약증서의 확정일자 부여 신청은 확정일자부여기관 중 주택 소재지의 **읍·면사무소, 동 주민센터** 또는 시(특별시·광역시·특별자치시는 제외하고, 특별자치도는 포함한다)·군·구(자치구를 말한다)의 **출장소**에 대하여 한다.

(2) 전자계약증서의 확정일자 부여에 관한 특례

① 주민센터등은 전산장애 등 특별한 사정이 없는 한 전자확정일자 부여의 신청이 접수된 당일에 확정일자를 부여하여야 한다. 다만, 평일 16시 이후 또는 토요일이나 공휴일에 신청이 접수된 경우에는 다음 근무일에 부여할 수 있다.

② 정보처리시스템 운영자는 신청인에게 확정일자가 당일 부여되지 않을 수 있음을 정보처리시스템 내에서 안내하여야 한다.

③ 전자계약증서에 확정일자가 부여된 경우 정보처리시스템 운영자는 임차인과 임대인에게 문자메시지 등의 방법으로 이를 통보하여야 한다.

(3) 수수료

정보처리시스템을 이용하여 주택임대차계약을 체결하고 전자계약증서에 확정일자 부여를 신청한 사람에게는 **수수료를 면제할 수 있다.**

제2절 │ 중개실무에서 출제된 「민법」 관련 문제

예제

1. 개업공인중개사 甲이 丁소유의 X토지를 공유하고자 하는 乙과 丙에게 매매계약을 중개하였다. 다음 설명 중 옳은 것을 모두 고른 것은? (다툼이 있으면 판례에 의함)　　제21회

> ㄱ. 乙의 지분이 2분의 1이고 다른 특약이 없는 경우, 乙이 X토지 전부를 사용·수익하고 있다면 丙은 乙에게 부당이득반환청구를 할 수 있다.
> ㄴ. 乙의 지분이 2분의 1이고 다른 특약이 없는 경우, 乙은 단독으로 공유물의 관리에 관한 사항을 결정할 수 없다.
> ㄷ. 乙의 지분이 3분의 2인 경우, 乙은 X토지의 특정된 부분을 배타적으로 사용하는 결정을 할 수 있다.
> ㄹ. 乙과 丙은 X토지를 5년 내에 분할하지 않을 것을 약정할 수 있다.

① ㄱ, ㄴ　　　② ㄴ, ㄹ　　　③ ㄱ, ㄴ, ㄹ　　　④ ㄴ, ㄷ, ㄹ　　　⑤ ㄱ, ㄴ, ㄷ, ㄹ

해설 ㄱ. 토지의 공유자는 각자의 지분 비율에 따라 토지 전체를 사용·수익할 수 있지만, 그 구체적인 사용·수익 방법에 관하여 공유자들 사이에 지분 과반수의 합의가 없는 이상, 1인이 특정 부분을 배타적으로 점유·사용할 수 없는 것이므로, 공유자 중의 일부가 특정 부분을 배타적으로 점유·사용하고 있다면, 그들은 비록 그 특정 부분의 면적이 자신들의 지분 비율에 상당하는 면적 범위 내라고 할지라도, 다른 공유자들 중 지분은 있으나 사용·수익은 전혀 하지 않고 있는 자에 대하여는 그 자의 지분에 상응하는 부당이득을 하고 있다고 보아야 할 것인바, 이는 모든 공유자는 공유물 전부를 지분의 비율로 사용·수익할 권리가 있기 때문이다(2000다13948).

ㄴ, ㄷ 공유물의 관리에 관한 사항은 지분 과반수로 결정한다. ▶**정답** ⑤

2. 개업공인중개사가 중개의뢰인에게 중개대상물에 관한 법률관계를 설명한 내용으로 틀린 것은? (다툼이 있으면 판례에 의함) _{제25회}

① 건물 없는 토지에 저당권이 설정된 후, 저당권설정자가 건물을 신축하고 저당권의 실행으로 인하여 그 토지와 지상건물이 소유자를 달리하게 된 경우에 법정지상권이 성립한다.

② 대지와 건물이 동일소유자에게 속한 경우, 건물에 전세권을 설정한 때에는 그 대지소유권의 특별승계인은 전세권설정자에 대하여 지상권을 설정한 것으로 본다.

③ 지상권자가 약정된 지료를 2년 이상 지급하지 않은 경우, 지상권설정자는 지상권의 소멸을 청구할 수 있다.

④ 지상권자가 지상물의 소유자인 경우, 지상권자는 지상권을 유보한 채 지상물 소유권만을 양도할 수 있다.

⑤ 지상권의 존속기간은 당사자가 설정행위에서 자유롭게 정할 수 있으나, 다만 최단기간의 제한이 있다.

해설 대지에 저당권 설정 당시 건물이 없는 경우 대지의 저당권이 실행된 경우 건물에 법정지상권이 성립하지 않는다. ▶**정답** ①

3. 개업공인중개사가 토지를 중개하면서 분묘기지권에 대해 설명한 내용으로 틀린 것을 모두 고른 것은? (다툼이 있으면 판례에 의함) _{제25회}

ㄱ. 장래의 묘소(가묘)는 분묘에 해당하지 않는다.
ㄴ. 분묘의 특성상, 타인의 승낙 없이 분묘를 설치한 경우에도 즉시 분묘기지권을 취득한다.
ㄷ. 평장되어 있어 객관적으로 인식할 수 있는 외형을 갖추고 있지 아니한 경우, 분묘기지권이 인정되지 아니한다.
ㄹ. 분묘기지권의 효력이 미치는 범위는 분묘의 기지 자체에 한정된다.

① ㄱ, ㄷ
② ㄴ, ㄹ
③ ㄷ, ㄹ
④ ㄱ, ㄴ, ㄷ
⑤ ㄱ, ㄴ, ㄹ

해설 ㄴ. 타인소유의 토지에 승낙 없이 분묘를 설치하고, 20년간 평온·공연하게 그 분묘의 기지를 점유한 때 분묘기지권을 취득한다.

ㄹ. 분묘기지권은 분묘의 기지 자체뿐만 아니라 그 분묘의 수호 및 봉제사에 필요한 범위 내에서 분묘의 기지 주위의 공지를 포함한 지역에까지 미치는 것이다. ▶**정답** ②

4. 개업공인중개사가 토지거래계약허가구역 내의 허가대상 토지매매를 중개하면서 당사자에게 설명한 내용으로 틀린 것은? (다툼이 있으면 판례에 의함) 제22회

① 이 매매계약은 관할관청의 허가를 받기 전에는 효력이 발생하지 않는다.

② 관할관청의 허가가 있기 전에는 매수인은 그 계약내용에 따른 대금의 지급의무가 없다.

③ 허가신청에 이르기 전에 매매계약을 일방적으로 철회하는 경우 상대방에게 일정한 손해액을 배상하기로 하는 약정은 그 효력이 없다.

④ 매도인이 허가신청절차에 협력하지 않으면, 매수인은 매도인에게 협력의무의 이행을 소로써 구할 수 있다.

⑤ 이 매매계약은 당사자 쌍방이 허가신청을 하지 아니하기로 의사표시를 명백히 한 때에는 확정적으로 무효가 된다.

> **해설** ③④ 일방이 허가신청절차에 대한 이행거절 의사를 분명히 하더라도 상대방은 소로서 협력의 이행을 청구할 수 있다(95다28236). 협력의무불이행을 이유로 손해배상청구 가능하며, 협력의무불이행에 대한 손해배상예정액을 약정할 수 있다(96다49933). ▶**정답 ③**

5. 개업공인중개사 甲의 중개로 丙이 乙소유의 X토지를 매수한 후 乙에게 계약금과 중도금을 지급하였다. 그 후 甲은 乙이 X토지를 丁에게 다시 매각한 사실을 알게 되었다. 甲의 설명으로 옳은 것을 모두 고른 것은? (다툼이 있으면 판례에 의함) 제24회

> ㄱ. 丁이 乙과 丙 사이의 매매계약이 있음을 미리 알았다는 사실만으로도 乙과 丁 사이의 매매계약은 무효가 된다.
>
> ㄴ. 특별한 사정이 없는 한, 乙은 丙으로부터 받은 계약금의 배액과 중도금을 반환하고 丙과의 매매계약을 해제할 수 있다.
>
> ㄷ. 특별한 사정이 없는 한, 丙과 丁 중에서 소유권이전등기를 먼저 하는 자가 X토지의 소유자가 된다.

① ㄱ   ② ㄴ

③ ㄷ   ④ ㄱ, ㄴ

⑤ ㄴ, ㄷ

> **해설** ㄱ. 부동산의 이중매매가 반사회적 법률행위로서 무효가 되기 위해서는 매도인의 배임행위와 매수인이 매도인의 배임행위에 적극 가담한 행위로 이루어진 매매로서, 그 적극 가담하는 행위는 매수인이 다른 사람에게 매매목적물이 매도된 것을 안다는 것만으로는 부족하고, 적어도 그 매도사실을 알고도 매도를 요청하여 매매계약에 이르는 정도가 되어야 한다(93다55289).
>
> ㄴ. 중도금이 지급된 후에는 특별한 사정이 없는 한 계약을 해제할 수 없다. ▶**정답 ③**

6. X대지에 Y건물이 있고, X대지와 Y건물은 동일인의 소유이다. 개업공인중개사가 Y건물에 대해서만 매매를 중개하면서 중개의뢰인에게 설명한 내용으로 옳은 것을 모두 고른 것은? (다툼이 있으면 판례에 따름)

제30회

> ㄱ. Y건물에 대한 철거특약이 없는 경우, Y건물이 건물로서의 요건을 갖추었다면 무허가건물이라도 관습상의 법정지상권이 인정된다.
> ㄴ. 관습상의 법정지상권이 성립한 후 Y건물을 증축하더라도 구건물을 기준으로 관습상의 법정지상권은 인정된다.
> ㄷ. Y건물 취득시 Y건물을 위해 X대지에 대한 임대차계약을 체결하더라도 관습상의 법정지상권을 포기한 것은 아니다.
> ㄹ. 대지소유자가 Y건물만을 매도하여 관습상의 법정지상권이 인정되면 Y건물 매수인은 대지 소유자에게 지료를 지급할 의무가 없다.

① ㄱ, ㄴ   ② ㄴ, ㄷ   ③ ㄷ, ㄹ
④ ㄱ, ㄴ, ㄹ   ⑤ ㄱ, ㄷ, ㄹ

해설 ㄴ. 「민법」 제366조 소정의 법정지상권이나 관습상의 법정지상권이 성립한 후에 건물을 개축 또는 증축하는 경우는 물론 건물이 멸실되거나 철거된 후에 신축하는 경우에도 법정지상권은 성립한다. 다만 그 법정지상권의 범위는 구건물을 기준으로 하여 그 유지 또는 사용을 위하여 일반적으로 필요한 범위 내의 대지 부분에 한정된다.

ㄷ. 동일인에게 속하였던 대지나 지상물 중 건물만을 매수하면서 대지에 관한 임대차계약을 체결하였다면 위 건물매수로 인하여 취득하게 될 관습상의 법정지상권을 포기하였다고 볼 것이다(91다1912).

ㄹ. 관습법상 법정지상권을 취득한 경우 건물의 매수인은 대지 소유자에게 지료를 지급할 의무가 있다.

▶정답 ①

제3절 법정지상권

(1) 「민법」상 법정지상권

저당물의 경매로 인하여 토지와 그 지상건물이 다른 소유자에 속한 경우에는 토지소유자는 건물소유자에 대하여 지상권을 설정한 것으로 본다. 그러나 지료는 당사자의 청구에 의하여 법원이 이를 정한다(「민법」 제366조).

① 저당권설정 당시에 건물이 존재할 것

㉠ 동일인 소유의 토지와 그 지상 건물에 관하여 **공동저당권**이 설정된 후 그 건물이 철거되고 다른 건물이 신축된 경우, 저당물의 경매로 인하여 토지와 신축건물이 서로 다른 소유자에게 속하게 되면 민법 제366조 소정의 **법정지상권이 성립하지 않는다**(98다43601).

㉡ 「민법」 제366조 소정의 법정지상권이 성립하려면 저당권설정 당시 저당권의 목적이 되는 토지 위에 건물이 존재하여야 하는데, 저당권설정 당시의 건물을 그 후 **개축·증축한**

경우는 물론이고 그 건물이 **멸실되거나 철거된 후 재건축·신축**한 경우에도 법정지상권이 성립하며, 이 경우 그 법정지상권의 내용인 존속기간·범위 등은 **구건물을 기준**으로 하여야 할 것이다.

② 저당권설정 당시 토지와 건물의 소유자가 동일할 것

- ㉠ 토지에 저당권을 설정할 당시 그 지상에 건물이 존재하였고 그 양자가 동일인의 소유였다가 그 후 저당권의 실행으로 토지가 낙찰되기 전에 **건물이 제3자에게 양도**된 경우, 건물을 양수한 제3자는 법정지상권을 취득한다(99다52602).

- ㉡ 미등기건물을 그 대지와 함께 매수한 사람이 그 대지에 관하여만 소유권이전등기를 넘겨받고 건물에 대하여는 그 등기를 이전 받지 못하고 있다가, 대지에 대하여 저당권을 설정하고 그 저당권의 실행으로 대지가 경매되어 다른 사람의 소유로 된 경우에는, 그 저당권의 설정 당시에 이미 대지와 건물이 각각 다른 사람의 소유에 속하고 있었으므로 법정지상권이 성립될 여지가 없다(2002다9660).

(2) 관습법상의 법정지상권

> 지문
>
> 토지에 저당권이 설정된 후 토지소유자가 그 위에 건물을 건축하였다가 경매로 인하여 그 토지와 지상 건물의 소유가 달라진 경우 토지소유자는 관습상의 법정지상권을 취득한다. (×)
> ⇨ 법정지상권이 성립하려면 토지의 저당권 설정 당시 토지 위에 건물이 존재해야 한다.

① 토지와 건물이 처분 당시에 동일인의 소유에 속하였을 것

- ㉠ 무허가건물, 미등기건물을 가리지 않으며 토지와 건물이 원시적으로 동일인의 소유였을 필요는 없고 처분 당시에 동일인의 소유에 속하면 된다.

- ㉡ 원래 동일인에게의 소유권 귀속이 원인무효로 이루어졌다가 그 뒤 그 원인무효임이 밝혀져 그 등기가 말소됨으로써 그 건물과 토지의 소유자가 달라지게 된 경우에는 관습상의 법정지상권을 허용할 수 없다(98다64189).

- ㉢ 미등기건물을 그 대지와 함께 매도하였다면 비록 매수인에게 그 대지에 관하여만 소유권이전등기가 경료되고 건물에 관하여는 등기가 경료되지 아니하여 형식적으로 대지와 건물이 그 소유 명의자를 달리하게 되었다 하더라도 매도인에게 관습상의 법정지상권을 인정할 이유가 없다(2002다9660).

② 토지와 건물 중 어느 하나가 매매 기타의 원인으로 소유자가 달라질 것

③ 당사자 사이에 건물철거특약 등 관습법상의 법정지상권 발생을 포기하는 특약이 없을 것 : 동일인에게 속하였던 대지나 지상물 중 건물만을 매수하면서 **대지에 관한 임대차계약을 체결**하였다면 위 건물매수로 인하여 취득하게 될 관습상의 **법정지상권을 포기하였다고 볼 것이다**(91다1912).

④ **효 력**

㉠ 「민법」 제366조 소정의 법정지상권이나 관습상의 법정지상권이 성립한 후에 건물을 개축 또는 증축하는 경우는 물론 건물이 멸실되거나 철거된 후에 신축하는 경우에도 법정지상권은 성립한다. 다만 그 법정지상권의 범위는 구건물을 기준으로 하여 그 유지 또는 사용을 위하여 일반적으로 필요한 범위 내의 대지 부분에 한정된다(96다40080).

㉡ 법정지상권자라 할지라도 **대지소유자에게 지료를 지급할 의무는 있는 것**이고, 법정지상권이 있는 건물의 양수인으로서 장차 법정지상권을 취득할 지위에 있어 대지소유자의 건물 철거나 대지 인도 청구를 거부할 수 있다 하더라도 그 대지를 점유·사용함으로 인하여 얻은 이득은 부당이득으로서 대지 소유자에게 반환할 의무가 있다(96다34665).

부동산 중개실무 관련 법령

출제 Point 「부동산실명법」, 「장사 등에 관한 법률」, 「주택임대차보호법」, 「상가건물 임대차보호법」
으로 구성되며, 3~4문제 출제된다.

제1절 「부동산 실권리자명의 등기에 관한 법률」

1. 명의신탁약정의 효력

① **명의신탁약정**: 부동산의 소유권 기타 물권을 보유한 자 또는 취득하려고 하는 자가 대내
적으로는 실권리자가 부동산에 관한 물권을 보유하거나 보유하기로 하고, 그에 관한 등기
(가등기 포함)는 그 타인의 명의로 하기로 하는 약정을 말한다.

② 명의신탁약정은 무효로 한다.

③ 명의신탁약정에 따른 등기로 이루어진 부동산에 관한 물권변동은 무효로 한다. 다만, 부동
산에 관한 물권을 취득하기 위한 계약에서 명의수탁자가 어느 한쪽 당사자가 되고 상대방
당사자는 명의신탁약정이 있다는 사실을 알지 못한 경우에는 그러하지 아니하다.

④ 명의신탁약정 및 물권변동의 무효는 제3자(선의, 악의 불문)에게 대항하지 못한다.

2. 명의신탁의 유형

(1) 2자 간 등기명의신탁

① 명의신탁자(甲)와 명의수탁자(乙) 간의 명의신탁약정은 무효이고 수탁자(乙) 앞으로 이루
어진 등기도 무효이다. 따라서 **소유권**은 여전히 **명의신탁자(甲)에게 속한다.**

② 명의신탁자(甲)는 제3자에게 대항하지 못하므로, 수탁자(乙)가 제3자에게 처분한 경우 제3자
는 선·악 불문하고 소유권을 취득한다. 다만, 제3자가 수탁자(乙)의 배임행위에 적극 가담
한 경우 무효이다.

③ 명의신탁약정은 무효이므로 甲은 **명의신탁해지에 기한 소유권이전등기를 청구할 수 없고**(98다1027), 실명법을 위반한 무효인 명의신탁약정에 기하여 타인 명의의 등기가 마쳐졌다는 이유만으로 그것이 당연히 **불법원인급여에 해당한다고 볼 수도 없다**(2003다41722).

④ 甲은 乙을 상대로 원인무효를 이유로 그 **등기의 말소를 청구할 수 있으며**, 乙을 상대로 **진정명의회복**을 원인으로 한 이전등기를 구할 수도 있다(2002다35157).

⑤ 「부동산실명법」을 위반한 양자 간 명의신탁의 경우 甲과 乙 간의 관계는 「형법」상 보호할 만한 가치 있는 신임에 의한 관계가 아니고, 乙이 甲에 대한 관계에서 '타인의 재물을 보관하는 자'의 지위에 있다고 볼 수도 없으므로 乙이 신탁받은 부동산을 임의로 처분하여도 甲에 대한 관계에서 **횡령죄가 성립하지 않는다**(2016도18761).

⑥ 乙이 양자 간 명의신탁에 따라 甲으로부터 소유권이전등기를 넘겨받은 부동산을 임의로 처분한 행위가 형사상 횡령죄로 처벌되지 않더라도, 위 행위는 甲의 소유권을 침해하는 행위로서 형사상 횡령죄의 성립 여부와 관계없이 **「민법」상 불법행위에 해당하여 乙은 甲에게 손해배상책임을 부담한다**(2016다34007).

(2) 3자 간 등기명의신탁(중간생략등기형)

신탁자(甲)가 매도인(丙)과 매매계약을 체결하면서 등기는 수탁자(乙) 명의로 해 줄 것을 요구하여 매도인(丙)으로부터 수탁자(乙) 명의로 이전등기가 된 경우

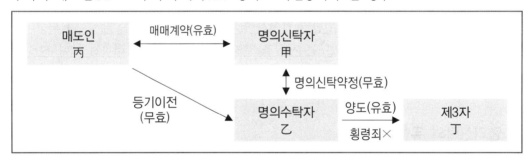

① 명의신탁약정은 무효이며, 乙 명의로 된 등기도 무효이다. 따라서 **소유권은 여전히 매도인(丙)에게 속한다.**

② 甲은 乙을 상대로 명의신탁약정 해지를 원인으로 소유권이전등기를 청구할 수 없고, 乙의 **등기 말소를 청구할 수도 없다.**

③ 甲은 제3자에게 대항하지 못하므로 제3자는 선의·악의를 불문하고 유효하게 소유권을 취득하며, 乙이 신탁받은 부동산을 임의로 처분하여도 甲에 대한 관계에서 **횡령죄가 성립하지 아니한다**(2014도6992).

④ 매매계약은 유효이므로 甲은 丙을 상대로 한 **소유권이전등기 청구권을 갖는다.** 그러므로 乙이 등기이전을 거부하는 경우 甲은 **丙을 대위하여 乙 명의 등기의 말소를 청구**하고 丙을 상대로 소유권이전등기를 청구할 수 있다.

⑤ 3자 간 등기명의신탁에 있어서 乙이 **자의로** 甲에게 바로 소유권이전등기를 경료해 준 경우, 그러한 소유권이전등기도 결국 실체관계에 부합하는 등기로서 **유효하다**(2004다6764).

(3) 계약명의신탁

신탁자(甲)로부터 매수자금을 지원받은 수탁자(乙)가 매도인(丙)과 직접 매매계약을 체결하고 乙 명의로 등기를 이전받은 경우

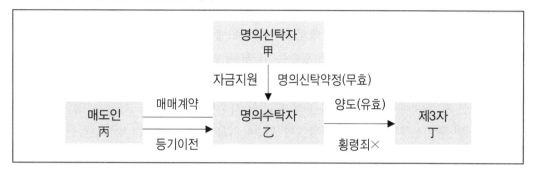

① **매도인이 선의인 경우** : 甲과 乙 사이의 명의신탁약정은 **무효**이나, 丙과 乙 사이에 체결한 매매계약 및 이전등기는 모두 **유효**하다. 따라서 **乙은 완전히 유효한 소유권을 취득**하게 된다.

② 甲은 제3자(丁)에게 대항하지 못하므로, 乙이 丁에게 처분한 경우 丁은 선의·악의를 불문하고 소유권을 취득한다. 그리고 乙이 소유권을 유효하게 취득한 후 丁에게 처분한 것이므로 乙의 처분행위는 횡령죄에 해당하지 않는다.

③ **부당이득 반환** : 「부동산실명법」 시행 후에 명의신탁약정이 이루어져 乙이 유효한 소유권을 취득한 경우, 甲은 乙에게 무효인 명의신탁약정을 이유로 소유권이전등기 말소청구를 할 수 없으며, **매수자금에 대한 부당이득반환을 청구할 수 있다.**

④ **매도인이 악의인 경우** : 丙이 명의신탁약정 사실을 안 때에는 **매매계약 및 乙 명의의 소유권이전등기는 무효**이며, **소유권은 丙에게 속한다.** 丙은 乙에게 등기말소를 청구할 수 있으며, 매매계약이 무효이므로 대금반환의무와 등기말소의무는 동시이행의 관계이다.

⑤ 매도인이 악의인 계약명의신탁의 명의수탁자로부터 명의신탁의 목적물인 주택을 임차하여 주택임대차보호법상 대항요건을 갖춘 **임차인은** 명의수탁자의 소유권이전등기가 말소됨으로써 등기명의를 회복한 **매도인**과 그로부터 다시 소유권이전등기를 마친 **명의신탁자**에 대하여 자신의 임차권으로 **대항할 수 있으며**, 이 경우 소유권이전등기를 마친 명의신탁자는 임대인의 지위를 승계한다(2021다210720).

3. 명의신탁에 대한 벌칙 등

(1) 행정형벌

① 5년 이하의 징역 또는 2억원 이하의 벌금 : 명의신탁자

② 3년 이하의 징역 또는 1억원 이하의 벌금 : 명의수탁자

(2) 과징금

① 명의신탁자에게 해당 **부동산 가액의 100분의** 30에 해당하는 금액의 **범위에서** 과징금을 부과한다. 과징금이 대통령령으로 정하는 금액(1천만원)을 초과하는 경우에는 그 초과하는 부분은 대통령령으로 정하는 바에 따라 물납(物納)할 수 있다.

② 부동산 가액은 과징금을 부과하는 날 현재의 기준시가에 따른다. 다만, 과징금을 부과받은 날 이미 명의신탁관계를 종료하였거나 실명등기를 하였을 때에는 명의신탁관계 종료 시점 또는 실명등기 시점의 부동산 가액으로 한다.

(3) 이행강제금

① 과징금 부과일부터 1년이 지나도록 실명등기를 하지 않은 자에 대하여는 부동산평가액의 **100분의 10에 해당하는 금액**을 이행강제금으로 부과한다.

② 1차 이행강제금을 받고도 다시 1년이 지나도록 실명등기를 하지 않은 자에 대하여는 부동산평가액의 100분의 20에 **해당하는 금액**을 이행강제금으로 부과한다.

4. 명의신탁약정에서 제외되는 경우

다음에 해당하는 경우에는 **이 법상 명의신탁약정에 해당하지 아니한다.**

① 채무 변제를 담보하기 위해 채권자가 부동산에 관한 물권을 이전받거나 가등기하는 경우

② 부동산의 위치와 면적을 특정하여 2인 이상이 구분소유하기로 하는 약정을 하고, 그 구분소유자의 공유로 등기하는 경우

③ 「신탁법」 또는 「자본시장과 금융투자업에 관한 법률」에 따른 신탁재산인 사실을 등기한 경우

5. 종중, 배우자 및 종교단체에 대한 특례

다음에 해당하는 경우로서 조세포탈, 강제집행의 면탈 또는 법령상 제한의 회피를 목적으로 하지 아니하는 경우에는 **명의신탁약정 및 그 등기는 유효**하다.

① 종중이 보유한 부동산에 관한 물권을 종중(종중과 그 대표자를 같이 표시하여 등기한 경우를 포함) 외의 자의 명의로 등기한 경우

② 배우자 명의로 부동산에 관한 물권을 등기한 경우

③ 종교단체의 명의로 그 산하 조직이 보유한 부동산에 관한 물권을 등기한 경우

▌판례 ▌

[유효한 명의신탁 관련]

1. 명의신탁등기가 무효로 된 경우에도 그 후 명의신탁자가 수탁자와 혼인을 함으로써 법률상의 배우자가 되고 위 특례의 예외사유에 해당되지 않으면 그때부터는 위 특례가 적용되어 그 명의신탁등기가 유효로 된다고 보아야 한다(2001마1235).

2. 명의신탁에 의하여 부동산의 소유자로 등기된 자는 그 사실만으로 당연히 부동산을 점유하는 것으로 볼 수 없음은 물론이고 설사 그의 점유가 인정된다고 하더라도 그 점유권원의 성질상 자주점유라 할 수 없다(2001다8097).

3. 명의신탁계약해지의 효과는 소급하지 않고 장래에 향하여 효력이 있음에 불과하므로 수탁자가 신탁자 앞으로 등기 명의를 이전하기 전에 수탁자로부터 부동산을 취득한 자는 그 취득행위에 무효 또는 취소사유가 없는 한 적법하게 소유권을 취득한다(90다19848).

4. 재산을 타인에게 신탁한 경우 대외적인 관계에 있어서는 수탁자만이 소유권자로서 그 재산에 대한 제3자의 침해에 대하여 배제를 구할 수 있으며, 신탁자는 수탁자를 대위하여 수탁자의 권리를 행사할 수 있을 뿐 직접 제3자에게 신탁재산에 대한 침해의 배제를 구할 수 없다(77다1079).

제2절 「장사 등에 관한 법률」 및 분묘기지권

1. "자연장"이란 화장한 유골의 골분을 수목·화초·잔디 등의 밑이나 주변에 묻어 장사하는 것

2. "개장"이란 매장한 시신이나 유골을 다른 분묘 또는 봉안시설에 옮기거나 화장 또는 자연장하는 것

3. "봉안"이란 유골을 봉안시설에 안치하는 것을 말한다.

4. "분묘"란 시신이나 유골을 매장하는 시설을 말한다.

5. "묘지"란 분묘를 설치하는 구역을 말한다.

6. "자연장지(自然葬地)"란 자연장으로 장사할 수 있는 구역을 말한다.

7. "연고자"란 사망한 자와 다음의 관계에 있는 자를 말하며, 연고자의 권리·의무는 다음의 순서로 행사한다.
   가. 배우자
   나. 자녀
   다. 부모

8. "공설묘지"란 시·도지사 및 시장·군수·구청장이 설치·조성 및 관리하는 묘지를 말한다.

1. 매장 · 화장 등의 신고

① **매장**을 한 자는 매장 후 **30일** 이내에 매장지를 관할하는 특별자치시장 · 특별자치도지사 · 시장 · 군수 · 구청장(이하 '시장 등'이라 한다)에게 **신고**하여야 한다.

② **화장을 하려는 자**는 화장시설을 관할하는 시장 등에게 **신고**하여야 한다.

③ **보건복지부장관**은 묘지 · 화장시설 · 봉안시설 및 자연장지의 수급에 관한 종합계획을 **5년**마다 수립하여야 한다.

2. 사설묘지

⑴ 신고 또는 허가

① **개인묘지**를 설치한 자는 묘지를 설치한 후 **30일** 이내에 해당 묘지를 관할하는 시장 등에게 **신고**해야 한다.

② **가족묘지**, 종중 · 문중묘지 또는 법인묘지를 설치 · 관리하고자 하는 자는 해당 묘지를 관할하는 시장 등의 **허가**를 받아야 한다.

③ 시장 등은 묘지의 설치 · 관리를 그 목적으로 **「민법」에 의하여 설립된 재단법인**에 한하여 법인묘지의 설치 · 관리를 허가할 수 있다.

> **｜주의｜**
>
> 1. 개인묘지 : 1기의 분묘 또는 해당 분묘에 매장된 자와 배우자관계에 있던 자의 분묘를 같은 구역 안에 설치하는 묘지
> 2. 가족묘지 : 「민법」에 따라 친족관계였던 자의 분묘를 같은 구역 안에 설치하는 묘지
> 3. 남편의 분묘구역 내에 처의 분묘를 추가로 설치한 경우, 추가 설치 후 30일 이내에 해당 묘지의 관할 시장 등에게 신고해야 한다. (○)
> 4. 가족묘지를 설치한 자는 묘지를 설치한 후 30일 이내에 해당 묘지를 관할하는 시장 등에게 신고해야 한다. (×)

⑵ 사설묘지의 면적

① 개인묘지는 $30m^2$를 초과할 수 없다.

② 가족묘지($100m^2$ 이하), 종중 또는 문중묘지($1천m^2$ 이하), 법인묘지($10만m^2$ 이상)

③ 공설묘지, 가족묘지, 종중 · 문중묘지 또는 법인묘지 안의 분묘 1기 및 그 분묘의 상석(床石) · 비석 등 시설물을 설치하는 구역의 면적은 단분인 경우에는 $10m^2$(합장하는 경우에는 $15m^2$)를 초과하여서는 아니 된다.

④ 분묘의 형태는 봉분, 평분 또는 평장으로 하되, 봉분의 높이는 지면으로부터 1m, 평분의 높이는 50cm 이하여야 한다.

⑶ **법인묘지**

① 법인묘지에는 폭 5m 이상의 도로와 그 도로로부터 각 분묘로 통하는 충분한 진출입로를 설치하고, 주차장을 마련하여야 한다.

② 법인묘지의 허가 면적 중 주차장 · 관리시설 등 부대시설을 제외한 면적의 **100분의 20 이상을 녹지 공간**으로 확보하여야 한다. 다만, 잔디로 조성된 평분인 경우에는 100분의 10 이상을 녹지공간으로 확보하여야 한다.

3. 사설묘지의 설치기준

① 도로 · 철도의 선로 · 하천구역 또는 그 예정지로부터 다음의 거리 이상 떨어진 곳에 설치해야 한다.
  ㉠ 개인묘지 및 가족묘지 : 200m 이상
  ㉡ 종중 · 문중묘지 및 법인묘지 : 300m 이상

② 학교 · 20호 이상의 인가가 밀집한 지역 · 공중이 수시로 집합하는 시설 또는 장소로부터는 다음의 거리 이상 떨어진 곳에 설치해야 한다.
  ㉠ 개인묘지 및 가족묘지 : 300m 이상
  ㉡ 종중 · 문중묘지 및 법인묘지 : 500m 이상

4. 분묘의 설치기간

① 공설묘지 및 사설묘지에 설치된 분묘의 설치기간은 **30년**으로 한다.

② 설치기간이 지난 분묘의 연고자가 설치기간의 연장을 신청하는 경우에는 **1회에 한하여** 그 **설치기간을 30년으로 하여 연장**하여야 한다.

③ 설치기간을 계산할 때 합장 분묘인 경우에는 합장된 날을 기준으로 계산한다.

④ 시 · 도지사 또는 시장 · 군수 · 구청장은 관할구역 안의 묘지 수급을 위하여 필요하다고 인정되면 조례로 정하는 바에 따라 5년 이상 30년 미만의 기간 안에서 분묘 설치기간의 연장 기간을 단축할 수 있다.

⑤ 설치기간이 끝난 분묘의 연고자는 설치기간이 끝난 날부터 **1년** 이내에 해당 분묘에 설치된 시설물을 철거하고 매장된 유골을 화장하거나 봉안해야 한다.

5. 타인의 토지 등에 설치된 무연분묘의 처리 등

① 토지 소유자·묘지 설치자 또는 연고자는 다음의 분묘에 대하여 해당 분묘를 관할하는 시장 등의 **허가**를 받아 분묘에 매장된 시신 또는 유골을 개장할 수 있다.

> ㉠ 토지소유자의 승낙 없이 해당 토지에 설치한 분묘
> ㉡ 묘지 설치자 또는 연고자의 승낙 없이 해당 묘지에 설치한 분묘

② 토지 소유자, 묘지 설치자 또는 연고자는 개장을 하려면 미리 **3개월 이상**의 기간을 정하여 그 뜻을 해당 분묘의 설치자 또는 연고자에게 알려야 한다. 다만, 해당 분묘의 연고자를 알 수 없으면 그 뜻을 공고하여야 한다.

③ 무연고 분묘의 연고자는 해당 토지 소유자·묘지 설치자 또는 연고자에 대하여 토지사용권 기타 분묘의 보존을 위한 권리를 주장할 수 없다.

> **주의**
> 1. 「장사법」 시행 전 이미 취득한 분묘기지권의 효력은 현재도 그대로 유지된다.
> 2. 「장사법」 시행 전에 타인의 토지에 승낙 없이 설치된 분묘는 현재 분묘기지권을 시효로 취득할 수 있다.
> 3. 「장사법」 시행 후 승낙 없이 설치된 분묘는 분묘기지권을 시효로 취득할 수 없다.
> 4. 토지소유자의 승낙 없이 타인 소유의 토지에 자연장을 한 자는 토지소유자에 대하여 시효취득을 이유로 자연장의 보존을 위한 권리를 주장할 수 없다.

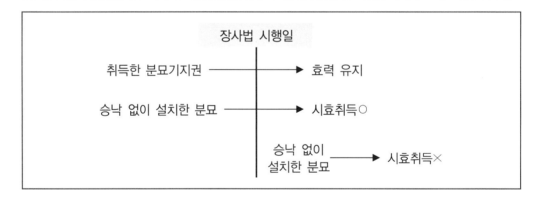

6. 자연장지

① 개인자연장지를 조성한 자는 조성을 마친 후 **30일** 이내에 관할 시장 등에게 **신고**해야 한다.

② **가족**자연장지, **종중**자연장지·**문중**자연장지를 **조성하려는 자**는 관할 시장 등에게 **신고**해야 한다.　▶**사전신고**

③ 법인 등 자연장지를 조성하려는 자는 시장 등의 **허가**를 받아야 한다.

④ 시장 등은 다음의 어느 하나에 해당하는 자에 한하여 법인 등 자연장지의 조성을 허가할 수 있다.

> ㉠ 자연장지의 조성·관리를 목적으로 「민법」에 따라 설립된 재단법인
> ㉡ 대통령령으로 정하는 공공법인 또는 종교단체

⑤ 토지소유자 또는 자연장지 조성자의 승낙 없이 다른 사람 소유의 토지 또는 자연장지에 자연장을 한 자 또는 그 연고자는 당해 토지소유자 또는 자연장지 조성자에 대하여 토지사용권이나 그 밖에 자연장의 보존을 위한 권리를 주장할 수 없다.

| 주의 |

1. 개인·가족자연장지 : 100m² 미만(법률)
2. 개인자연장지 : 면적 30m² 미만(대통령령), 가족자연장지 : 100m² 미만(대통령령)
3. 종중·문중자연장지 : 2천m² 이하
4. 법인 등 자연장지 : 종교단체(4만m² 이하), 공공법인 및 재단법인(5만m² 이상)
5. 문중자연장지를 조성하려는 자는 관할 시장 등의 허가를 받아야 한다. (×)

개인묘지	가족묘지	종중·문중묘지	법인묘지
30일 이내 신고	허 가	허 가	허 가
30일 이내 신고	미리 신고	미리 신고	허 가
개인자연장지	**가족자연장지**	**종중·문중자연장지**	**법인자연장지**

7. 분묘기지권

(1) 의 의

분묘기지권은 타인의 토지에 분묘를 설치한 자가 분묘를 수호하고 봉제사하는 목적을 달성하는 데 필요한 범위 내에서 타인의 토지를 사용할 수 있는 **지상권과 유사한 물권**을 말한다.

(2) 분묘기지권의 성립

① 분묘의 기지인 토지가 분묘의 수호·관리권자 아닌 다른 사람의 소유인 경우에 그 토지 소유자가 분묘 수호·관리권자에 대하여 **분묘의 설치를 승낙**한 때에는 그 분묘의 기지에 관하여 **분묘기지권을 설정한 것으로 보아야 한다**(2017다271834).

② 타인소유의 토지에 승낙 없이 분묘를 설치하고, 20년간 평온·공연하게 그 분묘의 기지를 점유한 때

③ 자기 소유의 토지에 분묘를 설치한 자가 후에 분묘를 이장한다는 특약을 하지 않고 토지를 매매 등으로 처분한 때

(3) 성립제한

① 장래의 묘소로서 설치하는 등 그 내부에 시신이 안장되어 있지 않은 것은 분묘라고 할 수 없다. 즉 가묘에 대해서는 분묘기지권이 성립되지 않는다(91다18040).

② 분묘기지권이 성립하기 위하여는 봉분 등 외부에서 분묘의 존재를 인식할 수 있는 형태를 갖추고 있어야 하고, 평장되어 있거나 암장되어 있어 객관적으로 인식할 수 있는 외형을 갖추고 있지 아니한 경우에는 분묘기지권이 인정되지 아니한다(91다18040).

(4) 효력범위

분묘기지권은 **분묘의 기지 자체뿐만 아니라 그 분묘의 설치목적인 분묘의 수호 및 제사에 필요한 범위 내에서 분묘의 기지 주위의 공지를 포함한 지역에까지 미치는 것**이고, 그 확실한 범위는 각 구체적인 경우에 개별적으로 정하여야 한다(97다3651).

(5) 존속기간

분묘기지권의 존속기간에 관하여는 **「민법」의 지상권에 관한 규정에 따를 것이 아니라** 당사자 사이에 약정이 있는 등 특별한 사정이 있으면 그에 따를 것이며, 그러한 사정이 없는 경우에는 권리자가 분묘의 수호와 봉사를 계속하며 그 분묘가 존속하고 있는 동안 분묘기지권은 존속한다(94다28970).

(6) 권 한

① 분묘기지권에 의하여 보존되는 분묘를 다른 곳에 이장하면 그 분묘기지권은 소멸된다(2007다16885).

② 분묘기지권에는 그 효력이 미치는 범위 안에서 새로운 분묘를 설치하거나 원래의 분묘를 다른 곳으로 이장할 권능은 포함되지 않는다(2007다16885). 단분(單墳)형태로 합장하여 분묘를 설치하는 것도 허용되지 않는다(2001다28367).

③ 분묘기지권에 기하여 보전되어 오던 분묘들 가운데 일부가 그 분묘기지권이 미치는 범위 내에서 이장되었다면, 그 이장된 분묘를 위하여서도 그 분묘기지권의 효력이 그대로 유지된다고 보아야 할 것이다(94다15530).

(7) 지 료

① 분묘기지권을 **시효로 취득**한 경우, 분묘기지권자는 토지소유자가 지료를 청구하면 그 **청구한 날부터**의 지료를 지급할 의무가 있다(2017다228007).

② 토지소유자의 승낙에 의하여 성립하는 분묘기지권의 경우, 성립 당시 토지 소유자와 분묘의 수호·관리자가 지료 지급의무의 존부나 범위 등에 관하여 약정을 하였다면 그 약정의 효력은 분묘 기지의 **승계인에 대하여도 미친다**(2017다271834).

③ 자기 소유 토지에 분묘를 설치한 사람이 그 토지를 양도하면서 분묘를 이장하겠다는 특약을 하지 않음으로써 분묘기지권을 취득한 경우, 특별한 사정이 없는 한 분묘기지권자는 분묘기지권이 **성립한 때부터** 토지 소유자에게 그 분묘의 기지에 대한 토지사용의 대가로서 지료를 지급할 의무가 있다(2020다295892).

(8) 소유의 의사

① 타인의 토지 위에 분묘를 설치 · 소유하는 자는 다른 특별한 사정이 없는 한 그 분묘의 보존 · 관리에 필요한 범위 내에서만 타인의 토지를 점유하는 것이므로 점유의 성질상 소유의 의사가 추정되지 않는다(97다3651).

② 착오로 인접 토지의 일부를 그가 매수 · 취득한 토지에 속하는 것으로 믿고서 점유하고 있다면 인접 토지의 일부에 대한 점유는 소유의 의사에 기한 것으로 보아야 하며, 이 경우 그 인접 토지의 점유방법이 분묘를 설치 · 관리하는 것이었다고 하여 점유자의 소유의사를 부정할 것은 아니다. 즉 자주점유에 해당한다(2006다84423).

(9) 소 멸

① 분묘기지권은 권리자가 의무자에 대하여 그 권리를 포기하는 **의사표시를 하는 외에 점유까지도 포기하여야만 그 권리가 소멸하는 것은 아니다**(92다14762).

② 분묘가 멸실된 경우라고 하더라도 유골이 존재하여 분묘의 원상회복이 가능하여 일시적인 멸실에 불과하다면 분묘기지권은 소멸하지 않고 존속하고 있다고 해석함이 상당하다(2005다44114).

제3절 ｜ **「주택임대차보호법」**

1. 제정목적 및 적용대상

(1) 적용대상

① 주거용 건물의 전부 또는 일부의 임대차에 적용한다.

② **임차주택의 일부가 주거 외의 목적으로 사용되는 경우에도 동법이 적용된다.**

③ 공부상의 용도와 관계없이 사실상 주거용으로 사용하면 적용된다.

④ 무허가건물, 미등기의 주택 등도 적용된다.

⑤ 주택의 등기를 하지 아니한 전세계약에 관하여는 이 법을 준용한다.

⑥ 이 법의 규정에 위반된 약정으로서 임차인에게 불리한 것은 그 효력이 없다.

(2) 외국인

① 외국인 또는 외국국적동포가 「출입국관리법」이나 「재외동포법」에 따라서 한 외국인 등록이나 체류지 변경신고 또는 국내거소신고나 거소이전신고에 대하여는, 주민등록과 동일한 법적 효과가 인정된다고 보아야 한다(2015다14136).

② 대항력 취득의 요건인 주민등록은 임차인 본인뿐 아니라 그 배우자나 자녀 등 가족의 주민등록도 포함되고, 이러한 법리는 「재외동포법」에 의한 재외국민이 임차인인 경우에도 마찬가지로 적용된다고 보아야 한다(2015다14136).

(3) 적용배제

① 일시사용을 위한 임대차임이 명백한 경우에는 적용되지 않는다.

② 법인이 임차인인 경우는 원칙적으로 동법이 적용되지 않는다.

> [「주택임대차보호법」의 보호를 받아 대항력을 취득할 수 있는 법인]
> • **한국토지주택공사** 및 **주택사업을 목적으로 설립된 지방공사**가 주택도시기금으로 저소득층 무주택자에게 주거생활 안정을 목적으로 주택을 임차하고 지방자치단체의 장 또는 그 법인이 선정한 입주자가 그 주택을 인도받고 주민등록을 마쳤을 때에는 그 다음날 대항력을 취득한다.
> • 「중소기업기본법」에 따른 **중소기업**에 해당하는 법인이 소속 직원의 주거용으로 주택을 임차한 후 그 법인이 선정한 직원이 해당 주택을 인도받고 주민등록을 마쳤을 때에는 그 다음날 대항력을 취득한다. 임대차가 끝나기 전에 그 직원이 변경된 경우에는 새로운 직원이 주택을 인도받고 주민등록을 마친 다음 날부터 대항력이 생긴다.
> • 주식회사의 **대표이사 또는 사내이사로 등기된 사람**은 위에서 말하는 '직원'에서 제외된다고 보아야 한다(2023다226866).
> • 주택 임차인이 **한국전력공사**인 경우, 임차주택의 양수인이 임대인의 지위를 당연히 승계한다는 내용이 적용되지 않으며, 임대인이 주택을 양도한 경우 임대인의 임차인에 대한 임대차보증금 반환채무는 소멸하는 않는다(2024다215542).

2. 대항력

(1) 대항력의 효과

① 임대차는 그 등기가 없는 경우에도 임차인이 주택의 인도와 주민등록을 마친 때에는 그 다음날부터 제3자에 대하여 효력이 생긴다. 7월 15일 주택을 인도받고 주민등록을 하면 동년 7월 16일 0시에 대항력을 취득한다. 따라서 7월 15일 저당권 등기가 되었다면 저당권이 선순위가 된다.

② 임차주택의 양수인은 임대인의 지위를 승계한 것으로 본다.

③ 대항요건을 갖춘 임대주택이 양도된 경우, 양수인은 주택의 소유권과 결합하여 임대인의 임대차계약상의 **권리 · 의무 일체를 그대로 승계**하며, **양도인**은 임대차관계에서 탈퇴하여 임차인에 대한 임대차**보증금 반환채무를 면하게 된다.** 또한, 임차인이 임대인의 지위승계를 원하지 않는 경우, 임차인이 임차주택의 양도사실을 안 때로부터 상당한 기간 내에 이**의를 제기하면 양도인의 임차인에 대한 보증금 반환채무는 소멸하지 않는다**(2021다251929).

④ 임차주택의 양수인에게 대항할 수 있는 임차권자라도 스스로 임대차관계의 승계를 원하지 않는 경우, 승계되는 임대차관계의 구속을 면할 수 있다(2020다276914).

⑤ **대항력을 갖추지 못한** 임차인의 경우, 주택이 다른 사람에게 이전되었더라도 종전 **임대인**은 여전히 임차보증금 반환의무를 부담한다(2020다276914).

⑵ 임대차계약

채권자가 채무자 소유의 주택에 관하여 채무자와 임대차계약을 체결하고 전입신고를 마친 다음 그곳에 거주하여 대항력을 취득한 외관을 갖추었다고 하더라도 임대차계약의 주된 목적이 주택을 사용수익하려는 것에 있는 것이 아니고, 실제적으로는 **채권을 회수**하려는 것에 있었던 경우에는 그러한 임차인에게 **대항력을 부여할 수 없다.**

⑶ 주택의 인도

① 대항력은 타인의 점유를 매개로 하여 이를 간접점유하는 경우에도 인정될 수 있다. 그러나 **간접점유자인 임차인 자신의 주민등록으로는 대항력을 갖추었다고 할 수 없으며**, 해당 주택에 실제로 거주하는 직접점유자인 전차인이 자신의 주민등록을 마친 경우에 한하여 비로소 그 임차인이 적법하게 대항력을 취득할 수 있다.

② 대항력을 갖춘 주택임차인이 임대인의 동의를 얻어 적법하게 임차권을 양도하거나 전대한 경우, 양수인이나 전차인이 적법하게 전입신고를 마치고 주택을 인도받아 점유한다면 원래의 임차인이 갖는 임차권의 대항력은 소멸되지 아니하고 동일성을 유지한 채로 존속한다고 보아야 한다. 이러한 경우 임차권 양수인은 원래의 임차인이 갖는 우선변제권을 행사할 수 있고, 전차인은 우선변제권을 대위 행사할 수 있다.

⑷ 주민등록

1) 임대차의 공시방법

① 주택의 인도 및 주민등록은 그 대항력 취득시에만 구비하면 족한 것이 아니고 그 대항력을 유지하기 위하여 계속 존속하고 있어야 한다.

② 임차인이 대항력 취득 후 가족과 함께 일시 다른 곳으로 주민등록을 이전했다가 재전입한 경우, 원래의 대항력은 소멸하고 재전입한 때부터 그와는 동일성이 없는 새로운 대항력이 다시 발생한다.

③ 입주 및 주민등록을 마친 주택 임차인이 가족의 주민등록은 그대로 둔 채 임차인만 주민등록을 일시 다른 곳으로 옮긴 경우 대항력은 상실되지 않는다.

④ 주민등록이 주택**임차인의 의사에 의하지 않고 제3자에 의하여 임의로 이전**되었고 임차인에게 책임을 물을 만한 사유도 없는 경우, 대항력은 주민등록의 이전에도 불구하고 그대로 유지된다.

2) 다가구 및 다세대주택

① **다가구용 단독주택**의 경우, 대항요건을 갖추기 위해서 지번 외에 호수까지 기재해야 하는 것은 아니고 지번을 정확히 기재했으나 호수를 잘못 기재한 경우도 대항력은 인정되며, 임차인이 같은 건물 내에서 이사를 하면서 호수를 변경한 전입신고를 다시 한 경우에도 원래의 전입신고가 유효한 공시방법이 된다.

② 임차인들이 **다세대주택**의 동·호수 표시 없이 그 부지 중 일부 지번으로만 주민등록을 한 경우, 임대차의 유효한 공시방법을 갖추었다고 볼 수 없다.

③ **다가구용 단독주택이 다세대 주택으로 변경**되었다는 사정만으로 임차인이 이미 취득한 대항력을 상실하게 되는 것은 아니다.

3) 공무원의 착오

① 임차인이 전입신고를 올바르게 하였는데 담당공무원의 착오로 주민등록표상에 지번이 틀리게 기재된 경우 대항력이 인정된다.

② 주민등록의 신고는 행정청에 도달하기만 하면 신고로서의 효력이 발생하는 것이 아니라 **행정청이 수리한 경우에 비로소 신고의 효력이 발생**한다.

③ 정확한 지번과 동, 호수로 주민등록 전입신고서를 작성·제출하였는데 담당공무원이 착오로 수정을 요구하여, **잘못된 지번으로 수정하고 동, 호수 기재를 삭제한 주민등록 전입신고서를 다시 작성·제출하여 그대로 주민등록이 된 사안**에서, 그 주민등록이 임대차의 공시방법으로서 유효하지 않고 이것이 담당공무원의 요구에 기인한 것이라 하더라도 마찬가지이다.

4) 주민등록 직권말소

① 주택임차인의 의사에 의하지 아니하고 시·군·구청장에 의하여 직권조치로 주민등록이 말소된 경우에도 원칙적으로 그 대항력은 상실된다.

② 직권말소 후 「주민등록법」 소정의 이의절차에 따라 그 말소된 주민등록이 회복되거나 재등록이 이루어짐으로써 주택임차인에게 주민등록을 유지할 의사가 있었다는 것이 명백히 드러난 경우에는 소급하여 그 대항력이 유지된다.

③ 그러나 그 직권말소가 「주민등록법」 소정의 이의절차에 의하여 회복된 것이 아닌 경우에는 직권말소 후 재등록이 이루어지기 이전에 주민등록이 없는 것으로 믿고 임차주택에 관하여 새로운 이해관계를 맺은 선의의 제3자에 대하여는 임차인은 대항력의 유지를 주장할 수 없다고 봄이 상당하다.

(5) 대항력의 내용

1) 저당권과의 관계

① 임차인의 선순위 저당권에 의해 경매가 실시된 경우, 임차권은 그 경락으로 소멸하며, 임차인은 경락인에게 대항할 수 없다.

② 임차인의 후순위 저당권이 경매를 신청한 경우라도 **선순위 저당권과 후순위 저당권 사이에 대항력을 갖춘 임차인**은 경락인에 대하여 그 임차권의 효력을 주장할 수 없다.

2) 임대인의 적법한 임대권한

① 임대인이 그 목적물에 대한 소유권 기타 이를 임대할 권한이 없다고 하더라도 임대차계약은 유효하게 성립한다.

② **적법한 임대권한이 없는 사람**과 임대차계약을 체결한 경우, 「주택임대차보호법」이 적용되는지 않는다.

③ 「주택임대차보호법」이 적용되는 임대차가 임차인과 **주택의 소유자인 임대인 사이에 임대차계약이 체결된 경우로 한정되는 것은 아니나**, 적어도 그 주택에 관하여 적법하게 임대차계약을 체결할 수 있는 권한을 가진 임대인이 임대차계약을 체결할 것이 요구된다.

④ 매매계약의 이행으로 매매목적물을 인도받은 매수인으로부터 **매매계약이 해제되기 전에** 매매목적물인 주택을 임차하여 주택임대차보호법에 따른 **대항요건을 갖춘 임차인**은 매매계약의 해제에도 불구하고 자신의 임차권을 새로운 소유자에게 대항할 수 있다(2023다201218).

⑤ 甲이 임의경매절차에서 **최고가매수신고인의 지위**에 있던 乙과 임대차계약을 체결한 후 주택을 인도받아 전입신고를 마치고 임대차계약서에 확정일자를 받은 경우, 乙이 최고가매수신고인이라는 것 외에는 **임대차계약 당시 적법한 임대권한이 있었음을 인정할 수 없다.**

3) 주택을 매도함과 동시에 임차한 경우

甲이 자신의 주택을 乙에게 매도함과 동시에 그로부터 이를 다시 임차하여 계속 거주하기로 한 경우, 甲이 「주택임대차보호법」상 임차인으로서 대항력을 갖는 시기는 乙 **명의로 소유권이전등기가 된 익일**부터이다.

3. 우선변제권

(1) 우선변제권의 발생

① 대항요건과 확정일자를 갖춘 임차인은 경매 또는 공매시 임차주택(**대지 포함**)의 환가대금에서 후순위권리자 기타 채권자보다 우선하여 보증금을 변제받을 권리가 있다.

② 임대차계약서에 임대차 목적물을 표시하면서 아파트의 명칭과 동 · 호수의 기재를 누락하였다는 사유만으로 확정일자의 요건을 갖추지 못하였다고 볼 수는 없다.

(2) 우선변제권의 발생시기

① 주택의 인도와 주민등록을 한 당일 임대차계약서에 확정일자를 받은 경우(甲) 우선변제권은 대항력과 마찬가지로 인도와 주민등록을 마친 다음날 0시에 발생한다.

② 임차인이 주택의 인도와 주민등록을 마치기 이전에 확정일자를 갖춘 경우(乙), 우선변제권은 주택의 인도와 주민등록을 마친 다음날 발생한다.

③ 주택의 인도와 주민등록(7월 5일)을 마친 이후 확정일자(7월 10일)를 받은 경우(丙), 대항력은 7월 6일 0시에 발생하며, 우선변제권은 7월 10일에 발생한다.

▌우선변제권 발생시기

구 분	주민등록	확정일자	대항력 발생	우선변제권 발생
임차인 甲	7월 5일	7월 5일	7월 6일 0시	7월 6일 0시
임차인 乙	7월 5일	6월 5일	7월 6일 0시	7월 6일 0시
임차인 丙	7월 5일	7월 10일	7월 6일 0시	7월 10일

④ **경매되는 경우**: 임차권은 경매가 행하여진 경우에는 그 임차주택의 경락에 따라 소멸한다. 다만, **보증금이 모두 변제되지 아니한 대항력이 있는 임차권은 경락으로 소멸하지 않는다** (법 제3조의5).

⑤ '보증금이 모두 변제되지 아니한 대항력이 있는 임차권은 경락에 의하여 소멸하지 아니한다'는 소멸하지 않는 임차권의 내용에 대항력뿐만 아니라, 우선변제권도 당연히 포함되는 것으로 볼 수는 없다(2005다21166). 즉 경락으로 우선변제권은 소멸한다는 의미이다.

(3) 강제경매 신청

① 임차인이 임차주택에 대하여 보증금반환청구소송의 확정판결이나 그 밖에 이에 준하는 집행권원에 따라서 경매를 신청하는 경우에는 집행개시요건에 관한 「민사집행법」 규정에도 불구하고 **반대의무의 이행이나 이행의 제공을 집행개시의 요건으로 하지 아니한다**. 즉 주택을 명도하지 않고 경매를 신청할 수 있다.

② 임차인은 임차주택을 **양수인에게 인도**하지 아니하면 우선변제권 행사에 따른 보증금을 받을 수 없다.

③ 대항력과 우선변제권을 모두 가지고 있는 임차인이 보증금반환청구 소송의 확정판결 등 집행권원을 얻어 임차주택에 대하여 **강제경매를 신청**하였다면 대항력과 우선변제권 중 우선변제권을 선택하여 행사한 것으로 보아야 하므로, 우선변제권을 인정받기 위하여 배당요구의 종기까지 **별도로 배당요구를 해야 하는 것은 아니며**, 후순위 권리자에 우선하여 우선변제를 받을 수 있다(2013다27831).

(4) 관련판례

① 주택의 **인도와 주민등록**이라는 우선변제의 요건은 그 우선변제권 취득시에만 구비하면 족한 것이 아니고, 「민사집행법」상 **배당요구의 종기까지 계속 존속**하고 있어야 한다.

② 대항력을 갖춘 임차인이 저당권설정등기 이후에 임대인과의 합의에 의하여 보증금을 증액한 경우 보증금 중 **증액부분**에 관하여는 저당권에 기하여 건물을 경락받은 소유자에게 대항할 수 없다.

③ 대항력과 우선변제권을 갖춘 임대차계약이 갱신된 경우에도 종전 보증금의 범위 내에서는 최초 임대차계약에 의한 대항력과 우선변제권이 그대로 유지된다.

④ **미등기 주택의 임차인**은 임차주택 대지의 환가대금에 대하여 우선변제권을 행사할 수 있다 (2004다26133).

⑤ 확정일자를 갖춘 임차인과 소액임차인은 임차주택과 그 대지가 함께 경매될 경우뿐만 아니라 임차주택과 별도로 그 대지만이 경매될 경우에도 그 **대지의 환가대금**에 대하여 우선변제권을 행사할 수 있고, 임대차 성립 당시 임대인의 소유였던 대지가 타인에게 양도되어 임차주택과 대지의 소유자가 서로 달라지게 된 경우에도 마찬가지이다.

⑥ 주택임차인이 그 지위를 강화하고자 **별도로 전세권설정등기**를 마친 경우, 주택임차인이 **대항요건을 상실**하면 이미 취득한 「주택임대차보호법」상의 대항력 및 우선변제권을 상실한다(2004다69741).

⑦ 임대주택을 인도하는 경우에는 임대인이 임차인에게 현관이나 대문의 열쇠를 넘겨주었는지, 자동문 비밀번호를 알려주었는지, 이사를 할 수 있는지 등도 고려해야 한다.

⑧ 「주택임대차보호법」은 임차인에게 우선변제권이 인정되기 위하여 대항요건과 임대차계약증서상의 확정일자를 갖추는 것 외에 계약 당시 임차보증금이 전액 지급되어 있을 것을 요구하지는 않는다. 따라서 임차인이 임대인에게 임차**보증금의 일부만을 지급하고 대항요건과 임대차계약증서상의 확정일자를 갖춘** 다음 나머지 보증금을 나중에 지급하였다고 하더라도 특별한 사정이 없는 한 대항요건과 확정일자를 갖춘 때를 기준으로 임차보증금 전액에 대해서 후순위권리자나 그 밖의 채권자보다 우선하여 변제를 받을 권리를 갖는다고 보아야 한다(2017다212194).

(5) 금융기관의 우선변제권 승계

① 다음의 금융기관 등이 우선변제권을 취득한 임차인의 보증금반환채권을 계약으로 양수한 경우에는 **양수한 금액의 범위에서** 우선변제권을 **승계**한다.

> ㉠ 은행, 중소기업은행, 한국산업은행, 농협은행, 수산업협동조합중앙회, 체신관서
> ㉡ 한국주택금융공사, 보증보험을 보험종목으로 허가받은 보험회사, 주택도시보증공사

② 우선변제권을 승계한 금융기관 등은 다음에 해당하는 경우에는 우선변제권을 행사할 수 없다.

> ㉠ 임차인이 대항요건을 상실한 경우
> ㉡ 임차권등기명령에 따른 임차권등기 또는 「민법」 제621조에 따른 임대차등기가 말소된 경우

③ 금융기관 등은 우선변제권을 행사하기 위하여 임차인을 대리하거나 대위하여 **임대차를 해지할 수 없다.**

④ 우선변제권을 승계한 금융기관이 경매절차에서 배당요구를 하여 보증금 중 일부를 배당받은 경우, 주택임대차의 **대항요건이 존속되는 한 임차인은** 보증금반환채권을 양수한 금융기관이 보증금 잔액을 반환받을 때까지 임차주택의 **양수인을 상대로 임대차관계의 존속을 주장할 수 있다**(2022다255126).

(6) 확정일자 부여기관

① 확정일자는 주택 소재지의 읍·면사무소, 동 주민센터 또는 시(특별시·광역시·특별자치시는 제외하고, 특별자치도 포함)·군·구(자치구)의 출장소, **지방법원 및 그 지원과 등기소 또는 「공증인법」에 따른 공증인**이 부여한다.

② 확정일자부여기관은 해당 주택의 소재지, 확정일자 부여일, 차임 및 보증금 등을 기재한 확정일자부를 작성하여야 한다. 이 경우 전산처리정보조직을 이용할 수 있다.

③ 확정일자는 확정일자번호, 확정일자 부여일 및 확정일자부여기관을 주택임대차계약증서에 표시하는 방법으로 부여한다.

(7) 임대차 정보제공 등

① 주택의 임대차에 이해관계가 있는 자는 확정일자부여기관에 해당 주택의 확정일자 부여일 등 정보의 제공을 요청할 수 있다. 이 경우 요청을 받은 확정일자부여기관은 정당한 사유 없이 이를 거부할 수 없다.

> **[주택임대차에 이해관계가 있는 자]**
> 1. 임대인·임차인
> 2. 주택의 소유자
> 3. 주택 또는 그 대지의 등기기록에 기록된 권리자
> 4. 우선변제권을 승계한 금융기관
> 5. 임대인의 직접 거주 사유로 계약의 갱신이 거절된 임대차계약의 임차인이었던 자

[요청할 수 있는 정보의 범위]

1. 임대인 및 임차인: 확정일자부여기관에 ㉠~㉤의 열람 또는 그 내용을 기록한 서면의 교부를 요청할 수 있다.

> ㉠ 임대인 · 임차인의 인적사항
> ㉡ 임대차목적물
> ㉢ 확정일자 부여일
> ㉣ 차임 · 보증금
> ㉤ 임대차기간

2. 임대인 직접거주 사유로 계약의 갱신이 거절된 임대차계약의 임차인이었던 자: ㉠~㉤의 사항의 열람 또는 그 내용을 기록한 서면의 교부를 요청할 수 있다. 다만, **인적사항의 경우 임대인 · 임차인의 성명, 법인명 또는 단체명으로 한정한다.**
3. 주택의 소유자, 주택 및 대지의 등기기록에 기록된 권리자, 우선변제권을 승계한 금융기관: ㉡~㉤의 열람 또는 그 내용을 기록한 서면의 교부를 요청할 수 있다. ▶ **인적사항 제외**
4. 임대차계약을 체결하려는 자: **임대인의 동의**를 받아 ㉡~㉤의 열람 또는 그 내용을 기록한 서면의 교부를 요청할 수 있다. ▶ **인적사항 제외**

② 확정일자부여기관에 내야 하는 수수료는 확정일자 부여에 관한 수수료와 정보제공에 관한 수수료로 구분하며, 그 구체적인 금액은 법무부령으로 정한다.

(8) **임대인의 정보 제시 의무**

임대차계약을 체결할 때 **임대인은** 다음의 사항을 **임차인에게 제시**하여야 한다.

① 해당 주택의 확정일자 부여일, 차임 및 보증금 등 정보. 다만, 임대인이 임대차계약을 체결하기 전에 임차인과 동의함으로써 이를 갈음할 수 있다.

② 「국세징수법」에 따른 납세증명서 및 「지방세징수법」에 따른 납세증명서. 다만, 임대인이 임대차계약을 체결하기 전에 「국세징수법」에 따른 미납국세와 체납액의 열람 및 「지방세징수법」에 따른 미납지방세의 열람에 각각 동의함으로써 이를 갈음할 수 있다.

4. 소액임차인의 보증금 중 일정액의 우선변제

(1) **소액임차인의 보호**

① 주택에 대한 **경매개시결정등기 전에 대항요건을 갖춘** 소액임차인은 보증금 중 일정액을 다른 담보물권자보다 우선하여 변제받을 권리가 있다.

② 소액임차인이 보증금 중 일정액을 선순위 담보물권자보다 우선변제 받기 위해서는 경매개시결정등기 전에 대항요건만 갖추면 되며 **확정일자는 받지 않아도 된다.**

③ 소액임차인 및 보증금 중 일정액의 범위와 기준은 주택임대차위원회의 심의를 거쳐 대통령령으로 정하며, **주택가액(대지가액 포함)의** 2분의 1을 넘지 못한다.

④ 「주택임대차보호법」에 의하여 우선변제청구권이 인정되는 소액임차인의 소액보증금반환채권은 **배당요구가 필요한 배당요구채권**에 해당한다(2001다70702).

(2) 주택임대차위원회

① 소액임차인 및 보증금 중 일정액의 범위와 기준을 심의하기 위하여 법무부에 주택임대차위원회를 둔다. 위원회는 위원장 1명을 포함한 **9명 이상 15명 이하의 위원**으로 성별을 고려하여 구성한다.

② 위원회의 위원장은 **법무부차관**이 된다. 위원의 임기는 2년으로 하되, 한 차례만 연임할 수 있다. 다만, 공무원인 위원의 임기는 그 직위에 재직하는 기간으로 한다.

③ 위원회 회의는 **매년 1회 개최되는 정기회의**와 위원장이 필요하다고 인정하거나 위원의 3분의 1 이상이 요구하여 개최하는 임시회의로 구분하며, 회의는 **비공개**로 한다.

▌ 보증금 중 일정액의 보호범위

시 기 \ 구 분	지 역	소액임차인의 범위	최우선변제금
2021. 5. 11.~ 2023. 2. 20	서울특별시	**1억 5천만원 이하**	5,000만원까지
	수도권 중 과밀억제권, 인천광역시, 세종특별자치시, 용인, 화성, 김포	1억 3천만원 이하	4,300만원까지
	광역시(군·인천 제외), 안산, 광주, 파주, 이천, 평택	7,000만원 이하	2,300만원까지
	그 밖의 지역, 광역시의 군지역(강화군, 옹진군)	6,000만원 이하	2,000만원까지
2023. 2. 21.~	서울특별시	**1억 6천500만원 이하**	5,500만원까지
	수도권 중 과밀억제권, 인천광역시, 세종특별자치시, 용인, 화성, 김포	1억 4천500만원 이하	4,800만원까지
	광역시(군·인천 제외), 안산, 광주, 파주, 이천, 평택	8,500만원 이하	2,800만원까지
	그 밖의 지역, 광역시의 군지역(강화군, 옹진군)	7,500만원 이하	2,500만원까지

(3) 보증금 중 일정액의 우선변제

① 소액임차인 여부를 판단할 때 월차임은 고려 대상이 아니다. 서울에서 보증금 1억 6,500만원 이하인 경우에는 월차임이 있더라도 소액임차인에 해당한다.

② 소액임차인지의 여부는 근저당권 등 선순위 담보물권 설정 당시의 소액임차인 범위 및 최우선변제금액을 기준으로 한다. 즉 선순위 저당권이 2021. 5. 11~2023. 2. 20에 설정된 경우라면 그 이후에 임차한 임차인은 1억 5천만원 이하이어야 소액임차인에 해당한다.

③ 소액임차인이 2인 이상이고 이들이 가정공동생활을 하는 경우 각 소액임차인의 소액보증금을 합산하여 소액임차인에 해당하는지 여부를 판단한다.

④ 소액임차인이 대지의 환가대금 중에서 소액보증금을 우선변제 받기 위해서는 **대지에 관한 저당권설정 당시에 이미 그 지상건물이 존재하는 경우에만 적용**될 수 있다.

⑤ 처음 임대차계약을 체결할 당시에는 소액임차인에 해당하지 않았지만 그 후 새로운 임대차계약에 의하여 **보증금을 감액하여 소액임차인에 해당**하게 되었다면, 그 임대차계약이 통정허위표시에 의한 계약이어서 무효라는 등의 특별한 사정이 없는 한 그러한 임차인은 소액임차인으로 보호받을 수 있다.

⑥ 점포 및 사무실로 사용되던 건물에 근저당권이 설정된 후 그 건물이 **주거용 건물로 용도변경**되어 이를 임차한 소액임차인은 보증금 중 일정액을 근저당권자보다 우선하여 변제받을 권리가 있다.

5. 임차권등기명령

① **임대차가 끝난 후** 보증금을 반환받지 못한 **임차인**은 임차주택의 소재지를 관할하는 지방법원 · 지방법원지원 또는 시 · 군 **법원에** 임차권등기명령을 신청할 수 있다.

② 임차인은 임차권등기명령의 집행에 따른 임차권등기를 마치면 대항력과 우선변제권을 취득한다. 다만, 임차인이 임차권등기 이전에 이미 대항력이나 우선변제권을 취득한 경우에는 그 대항력이나 우선변제권은 그대로 유지되며, 임차권등기 이후에는 대항요건을 상실하더라도 이미 취득한 대항력이나 우선변제권을 상실하지 아니한다.

대항력	우선변제권		대항력	우선변제권
×	×	임차권 등기명령	○	○
○	×		유지	○
○	○		유지	유지

③ 임차권등기명령의 집행에 따른 임차권등기가 끝난 주택을 그 이후에 임차한 임차인은 **최우선변제를 받을 권리가 없다.**

④ 임차권등기가 마쳐진 주택을 임차한 임차인에게도 소액임차보증금에 관한 최우선변제권을 제외한 대항력과 우선변제권은 인정할 수 있다(2022다246610).

⑤ 임차권등기명령의 신청을 기각하는 결정에 대하여 임차인은 항고할 수 있다.

⑥ 임차인은 임차권등기명령의 **신청**과 그에 따른 임차권등기와 **관련**하여 든 **비용**을 임대인에게 청구할 수 있다.

⑦ 우선변제권을 승계한 금융기관은 임차인을 대위하여 임차권등기명령을 신청할 수 있다.

⑧ 임대인의 임대차**보증금의 반환의무가** 임차인의 임차권등기 말소의무보다 **먼저 이행**되어야 할 의무이다(2005다4529).

6. 존속기간, 차임, 임차권 승계, 표준계약서 등

(1) 임대차기간

① 기간의 정함이 없거나 기간을 2년 미만으로 정한 임대차는 그 기간을 2년으로 본다. 다만, **임차인은 2년 미만으로 정한 기간이 유효함을 주장할 수 있다.** 임대인(×)

② 임차인이 임대차 종료 후 동시이행항변권을 근거로 임차목적물을 계속 점유하고 있는 경우, 보증금반환채권에 대한 소멸시효는 진행하지 않는다(2016다244224).

(2) 법정 갱신(묵시적 갱신)

① 임대인이 임대차기간이 끝나기 6개월 전부터 2개월 전까지의 기간에 임차인에게 갱신거절 또는 조건을 변경하지 아니하면 갱신하지 아니한다는 뜻의 통지를 하지 아니한 경우에는 그 기간이 끝난 때에 전 임대차와 동일한 조건으로 다시 임대차한 것으로 본다. 임차인이 임대차기간이 끝나기 2개월 전까지 통지하지 아니한 경우에도 또한 같다.

② 갱신된 경우 임대차의 존속기간은 2년으로 본다. 다만, 2기의 차임액에 달하도록 차임을 연체하거나 그 밖에 의무를 현저히 위반한 임차인에 대하여는 적용하지 않는다.

③ 계약이 갱신된 경우 **임차인은 언제든지 임대인에게 계약해지를 통지할 수 있다.** 해지는 임대인이 그 통지를 받은 날부터 3개월이 지나면 그 효력이 발생한다.

(3) 계약갱신 요구 등

1) 계약갱신 요구 및 거절사유

① 임대인은 임차인이 임대차기간이 끝나기 6개월 전부터 2개월 전까지의 기간 이내에 계약 갱신을 요구할 경우 정당한 사유 없이 거절하지 못한다. 다만, 다음의 어느 하나에 해당하는 경우에는 갱신요구를 거절할 수 있다.

---

1. 임차인이 **2기의** 차임액에 해당하는 금액에 이르도록 차임을 연체한 경우
2. 임차인이 거짓이나 그 밖의 부정한 방법으로 임차한 경우
3. **서로 합의**하여 임대인이 임차인에게 상당한 보상을 제공한 경우
4. 임차인이 임대인의 **동의 없이** 목적 주택의 전부 또는 일부를 전대(轉貸)한 경우
5. 임차인이 임차한 주택의 전부 또는 일부를 고의나 **중대한 과실**로 파손한 경우
6. 임차한 주택의 전부 또는 일부가 멸실되어 임대차의 목적을 달성하지 못할 경우

---

7. 임대인이 다음의 어느 하나에 해당하는 사유로 목적 주택의 전부 또는 **대부분**을 철거하거나 재건축하기 위하여 목적 주택의 점유를 회복할 필요가 있는 경우

> ① 임대차계약 체결 당시 공사시기 및 소요기간 등을 포함한 철거 또는 재건축 계획을 임차인에게 구체적으로 고지하고 그 계획에 따르는 경우
> ② 건물이 노후·훼손 또는 일부 멸실되는 등 안전사고의 우려가 있는 경우
> ③ 다른 법령에 따라 철거 또는 재건축이 이루어지는 경우

8. 임대인(임대인의 직계존속·직계비속, 양수인)이 목적 주택에 실제 거주하려는 경우

② 임대인이 목적 주택에 실제 거주하려는 경우에 해당한다는 점에 대한 증명책임은 **임대인**에게 있다(2023다263551).

③ 임차인은 계약갱신요구권을 **1회에 한하여** 행사할 수 있다. 이 경우 갱신되는 임대차의 존속기간은 2년으로 본다.

④ 갱신되는 임대차는 전 임대차와 동일한 조건으로 다시 계약된 것으로 본다.

⑤ 차임 또는 보증금은 20분의 1 범위에서 증액을 청구할 수 있다.

2) 계약갱신 요구권 행사 이후 계약 해지

① 임차인의 계약갱신요구에 따라 갱신된 이후 **임차인은 언제든지** 임대인에게 계약**해지를 통지할 수 있다**. 해지는 임대인이 그 통지를 받은 날부터 3개월이 지나면 그 효력이 발생한다.

② 임대차계약의 갱신을 요구한 경우, 갱신의 효력이 발생하는 시점은 임대인에게 갱신요구가 도달한 때이다(2023다258672).

③ 임차인의 계약해지 통지가 **갱신된 임대차계약 기간이 개시되기 전에 임대인에게 도달**한 경우, 그 해지의 효력이 발생하는 시점은 **해지통지 후 3개월이 지난 때**이다(2023다258672).

> **지문**
>
> [민법 기출 제35회] 임대차 기간 만료일은 2024. 3. 10.이며, 임차인이 계약갱신 요구권을 행사하여 임대인에게 2024. 1. 5.에 도달하였고 계약은 갱신되었다. 임차인이 갱신된 계약기간이 개시되기 전인 2024. 1. 29. 임대차계약의 해지를 통지하여 2024. 1. 30. 임대인에게 도달하였는데 이 경우 임대차 계약의 종료일은?
> ▶정답 2024. 4. 30.

■ 임차인이 언제든지 임대인에게 계약의 해지를 통지할 수 있는 권한

구 분	「주택임대차보호법」	「상가건물 임대차보호법」
계약갱신요구권에 의하여 갱신된 경우	○	×
묵시적 갱신이 된 경우	○	○

3) 손해배상

① 임대인이 직접 거주의 목적으로 갱신을 거절하였음에도 불구하고 갱신요구가 거절되지 아니하였더라면 갱신되었을 기간이 만료되기 전에 정당한 사유 없이 제3자에게 목적 주택을 임대한 경우 임대인은 갱신 거절로 인하여 임차인이 입은 손해를 배상해야 한다.

② 손해배상액은 거절 당시 당사자 간에 손해배상액의 예정에 관한 합의가 이루어지지 않는 한 다음의 금액 중 **큰** 금액으로 한다.

> ㉠ 갱신 거절 당시 월차임(차임 외에 보증금이 있는 경우에는 그 보증금을 월차임으로 전환한 금액을 포함한다. 이하 "환산월차임"이라 한다)의 **3개월분**에 해당하는 금액
> ㉡ 임대인이 제3자에게 임대하여 얻은 환산월차임과 갱신 거절 당시 환산월차임 간 차액의 **2년분**에 해당하는 금액
> ㉢ 임대인의 직접 거주 사유로 인한 갱신 거절로 인하여 임차인이 입은 손해액

⑷ 차임증감청구권 등

① 당사자는 조세·공과금 기타 부담의 증감이나 경제사정의 변동으로 인하여 상당하지 아니하게 된 때에는 그 증감을 청구할 수 있다.

② **증액**: 약정한 차임의 20분의 1을 초과하지 못하고, 차임 또는 보증금의 증액이 있은 후 1년 이내에는 이를 하지 못한다. 다만, 시·도는 관할 구역 내의 지역별 임대차 시장 여건 등을 고려하여 20분의 1 범위에서 증액청구의 상한을 조례로 달리 정할 수 있다.

③ 위 증액청구 규정은 임대차계약이 **종료된 후 재계약**을 하거나 또는 임대차계약 종료 전이라도 당사자의 합의로 차임 등이 증액된 경우에는 적용되지 않는다(판례).

④ **감액**: 감액의 경우에는 **제한이 없다**. 감액의 경우에는 20분의 1을 초과할 수 있고 감액이 있은 1년 이내에 또 감액이 가능하다.

⑤ 보증금의 전부 또는 일부를 월 단위의 차임으로 전환하는 경우에는 그 전환되는 금액에 다음 중 낮은 비율을 곱한 월차임의 범위를 초과할 수 없다.

▶ **연 1할 또는 한국은행에서 공시한 기준금리에 2%를 더한 비율**

━━ 예제 ━━━

보증금의 전부 또는 일부를 월차임으로 전환하는 방법

보증금 1억원이었으나 보증금 4천만원으로 내리고 임차인에게 돌려주는 금액인 6천만원을 월차임으로 전환하는 경우(한국은행 기준금리는 3%로 가정함)

해설 6,000만원 × 연 5% = 연 300만원
월차임 = 300만원 / 12 = 25만원

───

⑥ 임차인이 증액비율을 초과하여 차임 또는 보증금을 지급하거나 월차임 산정률을 초과하여 차임을 지급한 경우에는 초과 지급된 차임 또는 보증금의 반환을 청구할 수 있다.

⑸ 주택의 임차권의 승계

① 임차인이 상속권자 없이 사망한 경우에 그 주택에서 가정공동생활을 하던 사실상의 혼인 관계에 있는 자는 임차인의 권리와 의무를 승계한다.

② 임차인이 사망한 경우에 사망 당시 상속권자가 그 주택에서 가정공동생활을 하고 있지 아니한 때에는 그 주택에서 가정공동생활을 하던 사실상의 혼인관계에 있는 자와 **2촌** 이내의 친족은 공동으로 임차인의 권리와 의무를 승계한다.

③ 임차인의 사망 후 **1개월** 이내에 임대인에 대하여 반대의사를 표시하면 승계하지 않는다.

④ 임대차관계에서 생긴 채권 · 채무는 임차인의 권리의무를 승계한 자에게 귀속한다.

⑹ 주택임대차표준계약서 사용

주택임대차계약을 서면으로 체결할 때에는 **법무부장관이 국토교통부장관과 협의**하여 정하는 주택임대차표준계약서를 우선적으로 사용한다. 다만, 당사자가 다른 서식을 사용하기로 합의한 경우에는 그러하지 아니하다.

7. 주택임대차 분쟁조정위원회

⑴ 조정위원회의 설치와 조정사항

① 주택임대차와 관련된 분쟁을 심의 · 조정하기 위하여 대한법률구조공단의 지부, 한국토지주택공사의 지사 또는 사무소 및 한국부동산원의 지사 또는 사무소에 조정위원회를 둔다.

② 특별시 · 광역시 · 특별자치시 · 도 및 특별자치도(시 · 도)는 그 지방자치단체의 실정을 고려하여 조정위원회를 둘 수 있다.

③ 조정위원회는 다음의 사항을 심의 · 조정한다.

> 1. **차임 또는 보증금의 증감**에 관한 분쟁
> 2. **임대차 기간**에 관한 분쟁
> 3. 보증금 또는 임차주택의 **반환**에 관한 분쟁
> 4. 임차주택의 **유지 · 수선** 의무에 관한 분쟁
> 5. 그 밖에 대통령령으로 정하는 주택임대차에 관한 분쟁
>   ㉠ 계약의 이행 및 계약 내용의 해석에 관한 분쟁
>   ㉡ 계약 갱신 및 종료에 관한 분쟁
>   ㉢ 계약의 불이행 등에 따른 손해배상청구에 관한 분쟁
>   ㉣ **공인중개사 보수** 등 비용부담에 관한 분쟁
>   ㉤ 주택임대차표준계약서 사용에 관한 분쟁

(2) 조정위원회 구성

① **구성**: 조정위원회는 위원장 1명을 포함하여 **5명 이상 30명 이하의 위원**으로 성별을 고려하여 구성한다.

② **위원**: 공단 조정위원회 위원은 조정위원회를 두는 기관에 따라 공단 이사장, 공사 사장, 부동산원 원장 또는 조정위원회를 둔 지방자치단체의 장이 각각 임명하거나 위촉한다.

③ **임기**: 조정위원의 임기는 **3년**으로 하되 연임할 수 있으며, 보궐위원의 임기는 전임자의 남은 임기로 한다.

(3) 조정절차

① 주택임대차분쟁의 당사자는 해당 주택이 소재하는 지역을 관할하는 조정위원회에 분쟁의 조정을 신청할 수 있다.

② 조정위원회의 위원장은 신청인으로부터 조정신청을 접수한 때에는 지체 없이 조정절차를 개시하여야 한다.

③ 조정위원회의 위원장은 조정신청을 접수하면 피신청인에게 조정신청서를 송달하여야 한다.

④ **조정의 처리기간**: 조정위원회는 분쟁의 조정신청을 받은 날부터 60일 이내에 그 분쟁조정을 마쳐야 한다. 다만, 부득이한 사정이 있는 경우에는 조정위원회의 의결을 거쳐 30일의 범위에서 그 기간을 연장할 수 있다.

⑤ 조정위원회가 조정안을 작성한 경우에는 그 조정안을 지체 없이 각 당사자에게 통지해야 한다. 조정안을 통지받은 당사자가 통지받은 날부터 **14일 이내에 수락의 의사를 서면으로 표시하지 아니한 경우에는 조정을 거부한 것으로 본다.** 각 당사자가 조정안을 수락한 경우에는 조정안과 동일한 내용의 합의가 성립된 것으로 본다.

제**4**절 「**상가건물 임대차보호법**」

1. 적용범위

(1) 환산보증금 이내

① 이 법은 **사업자등록의 대상**이 되는 상가건물의 임대차에 대하여 적용한다. 일시사용을 위한 임대차임이 명백한 경우 적용되지 않는다.

② 상임법이 적용되는 상가건물에 해당하는지는 공부상 표시가 아닌 건물의 현황·용도 등에 비추어 영업용으로 사용하느냐에 따라 **실질적으로 판단**하여야 하고, 단순히 상품의 **보관·제조·가공 등 사실행위만이 이루어지는 공장·창고 등은 영업용으로 사용하는 경우라고 할 수 없다**(2009다40967).

③ 다음에 정하는 월차임 환산 보증금액(보증금 + 월차임 × 100) 범위 내의 임대차의 경우에는 동법 전부가 적용된다.

시기 \ 구분	지역	환산보증금
2019. 4. 2.~	서울특별시	9억원 이하
	수도권 중 과밀억제권역, 인천광역시, 부산광역시	6억 9천만원 이하
	광역시(인천 · 부산 · 광역시 군 제외), 세종특별자치시, 용인시, 안산시, 김포시, 광주시, 파주시, 화성시	5억 4천만원 이하
	그 밖의 지역, 광역시의 군지역	3억 7천만원 이하

(2) 환산보증금 초과

① 상가건물임대차위원회 심의를 거쳐 각 지역별 **환산보증금을 초과**하는 임대차의 경우에는 다음의 내용만 적용된다.

> ▶ 암기코드 : 표준계약서 3권 대요?
> 1. **대**항력
> 2. 계약갱신**요**구권
> 3. 계약갱신의 특례 : 환산보증금액을 초과하는 임대차의 계약갱신의 경우에는 당사자는 상가건물에 관한 조세, 공과금, 주변 상가건물의 차임 및 보증금, 그 밖의 부담이나 경제사정의 변동 등을 고려하여 차임과 보증금의 증감을 청구할 수 있다.
> 4. **권**리금 보호규정
> 5. 3기 차임연체와 계약해지
> 6. 상가건물임대차 **표준계약서** 권장

② 환산보증금을 초과하는 임대차의 경우

> 1. 확정일자에 의한 우선변제권은 적용되지 않는다.
> 2. 금융기관 우선변제권 승계 규정도 적용되지 않는다.
> 3. 임차권등기명령 규정도 적용되지 않는다.
> 4. 임대차 기간을 정하지 않았거나 1년 미만으로 정한 경우 임대차 기간은 1년으로 본다는 지문은 틀리다.
> 5. 임대인과 임차인 모두 1년 미만으로 정한 기간의 유효함을 주장할 수 있다.
> 6. 법정갱신(묵시적 갱신) - 「민법」을 적용한다. 묵시적 갱신이 된 경우 기간의 정함이 없는 것으로 보며, 임대인과 임차인 모두 계약의 해지를 통고할 수 있다. 임대인이 해지를 통고한 때에는 6개월 후, 임차인이 해지를 통고한 때에는 1개월 후 효력이 발생한다.
> 7. 100분의 5로 증액이 제한되는 규정은 적용되지 않는다.

(3) 환산보증금 초과되는 경우 예상지문

※ X건물 임대인 甲, 임차인 乙은 사업자등록을 신청하였고 계약기간은 8개월로 함

① 甲으로부터 X건물을 양수한 丙은 甲의 지위를 승계한 것으로 본다. (○)

② 乙은 최초의 임대차기간을 포함한 전체 임대차기간이 10년을 초과하지 않는 범위에서 甲에게 계약의 갱신을 요구할 수 있다. (○)

③ 乙의 갱신요구권에 따라 갱신되는 임대차는 전 임대차와 동일한 조건으로 다시 계약된 것으로 본다. (○)

④ 乙의 갱신요구에 따라 계약이 갱신된 경우 甲은 주변 상가건물의 차임 등 경제사정의 변동을 이유로 乙에게 차임의 100분의 10을 증액하여 줄 것을 요청할 수 있다. (○)

⑤ 乙의 차임 연체액이 2기의 차임액에 달하는 경우 甲은 임대차계약을 해지할 수 있다. (×)

⑥ 건물이 경매로 매각된 경우, 乙은 특별한 사정이 없는 한 자신의 보증금을 일반채권자보다 우선하여 변제받을 수 있다. (×)

⑦ 임대차종료 후 보증금이 반환되지 않은 경우, 乙은 건물 소재지 관할법원에 임차권등기명령을 신청할 수 있다. (×)

⑧ 甲과 乙이 계약기간을 8개월로 약정한 경우, 그 임대차 기간은 1년으로 본다. (×)

⑨ 甲은 8개월로 정한 기간이 유효함을 주장할 수 있다. (○)

⑩ 계약이 묵시적으로 갱신된 경우 임대차기간은 1년으로 본다. (×)

(4) 전대인(임차인)과 전차인의 전대차관계에도 적용하는 규정

① **계약갱신요구권**: 전차인은 임차인의 계약갱신요구권 행사기간 이내에 임차인을 대위(代位)하여 임대인에게 계약갱신요구권을 행사할 수 있다.

② 전차인의 연체액이 3기의 차임액에 달하는 때에는 전대인은 계약을 해지할 수 있다.

▶ **권리금 보호규정은 전차인에게 적용되지 않는다.**

2. 대항력 및 우선변제권

(1) 대항력

① 임대차는 그 등기가 없는 경우에도 임차인이 건물의 인도와 **사업자등록을 신청**한 때에는 그 다음 날부터 제3자에 대하여 효력이 생긴다.

② 임차건물의 양수인은 임대인의 지위를 승계한 것으로 본다.

┌ 판례 ┐

1. 건물의 **일부분을 임차**한 경우 그 사업자등록이 제3자에 대한 관계에서 유효한 임대차의 공시방법이 되기 위해서는 사업자등록 신청시 그 임차 부분을 표시한 **도면을 첨부**해야 한다(2008다44238).

2. **가등기가 경료된 후** 비로소 「상가건물 임대차보호법」 소정의 **대항력을 취득**한 상가건물의 임차인으로서는 그 가등기에 기하여 본등기를 경료한 자에 대하여 임대차의 효력으로써 대항할 수 없다(2007다25599).

3. 사업자가 폐업신고를 하였다가 다시 같은 상호 및 등록번호로 사업자등록을 하였다고 하더라도 기존의 대항력 및 우선변제권이 그대로 존속한다고 할 수 없다(2006다56299).

4. 상가건물을 임차하고 **사업자등록을 마친 甲이** 임차 건물의 **전대차** 등으로 해당 사업을 개시하지 않거나 사실상 폐업한 경우에는 **甲의 사업자등록은** 상가임대차의 공시방법으로 요구하는 **적법한 사업자등록이라고 볼 수 없고**, 이 경우 임차인 甲이 「상가건물 임대차보호법」상의 대항력 및 우선변제권을 유지하기 위해서는 건물을 직접 점유하면서 사업을 운영하는 전차인이 그 명의로 사업자등록을 해야 한다(2005다64002).

(2) 우선변제권 및 강제경매 신청(환산보증금 초과 적용×)

① 대항요건을 갖추고 관할 **세무서장**으로부터 임대차계약서상의 확정일자를 받은 임차인은 경매 또는 공매 시 임차건물(임대인 소유의 대지를 포함한다)의 환가대금에서 후순위권리자나 그 밖의 채권자보다 우선하여 보증금을 변제받을 권리가 있다.

② 임차인이 임차건물에 대하여 보증금반환청구소송의 확정판결이나 그 밖에 이에 준하는 집행권원에 따라서 경매를 신청하는 경우에는 집행개시요건에 관한 「민사집행법」 규정에도 불구하고 반대의무의 이행이나 이행의 제공을 집행개시의 요건으로 하지 아니한다. 즉 건물을 명도하지 않고 경매를 신청할 수 있다.

③ 임차인은 임차건물을 양수인에게 인도하지 아니하면 우선변제권 행사에 따른 보증금을 받을 수 없다.

(3) 금융기관의 우선변제권 승계(환산보증금 초과 적용×)

① 다음의 금융기관 등이 우선변제권을 취득한 임차인의 보증금반환채권을 계약으로 양수한 경우에는 양수한 금액의 범위에서 우선변제권을 승계한다.
　㉠ 은행, 중소기업은행, 한국산업은행, 농협은행, 수산업협동조합중앙회, 체신관서
　㉡ 보증보험을 보험종목으로 허가받은 보험회사

② 금융기관 등은 다음에 해당하는 경우에는 우선변제권을 행사할 수 없다.
　㉠ 임차인이 대항요건을 상실한 경우
　㉡ 임차권등기명령에 따른 임차권등기 또는 「민법」 제621조에 따른 임대차등기가 말소된 경우

③ 금융기관 등은 우선변제권을 행사하기 위하여 임차인을 대리하거나 대위하여 임대차를 해지할 수 없다.

⑷ **확정일자 부여 및 임대차정보의 제공 등**(환산보증금 초과 적용×)

① 확정일자는 상가건물의 소재지 관할 세무서장이 부여한다.

② 관할 세무서장은 해당 상가건물의 소재지, 확정일자 부여일, 차임 및 보증금 등을 기재한 확정일자부를 작성해야 한다. 이 경우 전산정보처리조직을 이용할 수 있다.

③ 상가건물의 임대차에 이해관계가 있는 자는 관할 세무서장에게 해당 상가건물의 확정일자 부여일, 차임 및 보증금 등 정보의 제공을 요청할 수 있다. 이 경우 요청을 받은 관할 세무서장은 정당한 사유 없이 이를 거부할 수 없다.

④ 임대차계약을 체결하려는 자는 **임대인의 동의**를 받아 관할 세무서장에게 정보제공을 요청할 수 있다.

⑤ **이해관계인의 범위**: 해당 상가건물 임대차계약의 임대인·임차인, 해당 상가건물의 소유자, 우선변제권을 승계한 금융기관 등

⑥ **임대차계약의 당사자**는 관할 세무서장에게 다음의 사항이 기재된 서면의 열람 또는 교부를 요청할 수 있다.

> ㉠ 임대인·임차인의 인적사항(주민등록번호 및 외국인등록번호의 경우에는 앞 6자리만)
> ㉡ 상가건물의 소재지, 임대차 목적물 및 면적
> ㉢ 사업자등록 신청일
> ㉣ 보증금·차임 및 임대차기간
> ㉤ 확정일자 부여일
> ㉥ 임대차계약이 변경되거나 갱신된 경우에는 변경·갱신된 날짜, 새로운 확정일자 부여일, 변경된 보증금·차임 및 임대차기간

⑦ 임대차계약의 당사자가 아닌 이해관계인(임대인 동의×) 또는 **임대차계약을 체결하려는 자**(**임대인 동의○**)는 관할 세무서장에게 **인적사항을 제외**한 사항의 열람 또는 교부를 요청할 수 있다.

3. 소액임차인의 범위

⑴ **소액임차인의 보호**

① 소액임차인은 보증금 중 일정액을 다른 담보물권자보다 우선하여 변제받을 권리가 있다. 이 경우 임차인은 건물에 대한 **경매신청의 등기 전에 대항요건**을 갖추어야 한다.

② 우선변제를 받을 임차인 및 보증금 중 일정액의 범위와 기준은 임대건물가액(대지가액 포함)의 2분의 1 범위에서 상가건물임대차위원회 심의를 거쳐 대통령령으로 정한다.

③ 소액임차인의 범위(월차임 환산 보증금을 기준으로 소액임차인 여부를 판단한다)

시 기 \ 구 분	지 역	소액임차인의 범위	최우선변제금
2014. 1. 1.~	서울특별시	6,500만원 이하	2,200만원까지
	수도권 중 과밀억제권, 인천광역시	5,500만원 이하	1,900만원까지
	광역시(군 · 인천 제외), 용인, 안산, 김포, 광주	3,800만원 이하	1,300만원까지
	그 밖의 지역, 광역시의 군지역	3,000만원 이하	1,000만원까지

▸ 서울 보증금 1,500만원, 월차임 50만원 : 소액임차인(○)
▸ 서울 보증금 5,000만원, 월차임 100만원 : 소액임차인(×)

(2) 상가건물임대차위원회

① 상가건물 임대차에 관한 다음의 사항을 심의하기 위하여 법무부에 상가건물임대차위원회를 둔다.

> ㉠ 「상가건물 임대차보호법」 전부 적용 또는 일부 적용을 결정하는 환산보증금액
> ㉡ 보증금 중 일정액의 우선변제를 받을 임차인 및 보증금 중 일정액의 범위와 기준

② 위원회는 위원장 1명을 포함한 **10명 이상 15명 이하의 위원**으로 성별을 고려하여 구성한다.

③ 위원회의 위원장은 법무부차관이 된다. 위원의 임기는 2년으로 하되, 한 차례만 연임할 수 있다. 다만, 공무원인 위원의 임기는 그 직위에 재직하는 기간으로 한다.

④ 위원회 회의는 매년 1회 개최되는 정기회의와 위원장이 필요하다고 인정하거나 위원의 3분의 1 이상이 요구하여 개최하는 임시회의로 구분하며, 회의는 비공개로 한다.

4. 존속기간, 계약갱신요구권, 법정갱신

(1) 임대차기간[환산보증금 이하]

① 기간의 정함이 없거나 기간을 1년 미만으로 정한 임대차는 그 기간을 1년으로 본다. 다만, **임차인**은 1년 미만으로 정한 기간이 유효함을 주장할 수 있다.

② 임대차가 종료한 경우에도 임차인이 보증금을 돌려받을 때까지는 임대차 관계는 존속하는 것으로 본다.

> **[환산보증금 초과]**
> 1. 기간의 정함이 없거나 1년 미만으로 정한 임대차는 그 기간을 1년으로 본다. (×)
> 2. 임대인과 임차인 모두 1년 미만으로 정한 기간이 유효함을 주장할 수 있다. (○)

> **판례**
>
> 상가임대차법이 적용되는 상가건물의 임차인이 임대차 종료 이후에 보증금을 반환받기 전에 임차 목적물을 점유하고 있다고 하더라도 임차인에게 **차임 상당의 부당이득이 성립한다고 할 수 없다.** 임차인은 **종전 임대차계약에서 정한 차임을 지급할 의무를 부담할** 뿐이고, 시가에 따른 차임에 상응하는 부당이득금을 지급할 의무를 부담하는 것은 아니다(2023다257600).

(2) 계약갱신요구권

① 임대인은 임차인이 임대차기간이 만료되기 **6개월 전부터 1개월 전까지 사이**에 계약갱신을 요구할 경우 정당한 사유 없이 거절하지 못한다. 다만, 다음의 사유가 있는 경우 임대인은 계약갱신요구를 거절할 수 있다.

> ㉠ 임차인이 **3기**의 차임액에 이르도록 차임을 연체한 사실이 있는 경우
> ㉡ 임차인이 거짓이나 그 밖의 부정한 방법으로 임차한 경우
> ㉢ **서로 합의하여** 임대인이 임차인에게 상당한 보상을 제공한 경우
> ㉣ 임차인이 임대인의 **동의 없이** 목적 건물의 전부 또는 일부를 전대한 경우
> ㉤ 임차인이 임차한 건물의 전부 또는 일부를 고의나 **중대한 과실**로 파손한 경우
> ㉥ 임차한 건물의 전부 또는 일부가 멸실되어 임대차의 목적을 달성하지 못할 경우
> ㉦ 임대인이 다음의 어느 하나에 해당하는 사유로 목적 건물의 전부 또는 **대부분**을 철거하거나 재건축하기 위하여 목적 건물의 점유를 회복할 필요가 있는 경우
>   ⓐ 임대차계약 체결 당시 공사시기 및 소요기간 등을 포함한 철거 또는 재건축 계획을 임차인에게 구체적으로 고지하고 그 계획에 따르는 경우
>   ⓑ 건물이 노후·훼손 또는 일부 멸실되는 등 안전사고의 우려가 있는 경우
>   ⓒ 다른 법령에 따라 철거 또는 재건축이 이루어지는 경우

② 임차인의 계약갱신요구권은 최초의 임대차기간을 **포함한** 전체 임대차기간이 **10년**을 초과하지 아니하는 범위에서만 행사할 수 있다.

③ 갱신되는 임대차는 전 임대차와 동일한 조건으로 다시 계약된 것으로 본다.

④ **환산보증금 이내**: 다만, 차임과 보증금은 100분의 5 범위 내에서 증액할 수 있다.

⑤ **환산보증금 초과**: **환산보증금을 초과**하는 임대차의 계약갱신의 경우에는 당사자는 상가건물에 관한 조세, 공과금, 주변 상가건물의 차임 및 보증금, 그 밖의 부담이나 경제사정의 변동 등을 고려하여 차임과 보증금의 증감을 청구할 수 있다.

⑥ 임대인의 동의하에 전대차계약을 체결한 전차인은 임차인의 계약 갱신요구권 행사기간 내에서 **임차인을 대위하여** 임대인에게 계약갱신요구권을 행사할 수 있다.

> **주의**
>
> **[계약갱신요구권 행사 이후에 임차인이 계약을 해지할 수 있는 권한]**
> 1. 「주택임대차보호법」○
> 2. 「상가건물 임대차보호법」×

> **판례**
>
> 1. 「상가건물 임대차보호법」의 적용을 받는 상가건물의 **임대차기간 중 어느 때라도 차임이 3기분에 달하도록 연체된 사실이 있는 경우**, 임대인은 임차인의 **계약갱신 요구를 거부할 수 있다.** 반드시 임차인이 계약갱신요구권을 행사할 당시에 3기분에 이르는 차임이 연체되어 있어야 하는 것은 아니다(2020다255429).
> 2. **환산보증금을 초과**하는 임대차에서 '**기간을 정하지 않은 경우**'는 「민법」의 적용을 받는다. 이에 따라 **임대인은 언제든지 해지를 통고할 수 있으므로** 임대차기간이 정해져 있음을 전제로 기간 만료 6개월 전부터 1개월 전까지 사이에 행사하도록 규정된 임차인의 **계약갱신요구권은 발생할 여지가 없다**(2021다233730).

(3) 묵시적 갱신[환산보증금 이하]

① **임대인**이 임대차기간이 만료되기 6개월 전부터 1개월 전까지 사이에 임차인에게 갱신 거절의 통지 또는 조건 변경의 통지를 하지 아니한 경우에는 그 기간이 만료된 때에 전 임대차와 동일한 조건으로 다시 임대차한 것으로 본다.

② 상가의 **임차인**이 임대차기간 만료 1개월 전부터 만료일 사이에 갱신거절의 통지를 한 경우, 임대차계약의 묵시적 갱신이 인정되지 않고 임대차기간의 **만료일에 종료**된다(2023다307024).

② 법정갱신이 된 경우 존속기간은 1년으로 본다. 이 경우 임차인은 언제든지 임대인에게 계약 해지의 통고를 할 수 있고, 임대인이 통고를 받은 날부터 3개월이 지나면 효력이 발생한다.

> **[환산보증금 초과]**
> 1. 「민법」상 묵시적 갱신규정을 적용하므로 묵시적 갱신이 되는 경우 기간의 정함이 없는 것으로 본다.
> 2. 임대인과 임차인 모두 계약해지의 통고를 할 수 있다. 임대인이 해지를 통고한 경우에는 6개월, 임차인이 해지를 통고한 경우에는 1개월이 경과하면 해지의 효력이 발생한다.

(4) 차임증감청구권(환산보증금 초과 적용×)

① 차임 또는 보증금이 임차건물에 관한 조세, 공과금, 그 밖의 부담의 증감이나 제1급 감염병 등에 의한 경제사정의 변동으로 인하여 상당하지 아니하게 된 경우에는 당사자는 장래의 차임 또는 보증금에 대하여 증감을 청구할 수 있다.

② 증액의 경우에는 차임 또는 보증금의 100분의 5를 초과하지 못하고, 차임보증금의 증액이 있은 후 1년 이내에는 이를 하지 못한다. 다만, 감액은 제한이 없다.

③ 보증금의 전부 또는 일부를 월 단위의 차임으로 전환하는 경우에는 그 전환되는 금액에 다음 중 낮은 비율을 곱한 월 차임의 범위를 초과할 수 없다.
　㉠ 연 1할 2푼
　㉡ 한국은행에서 공시한 기준금리에 4.5배를 곱한 비율

⑸ **임차권등기명령**(환산보증금 초과 적용×)

「주택임대차보호법」에 규정된 것과 동일하다.

5. 권리금 제도

⑴ **권리금의 정의 및 권리금 계약**

① 권리금이란 임대차 목적물인 상가건물에서 영업을 하는 자 또는 영업을 하려는 자가 영업시설·비품, 거래처, 신용, 영업상의 노하우, 상가건물의 위치에 따른 영업상의 이점 등 유형·무형의 재산적 가치의 양도 또는 이용대가로서 임대인, 임차인에게 보증금과 차임 이외에 지급하는 금전 등의 대가를 말한다.

② 권리금 계약이란 신규임차인이 되려는 자가 임차인에게 권리금을 지급하기로 하는 계약을 말한다.

⑵ **권리금 회수기회 보호**

1) **권리금 회수기회 보호 및 손해배상**

① 임대인은 임대차기간이 끝나기 **6개월 전부터 임대차 종료시까지** 다음에 해당하는 행위로 권리금 계약에 따라 임차인이 신규임차인이 되려는 자로부터 권리금을 지급받는 것을 **방해**하여서는 안 된다.

> ㉠ 임차인이 주선한 신규임차인이 되려는 자에게 권리금을 **요구**하거나 **수수**하는 행위
> ㉡ 임차인이 주선한 신규임차인이 되려는 자로 하여금 임차인에게 권리금을 **지급하지 못하게** 하는 행위
> ㉢ 임차인이 주선한 신규임차인이 되려는 자에게 상가건물에 관한 조세, 공과금, 주변 상가건물의 차임 및 보증금, 그 밖의 부담에 따른 금액에 비추어 **현저히 고액의 차임과 보증금을 요구**하는 행위
> ㉣ 그 밖에 정당한 사유 없이 임대인이 임차인이 주선한 신규임차인이 되려는 자와 임대차계약의 체결을 **거절**하는 행위

② 임대인이 위 규정을 위반하여 임차인에게 손해를 발생하게 한 때에는 그 손해를 배상할 책임이 있다. 이 경우 그 손해배상액은 신규임차인이 임차인에게 지급하기로 한 권리금과 임대차 종료 당시의 권리금 중 **낮은** 금액을 넘지 못한다.

③ 임대인에게 손해배상을 청구할 권리는 **임대차가 종료한 날부터 3년 이내**에 행사하지 아니하면 시효의 완성으로 소멸한다.

④ 임차인은 임대인에게 임차인이 주선한 신규임차인이 되려는 자의 보증금 및 차임을 지급할 자력 또는 그 밖에 임차인으로서의 의무를 이행할 의사 및 능력에 관하여 자신이 알고 있는 정보를 제공해야 한다.

2) 권리금 보호제한 등

① **계약갱신요구의 거절사유**가 있는 경우에는 임대인은 임차인이 신규임차인이 되려는 자로부터 권리금을 지급받지 못하게 할 수 있다.

② 임대인은 다음에 해당하는 경우에는 임차인이 주선한 **신규임차인**이 되려는 자와 임대차계약을 체결하는 것을 **거절**할 수 있다.

> ㉠ 임차인이 주선한 신규임차인이 되려는 자가 보증금 · 차임을 지급할 **자력**이 없는 경우
> ㉡ 임차인이 주선한 신규임차인이 되려는 자가 임차인으로서의 의무를 **위반**할 우려가 있거나 그 밖에 임대차를 유지하기 어려운 상당한 사유가 있는 경우
> ㉢ 임대차 목적물인 상가건물을 **1년 6개월 이상 영리목적으로 사용하지 아니한** 경우
> ㉣ **임대인이 선택한 신규임차인**이 임차인과 권리금 계약을 체결하고 그 권리금을 지급한 경우

3) 권리금 적용 제외

다음에 해당하는 상가건물 임대차의 경우에는 권리금의 보호규정을 적용하지 않는다.

① 임대차 목적물인 상가건물이 「유통산업발전법」에 따른 대규모점포 또는 준대규모점포의 일부인 경우(다만, **전통시장은 권리금 보호규정을 적용**한다)

② 임대차 목적물인 상가건물이 「국유재산법」에 따른 국유재산 또는 「공유재산 및 물품 관리법」에 따른 공유재산인 경우

4) 표준권리금계약서의 작성 및 권리금 평가기준의 고시

① **국토교통부장관은 법무부장관과 협의를 거쳐** 임차인과 신규임차인이 되려는 자의 권리금 계약 체결을 위한 표준**권리금**계약서를 정하여 그 사용을 권장할 수 있다.

② **국토교통부장관은 권리금**에 대한 감정평가의 절차와 방법 등에 관한 기준을 고시할 수 있다.

6. 상가건물임대차 표준계약서

법무부장관은 국토교통부장관과 협의를 거쳐 보증금, 차임액, 임대차기간, 수선비 분담 등의 내용이 기재된 상가건물임대차표준계약서를 정하여 그 사용을 권장할 수 있다.

┌ **판례** ┐

1. 임대차계약 종료에 따른 임차인의 임차목적물 반환의무와 임대인의 권리금 회수 방해로 인한 손해배상의무는 **동시이행관계**에 있다고 볼 수 **없다**(2018다242727).

2. 임차인이 임대인에게 권리금 회수 방해로 인한 손해배상을 구하기 위해서 임차인이 신규임차인이 되려는 자를 **주선하였어야 한다(원칙)**. 그러나 임대인이 정당한 사유 없이 임차인이 주선할 신규임차인이 되려는 자와 임대차계약을 체결할 의사가 없음을 확정적으로 표시한 경우, 임차인이 실제로 신규임차인을 주선하지 않았더라도 임대인에게 권리금 회수 방해로 인한 손해배상을 청구할 수 있다(2018다284226).

3. 권리금 회수 방해로 인한 손해배상책임이 성립하기 위하여 반드시 임차인과 신규임차인이 되려는 자 사이에 **권리금 계약이 미리 체결되어 있어야 하는 것은 아니다**(2018다239608).

4. 최초의 임대차기간을 포함한 전체 임대차기간이 **10년을 초과**하여 임차인이 계약갱신요구권을 행사할 수 없는 경우에도 임대인은 **권리금 회수기회 보호**의무를 부담한다(2017다225312).

5. '1년 6개월 이상 영리목적으로 사용하지 아니한 경우'는 **임대인이 임대차 종료 후 상가건물을 1년 6개월 이상 영리목적으로 사용하지 아니하는 경우**를 의미한다. 그리고 이에 정당한 사유가 있으려면 임대인이 임대차 종료시 그러한 사유를 들어 임차인이 주선한 자와 임대차계약 체결을 거절하고, 실제로도 1년 6개월 동안 상가건물을 영리목적으로 사용하지 않아야 한다(2021다272346).

6. 임대인의 권리금 회수기회 방해로 인한 손해배상채무는 **임대차가 종료**한 날에 이행기가 도래하여 그 **다음 날부터 지체책임이 발생**하는 것으로 보아야 한다(2022다260586).

7. 임대차계약의 해지(환산보증금 초과 적용○)

① 임차인의 차임연체액이 3기의 차임액에 달하는 때에는 임대인은 계약을 해지할 수 있다.

② 집합 제한 또는 금지 조치(운영시간을 제한한 조치를 포함한다)를 총 3개월 이상 받음으로써 발생한 경제사정의 중대한 변동으로 폐업한 경우에는 임대차계약을 해지할 수 있다. 해지는 임대인이 계약해지의 통고를 받은 날부터 3개월이 지나면 효력이 발생한다.

8. 상가건물임대차 분쟁조정위원회

① 상가건물임대차와 관련된 분쟁을 심의·조정하기 위하여 대한법률구조공단의 지부, 한국토지주택공사의 지사 또는 사무소 및 한국부동산원의 지사 또는 사무소에 조정위원회를 둔다.

② 특별시·광역시·특별자치시·도 및 특별자치도(시·도)는 그 지방자치단체의 실정을 고려하여 조정위원회를 둘 수 있다.

③ 조정위원회는 다음의 사항을 심의·조정한다.

> 1. 차임 또는 보증금의 증감에 관한 분쟁
> 2. 임대차 기간에 관한 분쟁
> 3. 보증금 또는 임차상가건물의 반환에 관한 분쟁
> 4. 임차상가건물의 유지·수선 의무에 관한 분쟁
> 5. **권리금**에 관한 분쟁
> 6. 그 밖에 대통령령으로 정하는 분쟁
>   ㉠ 임대차계약의 이행 및 임대차계약 내용의 해석에 관한 분쟁
>   ㉡ 임대차계약 갱신 및 종료에 관한 분쟁
>   ㉢ 임대차계약의 불이행 등에 따른 손해배상청구에 관한 분쟁
>   ㉣ 공인중개사 보수 등 비용부담에 관한 분쟁
>   ㉤ 상가건물임대차표준계약서의 사용에 관한 분쟁

④ **구성**: 조정위원회는 위원장 1명을 포함하여 5명 이상 30명 이하의 위원으로 구성한다.

⑤ **위원**: 공단 조정위원회 위원은 공단 이사장이 임명 또는 위촉하고, 시·도 조정위원회 위원은 해당 지방자치단체의 장이 임명하거나 위촉한다.

⑥ **임기**: 조정위원의 임기는 3년으로 하되 연임할 수 있으며, 보궐위원의 임기는 전임자의 남은 임기로 한다.

⑦ **조정의 처리기간**: 조정위원회는 분쟁의 조정신청을 받은 날부터 60일 이내에 그 분쟁조정을 마쳐야 한다. 다만, 부득이한 사정이 있는 경우에는 조정위원회의 의결을 거쳐 30일의 범위에서 그 기간을 연장할 수 있다.

⑧ 조정위원회가 조정안을 작성한 경우에는 그 조정안을 지체 없이 각 당사자에게 통지해야 한다. 조정안을 통지받은 당사자가 통지받은 날부터 14일 이내에 수락의 의사를 서면으로 표시하지 아니한 경우에는 조정을 거부한 것으로 본다. 각 당사자가 조정안을 수락한 경우에는 조정안과 동일한 내용의 합의가 성립된 것으로 본다.

Chapter 03

경매 및 매수신청대리

출제 Point 경매절차에서 1문제, 매수신청대리에서 1~2문제 가량 출제된다.

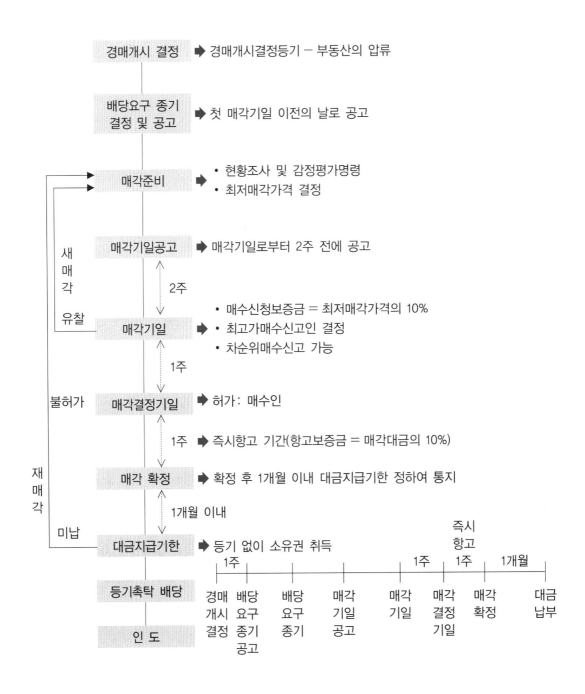

제1절 | 경매절차

1. 경매개시결정 및 압류

(1) 경매신청

① **미등기 건물에 대한 경매신청**: 소유권보존등기가 되지 않은 건물의 경우에도 그 건물이 채무자의 소유임을 증명할 서류를 첨부하여 경매를 신청할 수 있다.

② 강제경매신청을 기각하거나 각하하는 재판에 대하여는 즉시항고를 할 수 있다.

③ 강제경매 또는 담보권 실행을 위한 경매절차를 개시하는 결정을 한 부동산에 대하여 다른 강제경매의 신청이 있는 때에는 법원은 다시 경매개시결정을 하고, 먼저 경매개시결정을 한 집행절차에 따라 경매한다.

(2) 경매개시결정 및 압류

① 법원이 경매절차를 개시하는 결정을 할 때에는 동시에 그 부동산의 압류를 명하여야 한다.

② 부동산의 압류는 채무자에게 그 결정이 송달된 때 **또는** 경매등기가 된 때에 효력이 생긴다.

③ 압류는 부동산에 대한 채무자의 관리 · 이용에 영향을 미치지 아니한다.

④ 권리를 취득할 때에 경매신청 또는 압류가 있다는 것을 알았을 경우에는 압류에 대항하지 못한다.

⑤ 이해관계인은 매각대금이 모두 지급될 때까지 법원에 경매개시결정에 대한 이의신청을 할 수 있다.

(3) 경매신청의 취하

① 경매신청이 **취하**되면 압류의 **효력은 소멸**된다.

② 매수신고가 있은 뒤 경매신청을 취하하는 경우에는 최고가매수신고인 또는 매수인과 차순위매수신고인의 동의를 받아야 그 효력이 생긴다.

　▶ **경매신청 취하: 채무변제로 경매신청자가 경매 취소신청을 하는 행위, 대금납부 전까지 가능**

> **│ 주의 │**
> 1. 매수신고가 있은 뒤에는 경매신청을 취하할 수 없다. (×)
> 2. 매수신고가 있은 뒤에는 경매신청을 취하하더라도 압류의 효력은 소멸되지 않는다. (×)

2. 배당요구 종기

(1) 배당요구 종기의 결정 및 공고

① 집행력 있는 정본을 가진 채권자, 경매개시결정이 등기된 뒤에 가압류를 한 채권자, 민법·상법, 그 밖의 법률에 의하여 우선변제청구권이 있는 채권자는 배당요구를 할 수 있다.

② 배당요구를 할 수 있는 종기는 **첫 매각기일 이전**으로 정한다.

> **주의**
>
> 우선변제청구권이 있는 채권자는 **매각결정기일까지** 배당요구를 할 수 있다. (×)

③ 배당요구에 따라 매수인이 인수해야 할 부담이 바뀌는 경우 배당요구를 한 채권자는 배당요구의 종기가 지난 뒤에 이를 철회하지 못한다.

(2) 배당요구를 하지 않아도 배당받을 수 있는 채권자

① 저당권·전세권, 그 밖의 우선변제청구권으로서 첫 경매개시결정등기 전에 등기되었고 매각으로 소멸하는 것을 가진 채권자는 배당요구를 하지 않아도 배당을 받을 수 있다.

② 저당권처럼 우선변제권이 있고, 경매등기 전에 등기되었으며, 경매로 소멸하는 권리는 배당요구를 하지 않아도 된다.

③ **대항력 및 우선변제권을 갖춘 주택(상가)임차인**이나 **최선순위 전세권**은 배당요구를 해야 배당받을 수 있다.

④ **임차권등기명령에 의하여 임차권등기**를 한 임차인은 우선변제권을 가지므로 임차권등기가 첫 경매개시결정등기 전에 등기된 경우 그 임차인은 별도로 배당요구를 하지 않아도 당연히 배당받을 채권자에 속하는 것으로 보아야 한다(2005다33039).

3. 매각준비

① 법원은 경매개시결정을 한 뒤에 바로 집행관에게 부동산의 현상, 점유관계, 차임 또는 보증금의 액수 등을 조사하도록 명해야 한다. 집행관은 현황조사를 위하여 건물에 출입할 수 있고, 채무자 또는 건물을 점유하는 제3자에게 질문하거나 문서를 제시하도록 요구할 수 있으며, 건물에 출입하기 위하여 잠긴 문을 여는 등 적절한 처분을 할 수 있다.

② 법원은 감정인에게 부동산을 평가하게 하고 그 평가액을 참작하여 최저매각가격을 정하여야 한다. 법원은 매각물건명세서, 현황조사보고서 및 평가서의 사본을 법원에 비치하여 누구나 볼 수 있도록 해야 한다.

③ 법원은 매각기일 및 매각결정기일을 정하여 매각기일 2주일 전에 일간신문에 공고한다.

4. 매각기일

(1) 매각방법

① 부동산의 매각은 **호가경매**, **기일입찰** 또는 입찰기간 이내에 입찰하게 하여 매각기일에 개찰하는 **기간입찰**의 세 가지 방법으로 한다.

② 부동산의 매각은 집행법원이 정한 매각방법에 따른다.

③ 매각기일은 법원 안에서 진행해야 한다. 다만, 집행관은 법원의 허가를 얻어 다른 장소에서 매각기일을 진행할 수 있다.

(2) 매수신청보증

① **매수신청보증의 제공**: 매수신청인은 대법원규칙이 정하는 바에 따라 집행법원이 정하는 금액과 방법에 맞는 보증을 집행관에게 제공하여야 한다.

② 매수신청의 보증금액은 **최저매각가격**의 10분의 1로 한다.
  ▶ **매수가격의 10분의 1(×)**
  ▶ **매수신청가격의 10분의 1(×)**

(3) 새매각(유찰)

허가할 매수가격의 신고가 없이 매각기일이 최종적으로 마감된 때에는 법원은 최저매각가격을 상당히 낮추고 **새 매각**기일을 정해야 한다.

(4) 최고가매수신고인

① 최고가매수신고를 한 사람이 둘 이상인 때에는 그 사람들에게 다시 입찰하게 하여 최고가매수신고인을 정한다. 이 경우 입찰자는 전의 입찰가격에 못 미치는 가격으로는 입찰할 수 없다.

② 다시 입찰하는 경우에 입찰자 모두가 입찰에 응하지 않거나 둘 이상이 다시 최고의 가격으로 입찰한 때에는 추첨으로 정한다.

(5) 차순위매수신고인

① 차순위매수신고는 그 신고액이 **최고가매수신고액에서 그 보증을 뺀 금액을 넘는 때에만** 할 수 있다.

② 차순위매수신고를 한 자가 둘 이상인 경우 매수가격이 높은 자가 되고, 신고한 **매수가격이 같은 때에는 추첨**으로 정한다.

> **주의**
>
> 최저매각가격 2억원, 매수신청보증액 2천만원, 최고가매수신고인의 신고액이 2억 5천만원인 경우, 차순위매수신고를 하려면 그 신고액이 (   )원을 넘어야 한다.
>
> ▶ **정답** 2억 3천만

(6) 매각기일의 종결

최고가매수신고인과 차순위매수신고인을 제외한 다른 매수신고인은 **매각기일이 종결된 때** 즉시 매수신청의 보증을 돌려줄 것을 신청할 수 있다.

> **주의**
>
> 최고가매수신고인과 차순위매수신고인을 제외한 다른 매수신고인은 **매수인이 매각대금을 모두 지급한 때** 매수신청의 보증을 돌려줄 것을 신청할 수 있다. (×)

(7) 공유자 우선매수신고

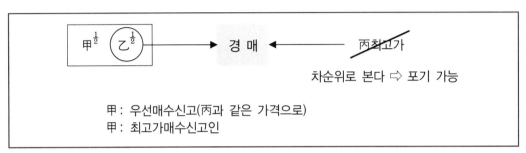

① 공유자는 **매각기일까지** 보증을 제공하고 최고매수신고가격과 같은 가격으로 채무자의 지분을 우선매수신청할 자격이 있다. 법원은 최고가매수신고가 있더라도 그 공유자에게 매각을 허가해야 한다.   ▶ **매각결정기일까지(×)**

② 우선매수의 신고는 집행관이 매각기일을 종결한다는 고지를 하기 전까지 할 수 있다.

③ 공유자가 우선매수신고를 한 경우에는 최고가매수신고인을 차순위매수신고인으로 본다. 또한 매각기일 종결 전까지 차순위의 지위를 포기할 수 있다.

5. 매각결정기일

(1) 매각허가 또는 불허가결정

① 매각결정기일은 매각기일부터 1주 이내로 정해야 한다.

② 매각결정절차는 법원 안에서 진행해야 한다.

③ 차순위매수신고인이 있는 경우에 매수인이 대금지급기한까지 그 의무를 이행하지 아니한 때에는 차순위매수신고인에게 매각을 허가할 것인지를 결정해야 한다.

④ 차순위매수신고인에 대한 매각허가결정이 있는 때에는 매수인은 매수신청의 보증을 돌려줄 것을 요구하지 못한다.

(2) 매각불허가 결정이 되는 경우

① 매각을 허가하지 아니하고 다시 매각을 명하는 때에는 법원은 직권으로 **새 매각**기일을 정해야 한다.

② 농지취득자격증명이 요구되는 농지의 경우는 최고가매수신고인으로 결정된 후 **매각결정기일까지 증명을 제출**해야 매각이 허가된다.

> **┃ 주의 ┃**
>
> 1. 경매 : 토지거래허가(×) 농지취득자격증명(○) 부동산거래신고(×) 검인(×)
> 2. 농지경매의 경우, 매수신고시 농지취득자격증명을 제출해야 한다. (×)

6. 매각결정에 대한 즉시항고

① 이해관계인은 매각결정기일로부터 1주 이내에 허가결정에 대하여 항고를 할 수 있다.

② **항고보증금** : 허가결정에 대한 항고를 하고자 하는 자는 보증으로 **매각대금의 10분의 1**에 해당하는 금전 또는 유가증권을 공탁해야 한다. ▶ **최저매각가격의 10분의 1(×)**

③ 채무자 및 소유자가 한 항고가 기각된 때에는 항고인은 보증으로 제공한 금전이나 유가증권을 돌려줄 것을 요구하지 못한다.

7. 매각허가결정의 확정 및 매각대금의 납부

(1) 매각대금의 지급

① 매각허가결정이 확정되면 법원은 대금의 **지급기한**을 정하고, 이를 매수인과 차순위매수신고인에게 통지해야 한다.

② 매수인은 대금지급**기한까지** 매각대금을 지급해야 한다. ▶ 대금지급기일에 … (×)

③ **소유권 취득시기** : 매수인은 매각대금을 **다 낸 때**에 매각의 목적인 권리를 취득한다.

④ 차순위매수신고인은 **매수인이 대금을 납부한 때** 매수의 책임을 벗게 되고 즉시 매수신청의 보증을 돌려줄 것을 요구할 수 있다.

> **┃ 주의 ┃**
>
> 차순위매수신고인은 **매각기일이 종결된 때** 즉시 매수신청의 보증을 돌려줄 것을 요구할 수 있다. (×)

(2) **재매각**

① 매수인이 대금지급기한까지 그 의무를 완전히 이행하지 아니하였고, 차순위매수신고인이 없는 때에는 법원은 직권으로 부동산의 **재매각**을 명해야 한다.

② 재매각은 종전에 정한 최저매각가격, 그 밖의 매각조건을 적용한다.

③ 재매각에서 종전 매수인은 매수신청을 할 수 **없으며** 매수신청보증을 돌려 줄 것을 요구하지 못한다.

8. 인 도

① **인도명령**: 법원은 매수인이 대금을 낸 뒤 **6개월** 내에 신청하면 채무자·소유자 또는 부동산 점유자에 대하여 부동산을 매수인에게 인도하도록 명할 수 있다. 다만, 점유자가 매수인에게 대항할 수 있는 권원에 의하여 점유하고 있는 것으로 인정되는 경우에는 그러하지 아니하다.

② **명도소송**: 6개월 경과한 인도명령 대상자

제2절 **권리분석**

1. 소멸되는 권리

① 저당권(근저당권), 압류(가압류), 담보가등기는 매각으로 항상 소멸된다.

② 지상권·지역권·전세권·등기된 임차권, 소유권 이전등기 청구권 보전가등기는 저당권·압류채권·가압류채권에 대항할 수 없는 경우에는 매각으로 소멸된다.

2. 인수되는 권리

① 저당권, 근저당권, 압류, 가압류, 담보가등기에 대항할 수 있는 지상권·지역권·전세권·등기된 임차권, 소유권 이전등기 청구권 보전가등기은 매수인이 인수한다.

② **최선순위 전세권**의 경우에는 전세권자가 **배당요구를 하면 매각으로 소멸**되며, **배당요구를 하지 않으면 매수인이 인수**한다.

③ 보증금이 전액 변제되지 아니한 대항력 있는 임차권은 매각으로 소멸하지 않는다.

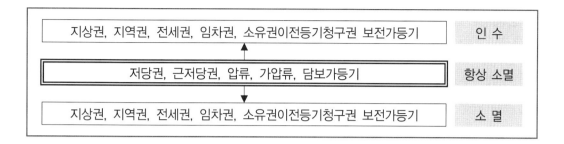

3. 유치권

① 유치권자는 경락인에 대하여 그 피담보채권의 변제가 있을 때까지 유치목적물인 부동산의 인도를 거절할 수 있을 뿐이고 그 피담보채권의 **변제를 청구할 수는 없다**(95다8713).

② 매수인은 유치권자에게 그 유치권으로 담보하는 채권을 변제할 **책임이 있다.**

③ **압류의 효력이 발생**(경매개시결정등기)**한 이후**에 성립된 유치권은 매수인에게 대항할 수 없으므로 매수인은 유치권의 채권을 변제할 책임이 없다.

> **주의**
>
> 매수인은 매각 대상 부동산에 경매개시결정의 기입등기가 마쳐진 후 유치권을 취득한 자에게 그 유치권으로 담보하는 채권을 변제할 책임이 있다. (×)

제3절 「**공인중개사의 매수신청대리인 등록 등에 관한 규칙**」

이 규칙은 「공인중개사법」이 대법원규칙에 위임한 개업공인중개사의 매수신청대리인 등록 및 감독에 관한 사항과 그 시행에 관하여 필요한 사항을 규정함을 목적으로 한다.

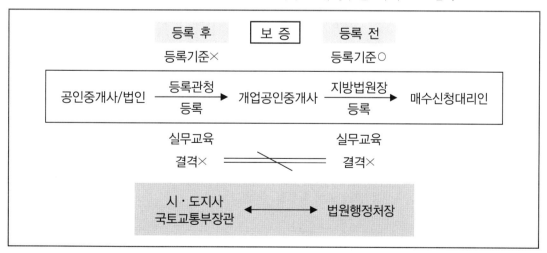

1. 등록 및 결격사유

(1) 등록절차

① 중개사무소(법인인 개업공인중개사의 경우에는 주된 중개사무소를 말한다)가 있는 곳을 관할하는 **지방법원장**에게 매수신청대리인 등록을 해야 한다.

② **등록요건**

> ㉠ 공인중개사이거나 법인으로서 중개사무소 개설등록을 하였을 것
> ㉡ 부동산경매에 관한 실무교육을 이수하였을 것
> ㉢ 보증보험 또는 공제에 가입하였거나 공탁을 하였을 것

주의
1. 공인중개사는 중개사무소 개설등록을 하지 않고 매수신청대리인으로 등록할 수 없다. (　)
2. 소속공인중개사는 매수신청대리인으로 등록할 수 있다. (　)
▶정답 1. ○ 2. ×

주의
1. 보증 : 중개사무소 개설등록기준(×) 매수신청대리 등록기준(○)
2. 중개업의 보증설정 : 등록을 한 때에는 업무개시 전에
3. 매수신청대리 보증설정 : 매수신청대리 등록신청 전에

③ **등록증 교부** : **지방법원장**은 매수신청대리인 등록을 한 자에 대해서는 매수신청대리인 등록증을 교부해야 한다.

④ **게시의무** : 개업공인중개사는 **등록증·매수신청대리 등 보수표** 그 밖에 예규가 정하는 사항을 해당 중개사무소 안의 보기 쉬운 곳에 게시해야 한다.

(2) 등록의 결격사유

① 폐업을 제외한 사유로 매수신청대리 등록취소 후 3년이 지나지 아니한 자
② 대리 업무정지처분을 받고 폐업신고를 한 자로서 업무정지기간이 경과되지 아니한 자
③ 대리 업무정지처분을 받은 개업공인중개사인 법인의 업무정지의 사유가 발생한 당시의 사원 또는 임원이었던 자로서 해당 업무정지기간이 경과되지 아니한 자
④ 위 결격사유에 해당하는 자가 사원 또는 임원으로 있는 법인인 개업공인중개사

주의
중개업의 폐업 또는 매수신청대리업의 폐업을 이유로 매수신청대리 등록이 취소되고 3년이 지나지 않은 자는 매수신청대리인으로 등록할 수 없다. (×)

⑶ **실무교육**

① 개업공인중개사(법인의 경우 **대표자**)는 등록신청일 전 1년 이내에 **법원행정처장**이 지정하는 교육기관에서 부동산경매에 관한 실무교육을 이수해야 한다. 다만, 폐업신고 후 1년 이내에 다시 등록신청을 하고자 하는 자는 그러하지 아니하다.

② 실무교육에는 평가가 포함되어야 한다.

⑷ **휴업 및 폐업**

① 매수신청대리인은 3개월을 초과하는 매수신청대리업을 휴업, 폐업, 휴업한 매수신청대리업의 재개 또는 휴업기간을 변경하고자 하는 때에는 **감독법원**에 그 사실을 미리 신고해야 한다.

② 휴업은 **6개월**을 초과할 수 없다.

2. 매수신청대리권과 중개대상물의 범위

⑴ **매수신청대리권의 범위**

개업공인중개사가 매수신청대리의 위임을 받은 경우 다음의 행위를 할 수 있다.

① 매수신청 보증의 제공

② 입찰표의 작성 및 제출

③ 차순위매수신고

④ 매수신청의 보증을 돌려줄 것을 신청하는 행위

⑤ 공유자의 우선매수신고

⑥ (구)「임대주택법」 규정에 따른 임차인의 임대주택 우선매수신고

⑦ 공유자 또는 임대주택 임차인의 우선매수신고에 따라 차순위매수신고인으로 보게 되는 경우 그 차순위매수신고인의 지위를 포기하는 행위

  ▶매각허가결정에 대한 즉시항고(×) 인도명령 신청 및 명도소송(×)

⑵ **매수신청대리의 대상물**

① 토지

② 건물 그 밖의 토지의 정착물

③「입목에 관한 법률」에 따른 입목

④「공장 및 광업재단 저당법」에 따른 광업재단 및 공장재단

  ▶**입목, 광업재단 및 공장재단 : 중개대상물○ 부동산거래신고× 매수신청대리 대상물○**

3. 매수신청대리행위

(1) 사건카드의 작성·보존

① 개업공인중개사는 사건을 위임받은 때에는 사건카드에 일련번호, 위임받은 연월일, 위임인의 주소·성명, 경매사건번호, 보수액 등 필요한 사항을 기재하고, **서명날인** 한 후 5년간 이를 보존해야 한다.

② 서명날인에는 「공인중개사법」에 따라 중개행위를 위해 **등록관청에 등록한 인장을 사용**해야 한다.

(2) 매수신청대리 대상물의 확인·설명 및 확인·설명서 작성·교부·보존

① 개업공인중개사가 매수신청대리를 위임받은 경우 **권리**관계, **경제**적 가치, 매수인이 **부담**해야 할 사항 등에 대하여 위임인에게 성실·정확하게 설명하고 등기사항증명서 등 설명의 근거자료를 제시해야 한다.

② 개업공인중개사는 **위임계약을 체결한 경우** 확인·설명 사항을 서면으로 작성하여 **서명날인** 한 후 위임인에게 교부하고, 그 사본을 사건카드에 철하여 5**년**간 보존해야 한다.

(3) 대리행위의 방식

① 대리행위를 하는 경우 대리권을 증명하는 문서(본인의 인감증명서가 첨부된 위임장과 **대리인등록증 사본**)를 제출해야 한다. 다만, 같은 날 같은 장소에서 7가지 대리행위를 동시에 하는 경우에는 하나의 서면으로 갈음할 수 있다.

② 법인인 개업공인중개사의 경우에는 위 대리권을 증명하는 문서 이외에 **대표자의 자격을 증명하는 문서**를 제출해야 한다.

③ 개업공인중개사는 대리행위를 함에 있어서 매각장소 또는 집행법원에 **직접 출석**해야 한다.

(4) 보수와 영수증

① 개업공인중개사는 매수신청대리에 관하여 위임인으로부터 예규에서 정한 보수표의 범위 안에서 소정의 보수를 받는다. 이때 보수 이외의 명목으로 돈 또는 물건을 받거나 예규에서 정한 보수 이상을 받아서는 아니 된다.

② **보수의 설명의무**: 개업공인중개사는 보수표와 보수에 대하여 이를 위임인에게 **위임계약 전에** 설명해야 한다.

③ **영수증**: 개업공인중개사는 보수를 받은 경우 **예규의 양식에 의한 영수증**을 작성하여 **서명날인**한 후 교부해야 한다.

④ **지급시기**: 보수의 지급시기는 매수신청인과 매수신청대리인의 약정에 따르며, 약정이 없을 때에는 **매각대금의 지급기한일**로 한다.

4. 의무와 금지행위

(I) 신의성실의무

① 개업공인중개사는 신의와 성실로써 공정하게 매수신청대리업무를 수행해야 한다.

② 개업공인중개사는 다른 법률에서 특별한 규정이 있는 경우를 제외하고는 그 업무상 알게 된 비밀을 누설하여서는 아니 된다. 개업공인중개사가 그 업무를 떠난 경우에도 같다.

③ 개업공인중개사는 매각절차의 적정과 매각장소의 질서유지를 위하여 「민사집행법」의 규정 및 집행관의 조치에 따라야 한다.

(2) 신고의무

개업공인중개사는 다음의 어느 하나에 해당하는 경우에는 **10일 이내**에 **지방법원장**에게 그 사실을 신고해야 한다.

① 중개사무소를 이전한 경우, 분사무소를 설치한 경우, 중개업을 휴업 또는 폐업한 경우

② 자격취소·자격정지, 중개사무소 개설등록취소·업무정지 처분을 받은 경우

(3) 금지행위

① 매수신청대리인이 된 사건에 있어서 매수신청인으로서 매수신청을 하는 행위

② 동일 부동산에 대하여 이해관계가 다른 2인 이상의 대리인이 되는 행위

③ 이중으로 매수신청대리인 등록신청을 하는 행위

④ 명의대여를 하거나 등록증을 대여 또는 양도하는 행위

⑤ 다른 개업공인중개사의 명의를 사용하는 행위

⑥ 사건카드 또는 확인·설명서에 허위기재하거나 필수적 기재사항을 누락하는 행위

⑦ 「형법」에 규정된 경매·입찰방해죄에 해당하는 행위

5. 손해배상책임의 보장과 보증설정

(I) 손해배상책임의 보장

① 매수신청대리인이 된 개업공인중개사는 매수신청대리를 함에 있어서 고의 또는 과실로 인하여 위임인에게 재산상 손해를 발생하게 한 때에는 그 손해를 배상할 책임이 있다.

② **매수신청대리인이 되고자 하는 개업공인중개사는** 위에 따른 손해배상책임을 보장하기 위하여 보증보험 또는 협회의 공제에 가입하거나 공탁을 해야 한다.

> **주의**
>
> 매수신청대리인으로 **등록한** 개업공인중개사는 **업무를 개시하기 전에** 보증보험 또는 협회의 공제에 가입하거나 공탁을 해야 한다. (×)

③ 공탁금은 매수신청대리인이 된 개업공인중개사가 폐업, 사망 또는 해산한 날부터 3년 이내에는 이를 회수할 수 없다.

④ 매수신청의 위임을 받은 개업공인중개사는 매수신청인에게 손해배상책임의 보장에 관한 다음의 사항을 설명하고 관계증서의 사본을 교부하거나 관계증서에 관한 전자문서를 제공하여야 한다.

> 1. 보장금액
> 2. 보증보험회사, 공제사업을 행하는 자, 공탁기관 및 그 소재지
> 3. 보장기간

⑵ 보증설정금액

① **법인인 개업공인중개사**: 4억원 이상. 다만, 분사무소마다 2억원 이상을 추가

② **공인중개사**: 2억원 이상

⑶ 공제사업

① 협회는 매수신청대리 공제사업을 하고자 하는 때에는 공제규정을 제정하여 **법원행정처장**의 승인을 얻어야 한다. 공제규정을 변경하고자 하는 때에도 또한 같다.

② 협회는 공제사업을 다른 회계와 구분하여 별도의 회계로 관리하여야 하며, 책임준비금을 다른 용도로 사용하고자 하는 경우에는 법원행정처장의 승인을 얻어야 한다.

③ 협회는 예규에 정하는 바에 따라 매년도의 공제사업 운용실적을 일간신문 또는 협회보 등을 통하여 공제계약자에게 공시하여야 한다.

④ 법원행정처장은 협회가 이 규칙 및 공제규정을 준수하지 아니하여 공제사업의 건전성을 해할 우려가 있다고 인정되는 경우에는 이에 대한 시정을 명할 수 있다.

⑤ 금융감독원의 원장은 법원행정처장으로부터 요청이 있는 경우에는 협회의 공제사업에 관하여 검사를 할 수 있다.

6. 지도 · 감독 및 행정처분

⑴ 지도 · 감독

① **법원행정처장**은 매수신청대리업무에 관하여 **협회**를 감독한다.

② **지방법원장**은 매수신청대리업무에 관하여 관할 안에 있는 협회의 시 · 도 **지부**와 매수신청대리인 등록을 한 **개업공인중개사**를 감독한다.

③ **지방법원장**은 매수신청대리업무에 대한 감독의 사무를 **지원장**과 협회의 시 · 도**지부**에 **위탁**할 수 있고, 이를 위탁받은 지원장과 협회의 시 · 도지부는 그 실시 결과를 지체 없이 지방법원장에게 보고해야 한다.

④ 감독의 사무를 행하는 협회의 시 · 도 **지부**는 중개사무소 출입 · 조사 또는 검사를 할 수 있다.

⑤ 지방법원장은 법규를 위반하였다고 인정되는 개업공인중개사에 대하여 해당 법규에 따른 상당한 처분을 하여야 한다.

(2) 매수신청대리 절대적 등록취소

지방법원장은 다음에 해당하는 경우에는 매수신청대리인 **등록을 취소해야 한다.**

① **중개**사무소 개설등록의 **결격**사유 어느 하나에 해당하는 경우
② 중개사무소의 **폐업**신고를 한 경우, 매수신청대리업의 **폐업**신고를 한 경우
③ 공인중개사 **자격이 취소**된 경우
④ 중개사무소 개설**등록이 취소**된 경우
⑤ 등록**당시** 매수신청대리 등록요건을 갖추지 않았던 경우
⑥ 등록**당시** 매수신청대리 결격사유가 있었던 경우

(3) 매수신청대리 임의적 등록취소

지방법원장은 다음에 해당하는 경우에는 매수신청대리인 **등록을 취소할 수 있다.**

① 등록 **후** 매수신청대리 등록요건을 갖추지 않게 된 경우
② 등록 **후** 매수신청대리 결격사유가 된 경우
③ 사건카드를 작성하지 아니하거나 보존하지 아니한 경우
④ 확인 · 설명서를 교부하지 아니하거나 보존하지 아니한 경우
⑤ 규정된 보수 이외의 명목으로 돈 또는 물건을 받은 경우, 예규에서 정한 보수를 초과하여 받은 경우, 보수의 영수증을 교부하지 아니한 경우
⑥ 비밀준수의무, 집행관의 명령에 따를 의무, 매수신청대리 금지행위를 위반한 경우
⑦ 감독상의 명령이나 중개사무소의 출입, 조사 또는 검사에 대하여 기피, 거부 또는 방해하거나 거짓으로 보고 또는 제출한 경우
⑧ 최근 1년 이내에 이 규칙에 따라 **2회 이상 업무정지처분**을 받고 다시 **업무정지**처분에 해당하는 행위를 한 경우

(4) 절대적 업무정지

지방법원장은 개업공인중개사(분사무소를 포함한다)가 다음에 해당하는 경우에는 기간을 정하여 매수신청대리업무를 정지하는 처분을 해야 한다.

> ① 「공인중개사법」에 따라 중개사무소를 **휴업**하였을 경우
> ② 매수신청대리업을 **휴업**하였을 경우
> ③ 「공인중개사법」에 따라 공인중개사 **자격을 정지**당한 경우
> ④ 「공인중개사법」에 따라 **업무의 정지**를 당한 경우

▶ **절대적 등록취소 : 폐업, 취소**
▶ **절대적 업무정지 : 휴업, 정지**

(5) 임의적 업무정지

지방법원장은 개업공인중개사(분사무소를 포함한다)가 다음에 해당하는 경우에는 기간을 정하여 매수신청대리업무의 정지를 명할 수 있다.

> ① 매수신청대리 등록증 등을 게시하지 아니한 경우
> ② 사건카드, 매수신청대리 확인·설명서 및 보수 영수증에 등록한 인장을 사용하지 아니한 경우
> ③ 사무소 이전 등의 신고를 하지 아니한 경우
> ④ 감독상의 명령이나 중개사무소의 출입, 조사 또는 검사에 대하여 기피, 거부 또는 방해하거나 거짓으로 보고 또는 제출한 경우
> ⑤ 사무소 명칭이나 간판에 "법원"의 명칭이나 휘장 등을 표시하였을 경우

(6) 행정처분 절차 등

① 매수신청대리인 등록이 취소된 자는 등록증을 관할 지방법원장에게 반납해야 한다.
② 업무정지기간은 **1개월 이상 2년 이하**로 한다.

7. 기 타

① 매수신청대리인 등록을 한 개업공인중개사는 그 사무소의 명칭이나 간판에 <u>법원행정처장의 인정하는 특별한 경우를 제외하고는</u> "법원"의 명칭이나 휘장 등을 표시해서는 아니 된다.
　▶ **법원행정처장이 인정하는 특별한 경우에는 법원의 명칭이나 휘장을 표시할 수 있다.**
② 개업공인중개사는 매수신청대리인 **등록이 취소**된 때에는 사무실 내·외부에 매수신청대리업무에 관한 표시 등을 **제거**해야 하며, **업무정지**처분을 받은 때에는 업무정지사실을 해당 중개사무소의 **출입문에 표시**해야 한다.

MEMO

정지웅

출강학원
종로박문각학원
강남박문각학원
분당박문각학원
병점박문각학원
안산박문각학원

제36회 공인중개사 시험대비 **전면개정판**

2025 박문각 공인중개사
정지웅 필수서 2차 공인중개사법·중개실무

초판인쇄 | 2025. 2. 5.　**초판발행** | 2025. 2. 10.　**편저** | 정지웅 편저
발행인 | 박 용　**발행처** | (주)박문각출판　**등록** | 2015년 4월 29일 제2019-000137호
주소 | 06654 서울시 서초구 효령로 283 서경빌딩 4층　**팩스** | (02)584-2927
전화 | 교재 주문 (02)6466-7202, 동영상문의 (02)6466-7201

저자와의
협의하에
인지생략

정가 25,000원
ISBN 979-11-7262-599-3